사도신경

전능하사 천지를 만드신
하나님 아버지를 내가 믿사오며,
그 외아들 우리 주 예수 그리스도를 믿사오니,
이는 성령으로 잉태하사
동정녀 마리아에게 나시고,
본디오 빌라도에게 고난을 받으사,
십자가에 못 박혀 죽으시고,
장사한 지 사흘 만에 죽은 자 가운데서
다시 살아나시며, 하늘에 오르사,
전능하신 하나님 우편에 앉아 계시다가,
저리로서 산 자와 죽은 자를 심판하러 오시리라.
성령을 믿사오며, 거룩한 공회와, 성도가 서로
교통하는 것과, 죄를 사하여 주시는 것과,
몸이 다시 사는 것과,
영원히 사는 것을 믿사옵나이다.
아멘.

I believe in God the Father Almighty, Maker of heaven and earth,
and in Jesus Christ, His only Son our Lord,
who was conceived by the Holy Spirit, born of the Virgin Mary,
suffered under Pontius Pilate, was crucified, dead, and buried,
He descended into hell;
The third day He rose again from the dead;
He ascended into heaven,
and sitteth on the righthand of God the Father Almighty,
from thence He shall come to judge the quick and the dead.
I believe in the Holy Spirit, the Holy Catholic Church,
the communion of saints, the forgiveness of sins,
the resurrection of the body, and the life everlasting. Amen.

개역한글

보고 쓰는 성경

The Reading and
Writing Bible

사도행전~요한계시록

7

| 필사자

| 시작일

| 마감일

| 교회명

성서원

보고 쓰는 성경 활용법

창세기 1:1

천지 창조

1 태초에 하나님이 천지를 창조하시니라
2 땅이 혼돈하고 공허하며 흑암이 깊음 위에 있고 하나님의 신은 수면에 운행하시니라
3 하나님이 가라사대 빛이 있으라 하시매 빛이 있었고
4 그 빛이 하나님의 보시기에 좋았더라 하나님이 빛과 어두움을 나누사
5 빛을 낮이라 칭하시고 어두움을 밤이라 칭하시니라 저녁이 되며 아침이 되니 이는 첫째 날이니라
6 하나님이 가라사대 물 가운

소제목 입력줄 테두리 내 소제목을 따라 씁니다

1 천지 창조

절숫자 입력칸 테두리 내 절숫자를 따라 씁니다

3

본문 입력줄 절숫자를 적은 후, 본문을 따라 씁니다

5 빛을 낮이라 칭하시고 어두움을 밤이라 칭하시니라 저녁이 되며 아침이 되니 이는 첫째 날이니라

아가 1:1

1 솔로몬의 아가라
2 내게 입맞추기를 원하니 네 사랑이 포도주보다 나음이로구나

절숫자 입력생략
* 모든 성경의 각 장 1절은 입력이 생략되어 있습니다
* 각 장의 2절 입력칸이 없는 경우 임의로 표기하세요

1 솔로몬의 아가라
(2) 내게 입맞추기를 원하니 네 사랑이 포도주보다 나음이로구나

필사 예시

창세기 1:1

천지 창조

1 태초에 하나님이 천지를 창조하시니라
2 땅이 혼돈하고 공허하며 흑암이 깊음 위에 있고 하나님의 신은 수면에 운행하시니라
3 하나님이 가라사대 빛이 있으라 하시매 빛이 있었고
4 그 빛이 하나님의 보시기에 좋았더라 하나님이 빛과 어두움을 나누사
5 빛을 낮이라 칭하시고 어두움을 밤이라 칭하시니라 저녁이 되며 아침이 되니 이는 첫째 날이니라
6 하나님이 가라사대 물 가운데 궁창이 있어 물과 물로 나

1 천지 창조
태초에 하나님이 천지를 창조하시니라
2 땅이 혼돈하고 공허하며 흑암이 깊음 위에 있고 하나님의 신은 수면에 운행하시니라
3 하나님이 가라사대 빛이 있으라 하시매 빛이 있었고
4 그 빛이 하나님의 보시기에 좋았더라 하나님이 빛과 어두움을 나누사
5 빛을 낮이라 칭하시고 어두움을 밤이라 칭하시니라 저녁이 되며 아침이 되니 이는 첫째 날이니라

보고 쓰는 성경 신약 쓰기표

마 태 복 음	1	2	3	4	5	6	7	8	9	10	11	12	13	14	15	16	17	18	19	20	21	22	23	24	25
	26	27	28																						
마 가 복 음	1	2	3	4	5	6	7	8	9	10	11	12	13	14	15	16									
누 가 복 음	1	2	3	4	5	6	7	8	9	10	11	12	13	14	15	16	17	18	19	20	21	22	23	24	
요 한 복 음	1	2	3	4	5	6	7	8	9	10	11	12	13	14	15	16	17	18	19	20	21				
사 도 행 전	1	2	3	4	5	6	7	8	9	10	11	12	13	14	15	16	17	18	19	20	21	22	23	24	25
	26	27	28																						
로 마 서	1	2	3	4	5	6	7	8	9	10	11	12	13	14	15	16									
고 린 도 전 서	1	2	3	4	5	6	7	8	9	10	11	12	13	14	15	16									
고 린 도 후 서	1	2	3	4	5	6	7	8	9	10	11	12	13												
갈 라 디 아 서	1	2	3	4	5	6																			
에 베 소 서	1	2	3	4	5	6																			
빌 립 보 서	1	2	3	4																					
골 로 새 서	1	2	3	4																					
데살로니가전서	1	2	3	4	5																				
데살로니가후서	1	2	3																						
디 모 데 전 서	1	2	3	4	5	6																			
디 모 데 후 서	1	2	3	4																					
디 도 서	1	2	3																						
빌 레 몬 서	1																								
히 브 리 서	1	2	3	4	5	6	7	8	9	10	11	12	13												
야 고 보 서	1	2	3	4	5																				
베 드 로 전 서	1	2	3	4	5																				
베 드 로 후 서	1	2	3																						
요 한 일 서	1	2	3	4	5																				
요 한 이 서	1																								
요 한 삼 서	1																								
유 다 서	1																								
요 한 계 시 록	1	2	3	4	5	6	7	8	9	10	11	12	13	14	15	16	17	18	19	20	21	22			

- 쓴 만큼 쓰기표에 펜으로 표시하세요.
- 항상 정해진 시간에 정해놓은 분량을 습관처럼 꾸준히 쓰기를 권장합니다.
- 교회나 가정에서 서로 나누어 쓰기를 하셔도 좋습니다.
- 성경이 인쇄되어 언제 어디서나 필사할 수 있습니다.

주의 말씀의 맛이 내게 어찌 그리 단지요

내 입에 꿀보다 더 다니이다
주의 법도들로 말미암아 내가 명철하게 되었으므로
모든 거짓 행위를 미워하나이다
주의 말씀은 내 발에 등이요 내 길에 빛이니이다

• 시편 119:103-105 •

The Reading and Writing Bible

The Holy Bible

The Old Testaments and New Testaments
Korean Revised Version

개역한글

보고 쓰는 성경

2021년 4월 1일 초판 1쇄 인쇄
2022년 5월 20일 초판 2쇄 발행

발행인 | 김영진
발행처 | (유)성서원
주소 | 경기도 고양시 덕양구 덕은로 60-12
전화 | 02-765-0011 / 팩스 | 02-743-6811
등록 | 제 2013-000059호
www.biblehouse.co.kr

ISBN 978-89-360-2705-6 03230 (제7권)
978-89-360-2711-7 04230 (전7권)

Printed in Korea

사도행전

Acts

누가복음을 쓴 누가는 이 책도 함께 썼는데, 그는 예수님께서 어떻게 성령을 사도들에게 부어주셨는가를 말함으로써(행 1:1-3), 초대 기독교의 역사를 기록한다. 오순절에 이 땅에 강림하신 성령님께서는, 예루살렘으로부터 땅 끝까지 구원의 메시지를 널리 전파하도록 주님의 제자들에게 능력과 영감을 주신다. 누가는 이 책의 이야기 가운데 초대 교회의 성도들 중에 상호 연합과 사랑이 얼마나 넘쳤는가를, 그리고 하나님께서 복음 전도자들을 그들의 대적들로부터 어떻게 보호하셨는가를 강조한다. 이 책을 읽으면서 당신은, 성령님께서 여전히 교회와 당신의 삶 가운데 얼마나 강력하게 활동하고 계신지에 관해, 그리고 하나님께서 악의 세력들로부터 어떻게 당신을 보호하고 계시는 지에 관해 생각해 보라.

머리말

1 데오빌로여 내가 먼저 쓴
글에는 무릇 예수의 행
하시며 가르치시기를 시작
하심부터
2 그의 택하신 사도들에게 성
령으로 명하시고 승천하신
날까지의 일을 기록하였노라
3 해 받으신 후에 또한 저희에
게 확실한 많은 증거로 친히
사심을 나타내사 사십 일 동
안 저희에게 보이시며 하나
님 나라의 일을 말씀하시니
라
4 사도와 같이 모이사 저희에
게 분부하여 가라사대 예루
살렘을 떠나지 말고 내게 들
은바 아버지의 약속하신 것
을 기다리라
5 요한은 물로 세례를 베풀었
으나 너희는 몇 날이 못 되어
성령으로 세례를 받으리라
하셨느니라
6 저희가 모였을 때에 예수께
묻자와 가로되 주께서 이스
라엘 나라를 회복하심이 이
때니이까 하니
7 가라사대 때와 기한은 아버
지께서 자기의 권한에 두셨
으니 너희의 알 바 아니요
8 오직 성령이 너희에게 임하
시면 너희가 권능을 받고 예
루살렘과 온 유대와 사마리
아와 땅 끝까지 이르러 내 증
인이 되리라 하시니라
9 이 말씀을 마치시고 저희 보는
데서 올리워 가시니 구름이 저
를 가리워 보이지 않게 하더라
10 올라가실 때에 제자들이 자
세히 하늘을 쳐다보고 있는
데 흰 옷 입은 두 사람이 저
희 곁에 서서
11 가로되 갈릴리 사람들아 어
찌하여 서서 하늘을 쳐다보

1

느냐 너희 가운데서 하늘로
올리우신 이 예수는 하늘로
가심을 본 그대로 오시리라
하였느니라
12 제자들이 감람원이라 하는
산으로부터 예루살렘에 돌
아오니 이 산은 예루살렘에
서 가까와 안식일에 가기 알
맞은 길이라
13 들어가 저희 유하는 다락에
올라가니 베드로, 요한, 야
고보, 안드레와 빌립, 도마와
바돌로매, 마태와 및 알패오
의 아들 야고보, 셀롯인 시
몬, 야고보의 아들 유다가
다 거기 있어
14 여자들과 예수의 모친 마리
아와 예수의 아우들로 더불
어 마음을 같이하여 전혀 기
도에 힘쓰니라
15 모인 무리의 수가 한 일백이
십 명이나 되더라 그 때에 베
드로가 그 형제 가운데 일어
서서 가로되
16 형제들아 성령이 다윗의 입
을 의탁하사 예수 잡는 자들
을 지로한 유다를 가리켜 미
리 말씀하신 성경이 응하였
으니 마땅하도다
17 이 사람이 본래 우리 수 가
운데 참예하여 이 직무의 한
부분을 맡았던 자라
18 (이 사람이 불의의 삯으로
밭을 사고 후에 몸이 곤두박
질하여 배가 터져 창자가 다
흘러나온지라
19 이 일이 예루살렘에 사는 모
든 사람에게 알게 되어 본방
언에 그 밭을 이르되 아겔다
마라 하니 이는 피밭이라는
뜻이라)
20 시편에 기록하였으되 그의
거처로 황폐하게 하시며 거
기 거하는 자가 없게 하소서

하였고 또 일렀으되 그 직분
을 타인이 취하게 하소서 하
였도다
21 이러하므로 요한의 세례로부
터 우리 가운데서 올리워 가
신 날까지 주 예수께서 우리
가운데 출입하실 때에
22 항상 우리와 함께 다니던 사
람 중에 하나를 세워 우리로
더불어 예수의 부활하심을
증거할 사람이 되게 하여야
하리라 하거늘
23 저희가 두 사람을 천하니
하나는 바사바라고도 하고
별명은 유스도라고 하는
요셉이요 하나는 맛디아라
24 저희가 기도하여 가로되 뭇
사람의 마음을 아시는 주여
이 두 사람 중에 누가 주의
택하신 바 되어
25 봉사와 및 사도의 직무를 대
신할 자를 보이시옵소서 유
다는 이를 버리옵고 제 곳으
로 갔나이다 하고
26 제비 뽑아 맛디아를 얻으니
저가 열한 사도의 수에 가입
하니라

성령 강림

2 오순절 날이 이미 이르매
저희가 다 같이 한 곳에
모였더니
2 홀연히 하늘로부터 급하고
강한 바람 같은 소리가 있
어 저희 앉은 온 집에 가득
하며
3 불의 혀같이 갈라지는 것이
저희에게 보여 각 사람 위에
임하여 있더니
4 저희가 다 성령의 충만함을
받고 성령이 말하게 하심을
따라 다른 방언으로 말하기
를 시작하니라
5 그 때에 경건한 유대인이 천
하 각국으로부터 와서 예루

2

살렘에 우거하더니
6 이 소리가 나매 큰 무리가 모
여 각각 자기의 방언으로 제
자들의 말하는 것을 듣고 소
동하여
7 다 놀라 기이히 여겨 이르되
보라 이 말하는 사람이 다
갈릴리 사람이 아니냐
8 우리가 우리 각 사람의 난
곳 방언으로 듣게 되는 것이
어찜이냐
9 우리는 바대인과 메대인과
엘람인과 또 메소보다미아,
유대와 가바도기아, 본도와
아시아,
10 브루기아와 밤빌리아, 애굽
과 및 구레네에 가까운 리비
야 여러 지방에 사는 사람들
과 로마로부터 온 나그네 곧
유대인과 유대교에 들어온
사람들과
11 그레데인과 아라비아인들이
라 우리가 다 우리의 각 방
언으로 하나님의 큰 일을 말
함을 듣는도다 하고
12 다 놀라며 의혹하여 서로 가
로되 이 어찐 일이냐 하며
13 또 어떤 이들은 조롱하여 가
로되 저희가 새 술이 취하였
다 하더라
14 베드로가 열한 사도와 같이
서서 소리를 높여 가로되 유
대인들과 예루살렘에 사는
모든 사람들아 이 일을 너희
로 알게 할 것이니 내 말에
귀를 기울이라
15 때가 제삼시니 너희 생각과
같이 이 사람들이 취한 것이
아니라
16 이는 곧 선지자 요엘로 말씀
하신 것이니 일렀으되
17 하나님이 가라사대 말세에
내가 내 영으로 모든 육체에
게 부어 주리니 너희의 자녀

들은 예언할 것이요 너희의
젊은이들은 환상을 보고 너희
의 늙은이들은 꿈을 꾸리라
18 그 때에 내가 내 영으로 내
남종과 여종들에게 부어 주
리니 저희가 예언할 것이요
19 또 내가 위로 하늘에서는 기
사와 아래로 땅에서는 징조
를 베풀리니 곧 피와 불과 연
기로다
20 주의 크고 영화로운 날이 이
르기 전에 해가 변하여 어두
워지고 달이 변하여 피가 되
리라
21 누구든지 주의 이름을 부르
는 자는 구원을 얻으리라 하
였느니라
22 이스라엘 사람들아 이 말을
들으라 너희도 아는 바에 하
나님께서 나사렛 예수로 큰
권능과 기사와 표적을 너희
가운데서 베푸사 너희 앞에
서 그를 증거하셨느니라
23 그가 하나님의 정하신 뜻과
미리 아신 대로 내어 준 바 되
었거늘 너희가 법 없는 자들의
손을 빌어 못 박아 죽였으나
24 하나님께서 사망의 고통을
풀어 살리셨으니 이는 그가
사망에게 매여 있을 수 없었
음이라
25 다윗이 저를 가리켜 가로되
내가 항상 내 앞에 계신 주
를 뵈었음이여 나로 요동치
않게 하기 위하여 그가 내
우편에 계시도다
26 이러므로 내 마음이 기뻐하
였고 내 입술도 즐거워하였
으며 육체는 희망에 거하리
니
27 이는 내 영혼을 음부에 버리
지 아니하시며 주의 거룩한
자로 썩음을 당치 않게 하실
것임이로다

28 주께서 생명의 길로 내게 보
이셨으니 주의 앞에서 나로
기쁨이 충만하게 하시리로다
하였으니
29 형제들아 내가 조상 다윗에 대
하여 담대히 말할 수 있노니 다
윗이 죽어 장사되어 그 묘가 오
늘까지 우리 중에 있도다
30 그는 선지자라 하나님이 이
미 맹세하사 그 자손 중에서
한 사람을 그 위에 앉게 하리
라 하심을 알고
31 미리 보는고로 그리스도의
부활하심을 말하되 저가 음
부에 버림이 되지 않고 육신
이 썩음을 당하지 아니하시
리라 하더니
32 이 예수를 하나님이 살리신
지라 우리가 다 이 일에 증인
이로다
33 하나님이 오른손으로 예수
를 높이시매 그가 약속하신
성령을 아버지께 받아서 너
희 보고 듣는 이것을 부어
주셨느니라
34 다윗은 하늘에 올라가지 못
하였으나 친히 말하여 가로
되 주께서 내 주에게 말씀하
시기를
35 내가 네 원수로 네 발등상 되
게 하기까지 너는 내 우편에
앉았으라 하셨도다 하였으니
36 그런즉 이스라엘 온 집이 정
녕 알지니 너희가 십자가에
못 박은 이 예수를 하나님이
주와 그리스도가 되게 하셨
느니라 하니라

개종한 첫 사람들

37 저희가 이 말을 듣고 마음에
찔려 베드로와 다른 사도들
에게 물어 가로되 형제들아
우리가 어찌할꼬 하거늘
38 베드로가 가로되 너희가 회
개하여 각각 예수 그리스도

의 이름으로 세례를 받고 죄
사함을 얻으라 그리하면 성
령을 선물로 받으리니
39 이 약속은 너희와 너희 자녀
와 모든 먼 데 사람 곧 주 우
리 하나님이 얼마든지 부르
시는 자들에게 하신 것이라
하고
40 또 여러 말로 확증하며 권하
여 가로되 너희가 이 패역한
세대에서 구원을 받으라 하
니
41 그 말을 받는 사람들은 세례
를 받으매 이 날에 제자의 수
가 삼천이나 더하더라

신자들의 공동 생활

42 저희가 사도의 가르침을 받
아 서로 교제하며 떡을 떼
며 기도하기를 전혀 힘쓰니
라
43 사람마다 두려워하는데 사
도들로 인하여 기사와 표적
이 많이 나타나니
44 믿는 사람이 다 함께 있어 모
든 물건을 서로 통용하고
45 또 재산과 소유를 팔아 각
사람의 필요를 따라 나눠 주
고
46 날마다 마음을 같이하여
성전에 모이기를 힘쓰고
집에서 떡을 떼며 기쁨과
순전한 마음으로 음식을
먹고
47 하나님을 찬미하며 또 온 백
성에게 칭송을 받으니 주께
서 구원받는 사람을 날마다
더하게 하시니라

베드로가 앉은뱅이를 고치다

3 제구시 기도 시간에 베
드로와 요한이 성전에 올
라갈쌔
2 나면서 앉은뱅이 된 자를 사
람들이 메고 오니 이는 성전
에 들어가는 사람들에게 구

3

걸하기 위하여 날마다 미문
이라는 성전 문에 두는 자라
3 그가 베드로와 요한이 성전
에 들어가려 함을 보고 구걸
하거늘
4 베드로가 요한으로 더불어
주목하여 가로되 우리를 보
라 하니
5 그가 저희에게 무엇을 얻을
까 하여 바라보거늘
6 베드로가 가로되 은과 금은
내게 없거니와 내게 있는 것
으로 네게 주노니 곧 나사렛
예수 그리스도의 이름으로
걸으라 하고
7 오른손을 잡아 일으키니 발
과 발목이 곧 힘을 얻고
8 뛰어서서 걸으며 그들과 함
께 성전으로 들어가면서 걷
기도 하고 뛰기도 하며 하나
님을 찬미하니
9 모든 백성이 그 걷는 것과 및
하나님을 찬미함을 보고
10 그 본래 성전 미문에 앉아 구
걸하던 사람인 줄 알고 그의
당한 일을 인하여 심히 기이
히 여기며 놀라니라
11 나은 사람이 베드로와 요한
을 붙잡으니 모든 백성이 크
게 놀라며 달려 나아가 솔로
몬의 행각이라 칭하는 행각
에 모이거늘
12 베드로가 이것을 보고 백성
에게 말하되 이스라엘 사람
들아 이 일을 왜 기이히 여기
느냐 우리 개인의 권능과 경
건으로 이 사람을 걷게 한 것
처럼 왜 우리를 주목하느냐
13 아브라함과 이삭과 야곱의
하나님 곧 우리 조상의 하나
님이 그 종 예수를 영화롭게
하셨느니라 너희가 저를 넘
겨 주고 빌라도가 놓아 주기
로 결안한 것을 너희가 그 앞

에서 부인하였으니
14 너희가 거룩하고 의로운 자
를 부인하고 도리어 살인한
사람을 놓아 주기를 구하여
15 생명의 주를 죽였도다 그러
나 하나님이 죽은 자 가운데
서 살리셨으니 우리가 이 일
에 증인이로라
16 그 이름을 믿으므로 그 이
름이 너희 보고 아는 이
사람을 성하게 하였나니
예수로 말미암아 난 믿음
이 너희 모든 사람 앞에서
이같이 완전히 낫게 하였
느니라
17 형제들아 너희가 알지 못하
여서 그리하였으며 너희 관
원들도 그리한 줄 아노라
18 그러나 하나님이 모든 선지
자의 입을 의탁하사 자기의
그리스도의 해 받으실 일을
미리 알게 하신 것을 이와 같
이 이루셨느니라
19 그러므로 너희가 회개하고 돌
이켜 너희 죄 없이함을 받으라
이같이 하면 유쾌하게 되는 날
이 주 앞으로부터 이를 것이요
20 또 주께서 너희를 위하여 예
정하신 그리스도 곧 예수를
보내시리니
21 하나님이 영원 전부터 거룩
한 선지자의 입을 의탁하여
말씀하신바 만유를 회복하
실 때까지는 하늘이 마땅히
그를 받아 두리라
22 모세가 말하되 주 하나님이
너희를 위하여 너희 형제 가
운데서 나 같은 선지자 하나
를 세울 것이니 너희가 무엇
이든지 그 모든 말씀을 들을
것이라
23 누구든지 그 선지자의 말을
듣지 아니하는 자는 백성 중
에서 멸망받으리라 하였고

24 또한 사무엘 때부터 옴으로
말한 모든 선지자도 이 때를
가리켜 말하였느니라
25 너희는 선지자들의 자손이
요 또 하나님이 너희 조상으
로 더불어 세우신 언약의 자
손이라 아브라함에게 이르
시기를 땅 위의 모든 족속이
너의 씨를 인하여 복을 받으
리라 하셨으니
26 하나님이 그 종을 세워 복 주
시려고 너희에게 먼저 보내사
너희로 하여금 돌이켜 각각
그 악함을 버리게 하셨느니라

베드로와 요한이 법정에 서다

4 사도들이 백성에게 말할
때에 제사장들과 성전 맡
은 자와 사두개인들이 이르
러
2 백성을 가르침과 예수를 들
어 죽은 자 가운데서 부활하
는 도 전함을 싫어하여
3 저희를 잡으매 날이 이미 저
문고로 이튿날까지 가두었
으나
4 말씀을 들은 사람 중에 믿는
자가 많으니 남자의 수가 약
오천이나 되었더라
5 이튿날에 관원과 장로와 서
기관들이 예루살렘에 모였
는데
6 대제사장 안나스와 가야바와
요한과 알렉산더와 및 대제
사장의 문중이 다 참예하여
7 사도들을 가운데 세우고 묻
되 너희가 무슨 권세와 뉘 이
름으로 이 일을 행하였느냐
8 이에 베드로가 성령이 충만
하여 가로되 백성의 관원과
장로들아
9 만일 병인에게 행한 착한 일
에 대하여 이 사람이 어떻게
구원을 얻었느냐고 오늘 우
리에게 질문하면

4

10 너희와 모든 이스라엘 백성
들은 알라 너희가 십자가에
못 박고 하나님이 죽은 자
가운데서 살리신 나사렛 예
수 그리스도의 이름으로 이
사람이 건강하게 되어 너희
앞에 섰느니라
11 이 예수는 너희 건축자들의
버린 돌로서 집 모퉁이의 머
릿돌이 되었느니라
12 다른 이로서는 구원을 얻을
수 없나니 천하 인간에 구원
을 얻을 만한 다른 이름을
우리에게 주신 일이 없음이
니라 하였더라
13 저희가 베드로와 요한이 기
탄 없이 말함을 보고 그 본래
학문 없는 범인으로 알았다
가 이상히 여기며 또 그 전에
예수와 함께 있던 줄도 알고
14 또 병 나은 사람이 그들과
함께 섰는 것을 보고 힐난할
말이 없는지라
15 명하여 공회에서 나가라 하
고 서로 의논하여 가로되
16 이 사람들을 어떻게 할꼬
저희로 인하여 유명한 표적
나타난 것이 예루살렘에 사
는 모든 사람에게 알려졌으
니 우리도 부인할 수 없는지
라
17 이것이 민간에 더 퍼지지 못
하게 저희를 위협하여 이후
에는 이 이름으로 아무 사람
에게도 말하지 말게 하자 하
고
18 그들을 불러 경계하여 도무
지 예수의 이름으로 말하지도
말고 가르치지도 말라 하니
19 베드로와 요한이 대답하여
가로되 하나님 앞에서 너희
말 듣는 것이 하나님 말씀
듣는 것보다 옳은가 판단하
라

시고 표적과 기사가 거룩한
종 예수의 이름으로 이루어
지게 하옵소서 하더라
31 빌기를 다하매 모인 곳이 진
동하더니 무리가 다 성령이
충만하여 담대히 하나님의
말씀을 전하니라
32 믿는 무리가 한 마음과 한
뜻이 되어 모든 물건을 서로
통용하고 제 재물을 조금이
라도 제것이라 하는 이가 하
나도 없더라
33 사도들이 큰 권능으로 주 예
수의 부활을 증거하니 무리
가 큰 은혜를 얻어
34 그 중에 핍절한 사람이 없으
니 이는 밭과 집 있는 자는
팔아 그 판 것의 값을 가져다
가
35 사도들의 발 앞에 두매 저희
가 각 사람의 필요를 따라
나눠 줌이러라
36 구브로에서 난 레위족인이
있으니 이름은 요셉이라 사
도들이 일컬어 바나바(번역
하면 권위자)라 하니
37 그가 밭이 있으매 팔아 값을
가지고 사도들의 발 앞에 두
니라

아나니아와 삽비라

5 아나니아라 하는 사람이
그 아내 삽비라로 더불어
소유를 팔아
2 그 값에서 얼마를 감추매
그 아내도 알더라 얼마를 가
져다가 사도들의 발 앞에 두
니
3 베드로가 가로되 아나니아
야 어찌하여 사단이 네 마음
에 가득하여 네가 성령을 속
이고 땅 값 얼마를 감추었느
냐
4 땅이 그대로 있을 때에는 네
땅이 아니며 판 후에도 네

5

20 우리는 보고 들은 것을 말하
지 아니할 수 없다 하니
21 관원들이 백성을 인하여
저희를 어떻게 벌할 도리
를 찾지 못하고 다시 위협
하여 놓아 주었으니 이는
모든 사람이 그 된 일을
보고 하나님께 영광을 돌
림이러라
22 이 표적으로 병 나은 사람은
사십여 세나 되었더라

박해당한 사도들의 기도

23 사도들이 놓이매 그 동류에
게 가서 제사장들과 장로들
의 말을 다 고하니
24 저희가 듣고 일심으로 하나
님께 소리를 높여 가로되
대주재여 천지와 바다와 그
가운데 만유를 지은 이시
요
25 또 주의 종 우리 조상 다윗
의 입을 의탁하사 성령으로
말씀하시기를 어찌하여 열
방이 분노하며 족속들이 허
사를 경영하였는고
26 세상의 군왕들이 나서며 관
원들이 함께 모여 주와 그 그
리스도를 대적하도다 하신
이로소이다
27 과연 헤롯과 본디오 빌라도
는 이방인과 이스라엘 백성
과 합동하여 하나님의 기름
부으신 거룩한 종 예수를 거
스려
28 하나님의 권능과 뜻대로
이루려고 예정하신 그것을
행하려고 이 성에 모였나
이다
29 주여 이제도 저희의 위협함
을 하감하옵시고 또 종들
로 하여금 담대히 하나님의
말씀을 전하게 하여 주옵
시며
30 손을 내밀어 병을 낫게 하옵

임의로 할 수가 없더냐 어찌
하여 이 일을 네 마음에 두
었느냐 사람에게 거짓말한
것이 아니요 하나님께로다
5 아나니아가 이 말을 듣고 엎
드러져 혼이 떠나니 이 일을
듣는 사람이 다 크게 두려워
하더라
6 젊은 사람들이 일어나 시신
을 싸서 메고 나가 장사하니
라
7 세 시간쯤 지나 그 아내가
그 생긴 일을 알지 못하고 들
어오니
8 베드로가 가로되 그 땅 판 값
이 이것뿐이냐 내게 말하라
하니 가로되 예 이뿐이로라
9 베드로가 가로되 너희가 어
찌 함께 꾀하여 주의 영을
시험하려 하느냐 보라 네 남
편을 장사하고 오는 사람들
의 발이 문 앞에 이르렀으니
또 너를 메어 내가리라 한대
10 곧 베드로의 발 앞에 엎드러
져 혼이 떠나는지라 젊은 사
람들이 들어와 죽은 것을 보
고 메어다가 그 남편 곁에 장
사하니
11 온 교회와 이 일을 듣는 사
람들이 다 크게 두려워하니
라
12 사도들의 손으로 민간에 표
적과 기사가 많이 되매 믿는
사람이 다 마음을 같이하여
솔로몬 행각에 모이고
13 그 나머지는 감히 그들과 상
종하는 사람이 없으나 백성
이 칭송하더라
14 믿고 주께로 나오는 자가 더
많으니 남녀의 큰 무리더라
15 심지어 병든 사람을 메고 거리
에 나가 침대와 요 위에 뉘이고
베드로가 지날 때에 혹 그 그림
자라도 뉘게 덮일까 바라고

16 예루살렘 근읍 허다한 사람
들도 모여 병든 사람과 더러
운 귀신에게 괴로움받는 사
람을 데리고 와서 다 나음을
얻으니라

사도들이 받은 두번째 박해

17 대제사장과 그와 함께 있는
사람 즉 사두개인의 당파가
다 마음에 시기가 가득하여
일어나서
18 사도들을 잡아다가 옥에 가
두었더니
19 주의 사자가 밤에 옥문을 열
고 끌어 내어 가로되
20 가서 성전에 서서 이 생명의
말씀을 다 백성에게 말하라
하매
21 저희가 듣고 새벽에 성전에
들어가서 가르치더니 대제
사장과 그와 함께 있는 사람
들이 와서 공회와 이스라엘
족속의 원로들을 다 모으고
사람을 옥에 보내어 사도들
을 잡아오라 하니
22 관속들이 가서 옥에서 사도
들을 보지 못하고 돌아와 말
하여
23 가로되 우리가 보니 옥은 든
든하게 잠기고 지킨 사람들
이 문에 섰으되 문을 열고
본즉 그 안에는 한 사람도
없더이다 하니
24 성전 맡은 자와 제사장들이
이 말을 듣고 의혹하여 이 일
이 어찌 될까 하더니
25 사람이 와서 고하되 보소서
옥에 가두었던 사람들이 성
전에 서서 백성을 가르치더
이다 하니
26 성전 맡은 자가 관속들과 같
이 가서 저희를 잡아왔으나
강제로 못함은 백성들이 돌
로 칠까 두려워함이러라
27 저희를 끌어다가 공회 앞에

세우니 대제사장이 물어
28 가로되 우리가 이 이름으
로 사람을 가르치지 말라
고 엄금하였으되 너희가
너희 교를 예루살렘에 가
득하게 하니 이 사람의 피
를 우리에게로 돌리고자
함이로다
29 베드로와 사도들이 대답하
여 가로되 사람보다 하나님
을 순종하는 것이 마땅하니
라
30 너희가 나무에 달아 죽인 예
수를 우리 조상의 하나님이
살리시고
31 이스라엘로 회개케 하사 죄
사함을 얻게 하시려고 그를
오른손으로 높이사 임금과
구주를 삼으셨느니라
32 우리는 이 일에 증인이요 하
나님이 자기를 순종하는 사
람들에게 주신 성령도 그러
하니라 하더라
33 저희가 듣고 크게 노하여 사
도들을 없이하고자 할쌔
34 바리새인 가말리엘은 교법사
로 모든 백성에게 존경을 받
는 자라 공회 중에 일어나 명
하여 사도들을 잠간 밖에 나
가게 하고
35 말하되 이스라엘 사람들아
너희가 이 사람들에게 대하
여 어떻게 하려는 것을 조심
하라
36 이전에 드다가 일어나 스스
로 자랑하매 사람이 약 사백
이나 따르더니 그가 죽임을
당하매 좇던 사람이 다 흩어
져 없어졌고
37 그 후 호적할 때에 갈릴리 유
다가 일어나 백성을 꾀어 좇
게 하다가 그도 망한즉 좇던
사람이 다 흩어졌느니라
38 이제 내가 너희에게 말하노

니 이 사람들을 상관 말고
버려 두라 이 사상과 이 소행
이 사람에게로서 났으면 무
너질 것이요
39 만일 하나님께로서 났으면
너희가 저희를 무너뜨릴 수
없겠고 도리어 하나님을 대
적하는 자가 될까 하노라 하
니
40 저희가 옳게 여겨 사도들을
불러들여 채찍질하며 예수
의 이름으로 말하는 것을 금
하고 놓으니
41 사도들은 그 이름을 위하여
능욕받는 일에 합당한 자로
여기심을 기뻐하면서 공회
앞을 떠나니라
42 저희가 날마다 성전에 있든
지 집에 있든지 예수는 그리
스도라 가르치기와 전도하기
를 쉬지 아니하니라

일곱 집사를 뽑다

6 그 때에 제자가 더 많아
졌는데 헬라파 유대인들
이 자기의 과부들이 그 매일
구제에 빠지므로 히브리파
사람을 원망한대
2 열두 사도가 모든 제자를 불
러 이르되 우리가 하나님의
말씀을 제쳐 놓고 공궤를 일
삼는 것이 마땅치 아니하니
3 형제들아 너희 가운데서 성령
과 지혜가 충만하여 칭찬 듣
는 사람 일곱을 택하라 우리
가 이 일을 저희에게 맡기고
4 우리는 기도하는 것과 말씀
전하는 것을 전무하리라 하니
5 온 무리가 이 말을 기뻐하여
믿음과 성령이 충만한 사람
스데반과 또 빌립과 브로고
로와 니가노르와 디몬과 바
메나와 유대교에 입교한 안
디옥 사람 니골라를 택하여
6 사도들 앞에 세우니 사도들

6

이 기도하고 그들에게 안수
하니라
7 하나님의 말씀이 점점 왕성
하여 예루살렘에 있는 제자
의 수가 더 심히 많아지고 허
다한 제사장의 무리도 이 도
에 복종하니라

스데반이 붙잡히다

8 스데반이 은혜와 권능이 충
만하여 큰 기사와 표적을 민
간에 행하니
9 리버디노 구레네인, 알렉산
드리아인, 길리기아와 아시
아에서 온 사람들의 회당이
라는 각 회당에서 어떤 자들
이 일어나 스데반으로 더불
어 변론할쌔
10 스데반이 지혜와 성령으로
말함을 저희가 능히 당치 못
하여
11 사람들을 가르쳐 말 시키
되 이 사람이 모세와 및 하
나님을 모독하는 말하는
것을 우리가 들었노라 하게
하고
12 백성과 장로와 서기관들을
충동시켜 와서 잡아 가지고
공회에 이르러
13 거짓 증인들을 세우니 가로
되 이 사람이 이 거룩한 곳
과 율법을 거스려 말하기를
마지 아니하는도다
14 그의 말에 이 나사렛 예수가
이 곳을 헐고 또 모세가 우
리에게 전하여 준 규례를 고
치겠다 함을 우리가 들었노
라 하거늘
15 공회 중에 앉은 사람들이 다
스데반을 주목하여 보니 그
얼굴이 천사의 얼굴과 같더
라

스데반의 설교

7 대제사장이 가로되 이것
이 사실이냐

7

2 스데반이 가로되 여러분 부
형들이여 들으소서 우리 조
상 아브라함이 하란에 있기
전 메소보다미아에 있을 때
에 영광의 하나님이 그에게
보여
3 가라사대 네 고향과 친척을
떠나 내가 네게 보일 땅으로
가라 하시니
4 아브라함이 갈대아 사람의
땅을 떠나 하란에 거하다가
그 아비가 죽으매 하나님이
그를 거기서 너희 시방 거하
는 이 땅으로 옮기셨느니라
5 그러나 여기서 발붙일 만큼
도 유업을 주지 아니하시고
다만 이 땅을 아직 자식도
없는 저와 저의 씨에게 소유
로 주신다고 약속하셨으며
6 하나님이 또 이같이 말씀하
시되 그 씨가 다른 땅에 나그
네 되리니 그 땅 사람이 종
을 삼아 사백 년 동안을 괴
롭게 하리라 하시고
7 또 가라사대 종 삼는 나라를
내가 심판하리니 그 후에 저
희가 나와서 이 곳에서 나를
섬기리라 하시고
8 할례의 언약을 아브라함에
게 주셨더니 그가 이삭을 낳
아 여드레 만에 할례를 행하
고 이삭이 야곱을, 야곱이
우리 열두 조상을 낳으니
9 여러 조상이 요셉을 시기하
여 애굽에 팔았더니 하나님
이 저와 함께 계셔
10 그 모든 환난에서 건져 내사
애굽 왕 바로 앞에서 은총과
지혜를 주시매 바로가 저를
애굽과 자기 온 집의 치리자
로 세웠느니라
11 그 때에 애굽과 가나안 온
땅에 흉년 들어 큰 환난이
있을쌔 우리 조상들이 양식

이 없는지라
12 야곱이 애굽에 곡식 있다는
말을 듣고 먼저 우리 조상들
을 보내고
13 또 재차 보내매 요셉이 자기
형제들에게 알게 되고 또 요
셉의 친족이 바로에게 드러
나게 되니라
14 요셉이 보내어 그 부친 야곱
과 온 친족 일흔다섯 사람을
청하였더니
15 야곱이 애굽으로 내려가 자
기와 우리 조상들이 거기서
죽고
16 세겜으로 옮기워 아브라함
이 세겜 하몰의 자손에게서
은으로 값 주고 산 무덤에 장
사되니라
17 하나님이 아브라함에게 약
속하신 때가 가까우매 이스
라엘 백성이 애굽에서 번성
하여 많아졌더니
18 요셉을 알지 못하는 새 임금
이 애굽 왕위에 오르매
19 그가 우리 족속에게 궤계
를 써서 조상들을 괴롭게
하여 그 어린아이들을 내
어 버려 살지 못하게 하려
할새
20 그 때에 모세가 났는데 하나
님 보시기에 아름다운지라
그 부친의 집에서 석 달을 길
리우더니
21 버리운 후에 바로의 딸이 가
져다가 자기 아들로 기르매
22 모세가 애굽 사람의 학술을
다 배워 그 말과 행사가 능하
더라
23 나이 사십이 되매 그 형제 이
스라엘 자손을 돌아볼 생각
이 나더니
24 한 사람의 원통한 일 당함을
보고 보호하여 압제받는 자
를 위하여 원수를 갚아 애굽

사람을 쳐죽이니라
25 저는 그 형제들이 하나님께
서 자기의 손을 빌어 구원하
여 주시는 것을 깨달으리라
고 생각하였으나 저희가 깨
닫지 못하였더라
26 이튿날 이스라엘 사람이 싸
울 때에 모세가 와서 화목시
키려 하여 가로되 너희는 형
제라 어찌 서로 해하느냐 하
니
27 그 동무를 해하는 사람이 모
세를 밀뜨려 가로되 누가 너
를 관원과 재판장으로 우리
위에 세웠느냐
28 네가 어제 애굽 사람을 죽임
과 같이 또 나를 죽이려느냐
하니
29 모세가 이 말을 인하여 도주
하여 미디안 땅에서 나그네
되어 거기서 아들 둘을 낳으
니라
30 사십 년이 차매 천사가 시내
산 광야 가시나무 떨기 불꽃
가운데서 그에게 보이거늘
31 모세가 이 광경을 보고 기이
히 여겨 알아보려고 가까이
가니 주의 소리 있어
32 나는 네 조상의 하나님 즉 아
브라함과 이삭과 야곱의 하나
님이로라 하신대 모세가 무서
워 감히 알아보지 못하더라
33 주께서 가라사대 네 발에 신
을 벗으라 너 섰는 곳은 거룩
한 땅이니라
34 내 백성이 애굽에서 괴로움
받음을 내가 정녕히 보고 그
탄식하는 소리를 듣고 저희
를 구원하려고 내려왔노니
시방 내가 너를 애굽으로 보
내리라 하시니라
35 저희 말이 누가 너를 관원과
재판장으로 세웠느냐 하며 거
절하던 그 모세를 하나님은 가

사나무 떨기 가운데서 보이던
천사의 손을 의탁하여 관원과
속량하는 자로 보내셨으니
36 이 사람이 백성을 인도하여
나오게 하고 애굽과 홍해와
광야에서 사십 년간 기사와
표적을 행하였느니라
37 이스라엘 자손을 대하여 하
나님이 너희 형제 가운데서
나와 같은 선지자를 세우리
라 하던 자가 곧 이 모세라
38 시내산에서 말하던 그 천사
와 및 우리 조상들과 함께
광야 교회에 있었고 또 생명
의 도를 받아 우리에게 주던
자가 이 사람이라
39 우리 조상들이 모세에게 복
종치 아니하고자 하여 거절
하며 그 마음이 도리어 애굽
으로 향하여
40 아론더러 이르되 우리를 인
도할 신들을 우리를 위하여
만들라 애굽 땅에서 우리를
인도하던 이 모세는 어떻게
되었는지 알지 못하노라 하고
41 그 때에 저희가 송아지를 만들
어 그 우상 앞에 제사하며 자기
손으로 만든 것을 기뻐하더니
42 하나님이 돌이키사 저희를
그 하늘의 군대 섬기는 일에
버려 두셨으니 이는 선지자
의 책에 기록된바 이스라엘
의 집이여 사십 년을 광야에
서 너희가 희생과 제물을 내게
드린 일이 있었느냐
43 몰록의 장막과 신 레판의 별
을 받들었음이여 이것은 너
희가 절하고자 하여 만든 형
상이로다 내가 너희를 바벨
론 밖에 옮기리라 함과 같으
니라
44 광야에서 우리 조상들에게
증거의 장막이 있었으니 이
것은 모세에게 말씀하신 이

가 명하사 저가 본 그 식대로
만들게 하신 것이라
45 우리 조상들이 그것을 받아
하나님이 저희 앞에서 쫓아 내
신 이방인의 땅을 점령할 때에
여호수아와 함께 가지고 들어
가서 다윗 때까지 이르니라
46 다윗이 하나님 앞에서 은혜
를 받아 야곱의 집을 위하여
하나님의 처소를 준비케 하
여 달라 하더니
47 솔로몬이 그를 위하여 집을
지었느니라
48 그러나 지극히 높으신 이는
손으로 지은 곳에 계시지 아
니하시나니 선지자의 말한바
49 주께서 가라사대 하늘은 나
의 보좌요 땅은 나의 발등상
이니 너희가 나를 위하여 무
슨 집을 짓겠으며 나의 안식
할 처소가 어디뇨
50 이 모든 것이 다 내 손으로
지은 것이 아니냐 함과 같으
니라
51 목이 곧고 마음과 귀에 할례
를 받지 못한 사람들아 너희
가 항상 성령을 거스려 너희
조상과 같이 너희도 하는도다
52 너희 조상들은 선지자 중에
누구를 핍박지 아니하였느
냐 의인이 오시리라 예고한
자들을 저희가 죽였고 이제
너희는 그 의인을 잡아 준 자
요 살인한 자가 되나니
53 너희가 천사의 전한 율법을
받고도 지키지 아니하였도다
하니라

스데반의 순교

54 저희가 이 말을 듣고 마음에
찔려 저를 향하여 이를 갈거
늘
55 스데반이 성령이 충만하여
하늘을 우러러 주목하여 하
나님의 영광과 및 예수께서

하나님 우편에 서신 것을 보
고
56 말하되 보라 하늘이 열리고
인자가 하나님 우편에 서신
것을 보노라 한대
57 저희가 큰 소리를 지르며 귀
를 막고 일심으로 그에게 달
려들어
58 성 밖에 내치고 돌로 칠새 증
인들이 옷을 벗어 사울이라
하는 청년의 발 앞에 두니라
59 저희가 돌로 스데반을 치니
스데반이 부르짖어 가로되
주 예수여 내 영혼을 받으시
옵소서 하고
60 무릎을 꿇고 크게 불러 가로
되 주여 이 죄를 저들에게
돌리지 마옵소서 이 말을 하
고 자니라

사마리아에 전해진 복음

8 사울이 그의 죽임당함을
마땅히 여기더라 그 날에
예루살렘에 있는 교회에 큰
핍박이 나서 사도 외에는 다
유대와 사마리아 모든 땅으
로 흩어지니라
2 경건한 사람들이 스데반을
장사하고 위하여 크게 울더
라
3 사울이 교회를 잔멸할새 각
집에 들어가 남녀를 끌어다
가 옥에 넘기니라
4 그 흩어진 사람들이 두루 다
니며 복음의 말씀을 전할새
5 빌립이 사마리아성에 내려가
그리스도를 백성에게 전파하
니
6 무리가 빌립의 말도 듣고 행
하는 표적도 보고 일심으로
그의 말하는 것을 좇더라
7 많은 사람에게 붙었던 더러
운 귀신들이 크게 소리를
지르며 나가고 또 많은 중풍
병자와 앉은뱅이가 나으니

8

8 그 성에 큰 기쁨이 있더라
9 그 성에 시몬이라 하는 사
람이 전부터 있어 마술을
행하여 사마리아 백성을
놀라게 하며 자칭 큰 자라
하니
10 낮은 사람부터 높은 사람까
지 다 청종하여 가로되 이
사람은 크다 일컫는 하나님
의 능력이라 하더라
11 오래동안 그 마술에 놀랐
으므로 저희가 청종하더
니
12 빌립이 하나님 나라와 및
예수 그리스도의 이름에
관하여 전도함을 저희가
믿고 남녀가 다 세례를 받
으니
13 시몬도 믿고 세례를 받은
후에 전심으로 빌립을 따
라다니며 그 나타나는 표
적과 큰 능력을 보고 놀라
니라
14 예루살렘에 있는 사도들이
사마리아도 하나님의 말씀
을 받았다 함을 듣고 베드로
와 요한을 보내매
15 그들이 내려가서 저희를
위하여 성령 받기를 기도
하니
16 이는 아직 한 사람에게도 성
령 내리신 일이 없고 오직 주
예수의 이름으로 세례만 받
을 뿐이러라
17 이에 두 사도가 저희에게 안
수하매 성령을 받는지라
18 시몬이 사도들의 안수함으
로 성령 받는 것을 보고 돈
을 드려
19 가로되 이 권능을 내게도 주
어 누구든지 내가 안수하는
사람은 성령을 받게 하여 주
소서 하니
20 베드로가 가로되 네가 하나

님의 선물을 돈 주고 살 줄로
생각하였으니 네 은과 네가
함께 망할지어다
21 하나님 앞에서 네 마음이 바
르지 못하니 이 도에는 네가
관계도 없고 분깃 될 것도 없
느니라
22 그러므로 너의 이 악함을 회
개하고 주께 기도하라 혹 마
음에 품은 것을 사하여 주시
리라
23 내가 보니 너는 악독이 가득
하며 불의에 매인 바 되었도
다
24 시몬이 대답하여 가로되 나
를 위하여 주께 기도하여 말
한 것이 하나도 내게 임하지
말게 하소서 하니라
25 두 사도가 주의 말씀을 증
거하여 말한 후 예루살렘으
로 돌아갈새 사마리아인의
여러 촌에서 복음을 전하니
라

빌립과 에디오피아 내시

26 주의 사자가 빌립더러 일러
가로되 일어나서 남으로 향
하여 예루살렘에서 가사로
내려가는 길까지 가라 하니
그 길은 광야라
27 일어나 가서 보니 에디오피
아 사람 곧 에디오피아 여왕
간다게의 모든 국고를 맡은
큰 권세가 있는 내시가 예배
하러 예루살렘에 왔다가
28 돌아가는데 병거를 타고 선
지자 이사야의 글을 읽더라
29 성령이 빌립더러 이르시되
이 병거로 가까이 나아가라
하시거늘
30 빌립이 달려가서 선지자 이
사야의 글 읽는 것을 듣고
말하되 읽는 것을 깨닫느뇨
31 대답하되 지도하는 사람이
없으니 어찌 깨달을 수 있

느뇨 하고 빌립을 청하여 병
거에 올라 같이 앉으라 하니
라
32 읽는 성경 귀절은 이것이니
일렀으되 저가 사지로 가는
양과 같이 끌리었고 털 깎
는 자 앞에 있는 어린양의
잠잠함과 같이 그 입을 열지
아니하였도다
33 낮을 때에 공변된 판단을 받
지 못하였으니 누가 가히 그
세대를 말하리요 그 생명이
땅에서 빼앗김이로다 하였거
늘
34 내시가 빌립더러 말하되 청
컨대 묻노니 선지자가 이 말
한 것이 누구를 가리킴이뇨
자기를 가리킴이뇨 타인을
가리킴이뇨
35 빌립이 입을 열어 이 글에서
시작하여 예수를 가르쳐 복
음을 전하니
36 길 가다가 물 있는 곳에 이르
러 내시가 말하되 보라 물이
있으니 내가 세례를 받음에
무슨 거리낌이 있느뇨
37 (없음)
38 이에 명하여 병거를 머물고
빌립과 내시가 둘 다 물에 내
려가 빌립이 세례를 주고
39 둘이 물에서 올라갈새 주의
영이 빌립을 이끌어 간지라
내시는 흔연히 길을 가므로
그를 다시 보지 못하니라
40 빌립은 아소도에 나타나 여
러 성을 지나 다니며 복음을
전하고 가이사랴에 이르니라

사울의 개종

9 사울이 주의 제자들을
대하여 여전히 위협과 살
기가 등등하여 대제사장에
게 가서
2 다메섹 여러 회당에 갈 공문
을 청하니 이는 만일 그 도를

9

좇는 사람을 만나면 무론남
녀하고 결박하여 예루살렘
으로 잡아오려 함이라
3 사울이 행하여 다메섹에 가까
이 가더니 홀연히 하늘로서
빛이 저를 둘러 비추는지라
4 땅에 엎드러져 들으매 소리
있어 가라사대 사울아 사울
아 네가 어찌하여 나를 핍박
하느냐 하시거늘
5 대답하되 주여 뉘시오니이
까 가라사대 나는 네가 핍박
하는 예수라
6 네가 일어나 성으로 들어가
라 행할 것을 네게 이를 자가
있느니라 하시니
7 같이 가던 사람들은 소리만
듣고 아무도 보지 못하여 말
을 못 하고 섰더라
8 사울이 땅에서 일어나 눈은
떴으나 아무것도 보지 못하
고 사람의 손에 끌려 다메섹
으로 들어가서
9 사흘 동안을 보지 못하고 식
음을 전폐하니라
10 그 때에 다메섹에 아나니아라
하는 제자가 있더니 주께서
환상 중에 불러 가라사대 아
나니아야 하시거늘 대답하되
주여 내가 여기 있나이다 하
니
11 주께서 가라사대 일어나 직
가라 하는 거리로 가서 유다
집에서 다소 사람 사울이라
하는 자를 찾으라 저가 기도
하는 중이다
12 저가 아나니아라 하는 사람
이 들어와서 자기에게 안수
하여 다시 보게 하는 것을
보았느니라 하시거늘
13 아나니아가 대답하되 주여 이
사람에 대하여 내가 여러 사
람에게 듣사온즉 그가 예루
살렘에서 주의 성도에게 적지

않은 해를 끼쳤다 하더니
14 여기서도 주의 이름을 부르
는 모든 자를 결박할 권세를
대제사장들에게 받았나이다
하거늘
15 주께서 가라사대 가라 이 사
람은 내 이름을 이방인과 임
금들과 이스라엘 자손들 앞
에 전하기 위하여 택한 나의
그릇이라
16 그가 내 이름을 위하여 해를
얼마나 받아야 할 것을 내가
그에게 보이리라 하시니
17 아나니아가 떠나 그 집에 들
어가서 그에게 안수하여 가
로되 형제 사울아 주 곧 네
가 오는 길에서 나타나시던
예수께서 나를 보내어 너로
다시 보게 하시고 성령으로
충만하게 하신다 하니
18 즉시 사울의 눈에서 비늘 같
은 것이 벗어져 다시 보게 된
지라 일어나 세례를 받고

사울의 다메섹 전도

19 음식을 먹으매 강건하여지니
라 사울이 다메섹에 있는 제
자들과 함께 며칠 있을쌔
20 즉시로 각 회당에서 예수의
하나님의 아들이심을 전파
하니
21 듣는 사람이 다 놀라 말하되
이 사람이 예루살렘에서 이
이름 부르는 사람을 잔해하
던 자가 아니냐 여기 온 것도
저희를 결박하여 대제사장
들에게 끌어가고자 함이 아
니냐 하더라
22 사울은 힘을 더 얻어 예수를
그리스도라 증명하여 다메
섹에 사는 유대인들을 굴복
시키니라

사울의 피신

23 여러 날이 지나매 유대인들
이 사울 죽이기를 공모하더

니
24 그 계교가 사울에게 알려지
니라 저희가 그를 죽이려고
밤낮으로 성문까지 지키거늘
25 그의 제자들이 밤에 광주리
에 사울을 담아 성에서 달아
내리니라
26 사울이 예루살렘에 가서 제
자들을 사귀고자 하나 다 두
려워하여 그의 제자 됨을 믿
지 아니하니
27 바나바가 데리고 사도들에게
가서 그가 길에서 어떻게 주
를 본 것과 주께서 그에게 말
씀하신 일과 다메섹에서 그
가 어떻게 예수의 이름으로
담대히 말하던 것을 말하니
라
28 사울이 제자들과 함께 있어
예루살렘에 출입하며
29 또 주 예수의 이름으로 담대
히 말하고 헬라파 유대인들
과 함께 말하며 변론하니 그
사람들이 죽이려고 힘쓰거
늘
30 형제들이 알고 가이사랴로
데리고 내려가서 다소로 보
내니라
31 그리하여 온 유대와 갈릴리
와 사마리아 교회가 평안하
여 든든히 서 가고 주를 경
외함과 성령의 위로로 진행
하여 수가 더 많아지니라
32 때에 베드로가 사방으로 두
루 행하다가 룻다에 사는 성
도들에게도 내려갔더니
33 거기서 애니아라 하는 사람
을 만나매 그가 중풍병으로
상 위에 누운 지 팔 년이라
34 베드로가 가로되 애니아야
예수 그리스도께서 너를
낫게 하시니 일어나 네 자
리를 정돈하라 한대 곧 일
어나니

35 룻다와 사론에 사는 사람들
이 다 그를 보고 주께로 돌
아가니라
36 욥바에 다비다라 하는 여제
자가 있으니 그 이름을 번역
하면 도르가라 선행과 구제
하는 일이 심히 많더니
37 그 때에 병들어 죽으매 시체
를 씻어 다락에 뉘우니라
38 룻다가 욥바에 가까운지라
제자들이 베드로가 거기
있음을 듣고 두 사람을 보
내어 지체 말고 오라고 간
청하니
39 베드로가 일어나 저희와 함
께 가서 이르매 저희가 데리
고 다락에 올라가니 모든 과
부가 베드로의 곁에 서서 울
며 도르가가 저희와 함께 있
을 때에 지은 속옷과 겉옷을
다 내어 보이거늘
40 베드로가 사람을 다 내어 보
내고 무릎을 꿇고 기도하고
돌이켜 시체를 향하여 가로
되 다비다야 일어나라 하니
그가 눈을 떠 베드로를 보고
일어나 앉는지라
41 베드로가 손을 내밀어 일으
키고 성도들과 과부들을 불
러들여 그의 산 것을 보이니
42 온 욥바 사람이 알고 많이
주를 믿더라
43 베드로가 욥바에 여러 날 있
어 시몬이라 하는 피장의 집
에서 유하니라

고넬료가 본 환상

10 가이사랴에 고넬료라
하는 사람이 있으니
이달리야대라 하는 군대의
백부장이라
2 그가 경건하여 온 집으로 더
불어 하나님을 경외하며 백
성을 많이 구제하고 하나님
께 항상 기도하더니

10

3 하루는 제구시쯤 되어 환상
중에 밝히 보매 하나님의 사
자가 들어와 가로되 고넬료
야 하니
4 고넬료가 주목하여 보고 두
려워 가로되 주여 무슨 일이
니이까 천사가 가로되 네 기
도와 구제가 하나님 앞에 상
달하여 기억하신 바가 되었
으니
5 네가 지금 사람들을 욥바에
보내어 베드로라 하는 시몬
을 청하라
6 저는 피장 시몬의 집에 우거
하니 그 집은 해변에 있느니
라 하더라
7 마침 말하던 천사가 떠나매
고넬료가 집안 하인 둘과 종
졸 가운데 경건한 사람 하나
를 불러
8 이 일을 다 고하고 욥바로 보
내니라

베드로가 본 환상

9 이튿날 저희가 행하여 성에
가까이 갔을 그 때에 베드로
가 기도하려고 지붕에 올라
가니 시간은 제육시더라
10 시장하여 먹고자 하매 사람이
준비할 때에 비몽사몽간에
11 하늘이 열리며 한 그릇이 내
려오는 것을 보니 큰 보자기
같고 네 귀를 매어 땅에 드리
웠더라
12 그 안에는 땅에 있는 각색 네
발 가진 짐승과 기는 것과
공중에 나는 것들이 있는데
13 또 소리가 있으되 베드로야
일어나 잡아먹으라 하거늘
14 베드로가 가로되 주여 그렇
수 없나이다 속되고 깨끗지
아니한 물건을 내가 언제든
지 먹지 아니하였삽나이다
한대
15 또 두번째 소리 있으되 하나

님께서 깨끗케 하신 것을 네
가 속되다 하지 말라 하더라
16 이런 일이 세 번 있은 후 그
그릇이 곧 하늘로 올리워 가
니라
17 베드로가 본바 환상이 무슨
뜻인지 속으로 의심하더니
마침 고넬료의 보낸 사람들
이 시몬의 집을 찾아 문 밖
에 서서
18 불러 묻되 베드로라 하는 시
몬이 여기 우거하느냐 하거
늘
19 베드로가 그 환상에 대하여
생각할 때에 성령께서 저더
러 말씀하시되 두 사람이 너
를 찾으니
20 일어나 내려가 의심치 말고
함께 가라 내가 저희를 보내
었느니라 하시니
21 베드로가 내려가 그 사람들
을 보고 가로되 내가 곧 너
희의 찾는 사람이니 너희가
무슨 일로 왔느냐
22 저희가 대답하되 백부장 고
넬료는 의인이요 하나님을
경외하는 자라 유대 온 족속
이 칭찬하더니 저가 거룩한
천사의 지시를 받아 너를 그
집으로 청하여 말을 들으려
하느니라 한대
23 베드로가 불러들여 유숙하
게 하니라 이튿날 일어나 저
희와 함께 갈쌔 욥바 두어 형
제도 함께 가니라
24 이튿날 가이사랴에 들어가
니 고넬료가 일가와 가까운
친구들을 모아 기다리더니
25 마침 베드로가 들어올 때에
고넬료가 맞아 발 앞에 엎드
리어 절하니
26 베드로가 일으켜 가로되 일
어서라 나도 사람이라 하고
27 더불어 말하며 들어가 여러

사람의 모인 것을 보고
28 이르되 유대인으로서 이방
인을 교제하는 것과 가까이
하는 것이 위법인 줄은 너희
도 알거니와 하나님께서 내
게 지시하사 아무도 속되다
하거나 깨끗지 않다 하지 말
라 하시기로
29 부름을 사양치 아니하고 왔
노라 묻노니 무슨 일로 나를
불렀느뇨
30 고넬료가 가로되 나흘 전 이
맘때까지 내 집에서 제구시
기도를 하는데 홀연히 한 사
람이 빛난 옷을 입고 내 앞
에 서서
31 말하되 고넬료야 하나님이
네 기도를 들으시고 네 구제
를 기억하셨으니
32 사람을 욥바에 보내어 베드
로라 하는 시몬을 청하라 저
가 바닷가 피장 시몬의 집에
우거하느니라 하시기로
33 내가 곧 당신에게 사람을 보
내었더니 오셨으니 잘하였나
이다 이제 우리는 주께서 당
신에게 명하신 모든 것을 듣
고자 하여 다 하나님 앞에
있나이다

베드로의 설교

34 베드로가 입을 열어 가로되
내가 참으로 하나님은 사람
의 외모를 취하지 아니하시고
35 각 나라 중 하나님을 경외하
며 의를 행하는 사람은 하나
님이 받으시는 줄 깨달았도
다
36 만유의 주 되신 예수 그리스
도로 말미암아 화평의 복음
을 전하사 이스라엘 자손들
에게 보내신 말씀
37 곧 요한이 그 세례를 반포한
후에 갈릴리에서 시작되어
온 유대에 두루 전파된 그것

을 너희도 알거니와
38 하나님이 나사렛 예수에게
성령과 능력을 기름 붓듯 하
셨으매 저가 두루 다니시며
착한 일을 행하시고 마귀에
게 눌린 모든 자를 고치셨으
니 이는 하나님이 함께 하셨
음이라
39 우리는 유대인의 땅과 예루
살렘에서 그의 행하신 모든
일에 증인이라 그를 저희가
나무에 달아 죽였으나
40 하나님이 사흘 만에 다시 살
리사 나타내시되
41 모든 백성에게 하신 것이 아
니요 오직 미리 택하신 증인
곧 죽은 자 가운데서 일어나
신 후 모시고 음식을 먹은
우리에게 하신 것이라
42 우리를 명하사 백성에게 전
도하되 하나님이 산 자와 죽
은 자의 재판장으로 정하신
자가 곧 이 사람인 것을 증거
하게 하셨고
43 저에 대하여 모든 선지자도
증거하되 저를 믿는 사람들
이 다 그 이름을 힘입어 죄
사함을 받는다 하였느니라
44 베드로가 이 말 할 때에 성
령이 말씀 듣는 모든 사람에
게 내려오시니
45 베드로와 함께 온 할례받은
신자들이 이방인들에게도
성령 부어 주심을 인하여 놀
라니
46 이는 방언을 말하며 하나님
높임을 들음이러라
47 이에 베드로가 가로되 이 사
람들이 우리와 같이 성령을
받았으니 누가 능히 물로 세
례 줌을 금하리요 하고
48 명하여 예수 그리스도의 이
름으로 세례를 주라 하니라
저희가 베드로에게 수일 더

유하기를 청하니라

예루살렘 교회에 보고하다

11 유대에 있는 사도들
과 형제들이 이방인
들도 하나님 말씀을 받았다
함을 들었더니
2 베드로가 예루살렘에 올라
갔을 때에 할례자들이 힐난
하여
3 가로되 네가 무할례자의 집
에 들어가 함께 먹었다 하니
4 베드로가 저희에게 이 일을
차례로 설명하여
5 가로되 내가 욥바성에서 기
도할 때에 비몽사몽간에 환
상을 보니 큰 보자기 같은
그릇을 네 귀를 매어 하늘로
부터 내리워 내 앞에까지 드
리우거늘
6 이것을 주목하여 보니 땅에
네 발 가진 것과 들짐승과 기
는 것과 공중에 나는 것들이
보이더라
7 또 들으니 소리 있어 내게 이
르되 베드로야 일어나 잡아
먹으라 하거늘
8 내가 가로되 주여 그럴 수 없
나이다 속되거나 깨끗지 아니
한 물건은 언제든지 내 입에
들어간 일이 없나이다 하니
9 또 하늘로부터 두번째 소리
있어 내게 대답하되 하나님
이 깨끗하게 하신 것을 네가
속되다 말라 하더라
10 이런 일이 세 번 있은 후에
모든 것이 다시 하늘로 끌려
올라가더라
11 마침 세 사람이 내 우거한 집
앞에 섰으니 가이사랴에서
내게로 보낸 사람이라
12 성령이 내게 명하사 아무 의
심 말고 함께 가라 하시매 이
여섯 형제도 나와 함께 가서
그 사람의 집에 들어가니

11

13 그가 우리에게 말하기를 천
사가 내 집에 서서 말하되 네
가 사람을 욥바에 보내어 베
드로라 하는 시몬을 청하라
14 그가 너와 네 온 집의 구원
얻을 말씀을 네게 이르리라
함을 보았다 하거늘
15 내가 말을 시작할 때에 성령
이 저희에게 임하시기를 처
음 우리에게 하신 것과 같이
하는지라
16 내가 주의 말씀에 요한은 물
로 세례 주었으나 너희는 성
령으로 세례받으리라 하신
것이 생각났노라
17 그런즉 하나님이 우리가 주 예
수 그리스도를 믿을 때에 주신
것과 같은 선물을 저희에게도
주셨으니 내가 누구관대 하나
님을 능히 막겠느냐 하더라
18 저희가 이 말을 듣고 잠잠하
여 하나님께 영광을 돌려 가
로되 그러면 하나님께서 이
방인에게도 생명 얻는 회개
를 주셨도다 하니라
19 때에 스데반의 일로 일어난
환난을 인하여 흩어진 자들
이 베니게와 구브로와 안디
옥까지 이르러 도를 유대인
에게만 전하는데
20 그 중에 구브로와 구레네 몇
사람이 안디옥에 이르러 헬
라인에게도 말하여 주 예수
를 전파하니
21 주의 손이 그들과 함께 하시
매 수다한 사람이 믿고 주께
돌아오더라
22 예루살렘 교회가 이 사람들
의 소문을 듣고 바나바를 안
디옥까지 보내니
23 저가 이르러 하나님의 은혜
를 보고 기뻐하여 모든 사람
에게 굳은 마음으로 주께 붙
어 있으라 권하니

24 바나바는 착한 사람이요
성령과 믿음이 충만한 자라
이에 큰 무리가 주께 더하
더라
25 바나바가 사울을 찾으러 다
소에 가서
26 만나매 안디옥에 데리고 와
서 둘이 교회에 일 년간 모여
있어 큰 무리를 가르쳤고 제
자들이 안디옥에서 비로소
그리스도인이라 일컬음을 받
게 되었더라
27 그 때에 선지자들이 예루살
렘에서 안디옥에 이르니
28 그 중에 아가보라 하는 한
사람이 일어나 성령으로 말
하되 천하가 크게 흉년 들리
라 하더니 글라우디오 때에
그렇게 되니라
29 제자들이 각각 그 힘대로 유
대에 사는 형제들에게 부조
를 보내기로 작정하고
30 이를 실행하여 바나바와 사
울의 손으로 장로들에게 보
내니라

야고보의 순교와 베드로의 투옥

12 그 때에 헤롯 왕이 손
을 들어 교회 중 몇
사람을 해하려 하여
2 요한의 형제 야고보를 칼로
죽이니
3 유대인들이 이 일을 기뻐하
는 것을 보고 베드로도 잡으
려 할새 때는 무교절일이라
4 잡으매 옥에 가두어 군사 넷
씩인 네 패에게 맡겨 지키고
유월절 후에 백성 앞에 끌어
내고자 하더라
5 이에 베드로는 옥에 갇혔고
교회는 그를 위하여 간절히
하나님께 빌더라
6 헤롯이 잡아 내려고 하는 그
전날 밤에 베드로가 두 군사
틈에서 두 쇠사슬에 매여 누

12

워 자는데 파숫군들이 문
밖에서 옥을 지키더니
7 홀연히 주의 사자가 곁에 서
매 옥중에 광채가 조요하며
또 베드로의 옆구리를 쳐 깨
워 가로되 급히 일어나라 하
니 쇠사슬이 그 손에서 벗어
지더라
8 천사가 가로되 띠를 띠고 신을
들메라 하거늘 베드로가 그대
로 하니 천사가 또 가로되 겉
옷을 입고 따라오라 한대
9 베드로가 나와서 따라갈쌔
천사의 하는 것이 참인 줄
알지 못하고 환상을 보는가
하니라
10 이에 첫째와 둘째 파수를 지
나 성으로 통한 쇠문에 이르
니 문이 절로 열리는지라 나
와 한 거리를 지나매 천사가
곧 떠나더라
11 이에 베드로가 정신이 나서
가로되 내가 이제야 참으로
주께서 그의 천사를 보내어
나를 헤롯의 손과 유대 백성
의 모든 기대에서 벗어나게
하신 줄 알겠노라 하여
12 깨닫고 마가라 하는 요한의
어머니 마리아의 집에 가니
여러 사람이 모여 기도하더라
13 베드로가 대문을 두드린대
로데라 하는 계집아이가 영
접하러 나왔다가
14 베드로의 음성인 줄 알고 기
뻐하여 문을 미처 열지 못하
고 달려들어가 말하되 베드
로가 대문 밖에 섰더라 하니
15 저희가 말하되 네가 미쳤다 하
나 계집아이는 힘써 말하되
참말이라 하니 저희가 말하되
그러면 그의 천사라 하더라
16 베드로가 문 두드리기를 그치
지 아니하니 저희가 문을 열어
베드로를 보고 놀라는지라

17 베드로가 저희에게 손짓하여
종용하게 하고 주께서 자기를
이끌어 옥에서 나오게 하던
일을 말하고 또 야고보와 형
제들에게 이 말을 전하라 하
고 떠나 다른 곳으로 가니라
18 날이 새매 군사들은 베드로
가 어떻게 되었는지 알지 못
하여 적지 않게 소동하니
19 헤롯이 그를 찾아도 보지 못
하매 파숫군들을 심문하고
죽이라 명하니라 헤롯이 유
대를 떠나 가이사랴로 내려
가서 거하니라

헤롯의 죽음

20 헤롯이 두로와 시돈 사람들
을 대단히 노여워하나 저희
지방이 왕국에서 나는 양식
을 쓰는고로 일심으로 그에
게 나아와 왕의 침소맡은 신
하 블라스도를 친하여 화목
하기를 청한지라
21 헤롯이 날을 택하여 왕복을
입고 위에 앉아 백성을 효유
한대
22 백성들이 크게 부르되 이것
은 신의 소리요 사람의 소리
는 아니라 하거늘
23 헤롯이 영광을 하나님께로 돌
리지 아니하는고로 주의 사자
가 곧 치니 충이 먹어 죽으니라
24 하나님의 말씀은 흥왕하여
더하더라
25 바나바와 사울이 부조의 일
을 마치고 마가라 하는 요한
을 데리고 예루살렘에서 돌
아오니라

바나바와 바울의 파견

13 안디옥 교회에 선지자
들과 교사들이 있으니
곧 바나바와 니게르라 하는
시므온과 구레네 사람 루기
오와 분봉왕 헤롯의 젖동생
마나엔과 및 사울이라

13

2 주를 섬겨 금식할 때에 성
령이 가라사대 내가 불러
시키는 일을 위하여 바나바
와 사울을 따로 세우라 하
시니
3 이에 금식하며 기도하고 두
사람에게 안수하여 보내니
라
4 두 사람이 성령의 보내심을
받아 실루기아에 내려가 거
기서 배 타고 구브로에 가서
5 살라미에 이르러 하나님의
말씀을 유대인의 여러 회당
에서 전할새 요한을 수종자
로 두었더라
6 온 섬 가운데로 지나서 바보
에 이르러 바예수라 하는 유
대인 거짓 선지자 박수를 만
나니
7 그가 총독 서기오 바울과 함
께 있으니 서기오 바울은 지
혜 있는 사람이라 바나바와
사울을 불러 하나님 말씀을
듣고자 하더라
8 이 박수 엘루마는(이 이름을
번역하면 박수라) 저희를 대
적하여 총독으로 믿지 못하
게 힘쓰니
9 바울이라고 하는 사울이 성
령이 충만하여 그를 주목하
고
10 가로되 모든 궤계와 악행
이 가득한 자요 마귀의
자식이요 모든 의의 원수
여 주의 바른 길을 굽게
하기를 그치지 아니하겠
느냐
11 보라 이제 주의 손이 네 위에
있으니 네가 소경이 되어 얼
마 동안 해를 보지 못하리라
하니 즉시 안개와 어두움이
그를 덮어 인도할 사람을 두
루 구하는지라
12 이에 총독이 그렇게 된 것을

보고 믿으며 주의 가르치심
을 기이히 여기니라
13 바울과 및 동행하는 사람들
이 바보에서 배 타고 밤빌리
아에 있는 버가에 이르니 요
한은 저희에게서 떠나 예루
살렘으로 돌아가고

비시디아 안디옥 전도

14 저희는 버가로부터 지나 비
시디아 안디옥에 이르러 안
식일에 회당에 들어가 앉으
니라
15 율법과 선지자의 글을 읽은
후에 회당장들이 사람을 보
내어 물어 가로되 형제들아
만일 백성을 권할 말이 있거
든 말하라 하니
16 바울이 일어나 손짓하며 말
하되 이스라엘 사람들과 및
하나님을 경외하는 사람들
아 들으라
17 이 이스라엘 백성의 하나님
이 우리 조상들을 택하시고
애굽 땅에서 나그네 된 그 백
성을 높여 큰 권능으로 인도
하여 내사
18 광야에서 약 사십 년간 저희
소행을 참으시고
19 가나안 땅 일곱 족속을 멸하
사 그 땅을 기업으로 주시고
(약 사백오십 년간)
20 그 후에 선지자 사무엘 때까
지 사사를 주셨더니
21 그 후에 저희가 왕을 구하거
늘 하나님이 베냐민 지파 사
람 기스의 아들 사울을 사십
년간 주셨다가
22 폐하시고 다윗을 왕으로 세
우시고 증거하여 가라사대
내가 이새의 아들 다윗을 만
나니 내 마음에 합한 사람이
라 내 뜻을 다 이루게 하리라
하시더니
23 하나님이 약속하신 대로 이

사람의 씨에서 이스라엘을
위하여 구주를 세우셨으니
곧 예수라
24 그 오시는 앞에 요한이 먼저
회개의 세례를 이스라엘 모
든 백성에게 전파하니라
25 요한이 그 달려갈 길을 마칠
때에 말하되 너희가 나를 누
구로 생각하느냐 나는 그리
스도가 아니라 내 뒤에 오시
는 이가 있으니 나는 그 발의
신 풀기도 감당치 못하리라
하였으니
26 형제들 아브라함의 후예와
너희 중 하나님을 경외하는
사람들아 이 구원의 말씀을
우리에게 보내셨거늘
27 예루살렘에 사는 자들과 저
희 관원들이 예수와 및 안식
일마다 외우는바 선지자들
의 말을 알지 못하므로 예수
를 정죄하여 선지자들의 말
을 응하게 하였도다
28 죽일 죄를 하나도 찾지 못하
였으나 빌라도에게 죽여 달
라 하였으니
29 성경에 저를 가리켜 기록한
말씀을 다 응하게 한 것이라
후에 나무에서 내려다가 무
덤에 두었으나
30 하나님이 죽은 자 가운데서
저를 살리신지라
31 갈릴리로부터 예루살렘에
함께 올라간 사람들에게 여
러 날 보이셨으니 저희가 이
제 백성 앞에 그의 증인이라
32 우리도 조상들에게 주신 약
속을 너희에게 전파하노니
33 곧 하나님이 예수를 일으키
사 우리 자녀들에게 이 약속
을 이루게 하셨다 함이라 시
편 둘째 편에 기록한 바와 같
이 너는 내 아들이라 오늘
너를 낳았다 하셨고

34 또 하나님께서 죽은 자 가운
데서 저를 일으키사 다시 썩
음을 당하지 않게 하실 것을
가르쳐 가라사대 내가 다윗
의 거룩하고 미쁜 은사를 너
희에게 주리라 하셨으니
35 그러므로 또 다른 편에 일렀
으되 주의 거룩한 자로 썩음
을 당하지 않게 하시리라 하
셨느니라
36 다윗은 당시에 하나님의 뜻
을 좇아 섬기다가 잠들어 그
조상들과 함께 묻혀 썩음을
당하였으되
37 하나님의 살리신 이는 썩음
을 당하지 아니하였나니
38 그러므로 형제들아 너희가
알 것은 이 사람을 힘입어 죄
사함을 너희에게 전하는 이
것이며
39 또 모세의 율법으로 너희가
의롭다 하심을 얻지 못하던
모든 일에도 이 사람을 힘입
어 믿는 자마다 의롭다 하심
을 얻는 이것이라
40 그런즉 너희는 선지자들로
말씀하신 것이 너희에게 미
칠까 삼가라
41 일렀으되 보라 멸시하는 사
람들아 너희는 놀라고 망하
라 내가 너희 때를 당하여
한 일을 행할 것이니 사람이
너희에게 이를지라도 도무지
믿지 못할 일이라 하였느니
라 하니라
42 저희가 나갈쌔 사람들이 청
하되 다음 안식일에도 이 말
씀을 하라 하더라
43 폐회한 후에 유대인과 유대
교에 입교한 경건한 사람들
이 많이 바울과 바나바를 좇
으니 두 사도가 더불어 말하
고 항상 하나님의 은혜 가운
데 있으라 권하니라

44 그 다음 안식일에는 온 성이
거의 다 하나님 말씀을 듣고
자 하여 모이니
45 유대인들이 그 무리를 보고
시기가 가득하여 바울의 말
한 것을 변박하고 비방하거
늘
46 바울과 바나바가 담대히 말
하여 가로되 하나님의 말씀
을 마땅히 먼저 너희에게 전
할 것이로되 너희가 버리고
영생 얻음에 합당치 않은 자
로 자처하기로 우리가 이방
인에게로 향하노라
47 주께서 이같이 우리를 명하
시되 내가 너를 이방의 빛을
삼아 너로 땅 끝까지 구원하
게 하리라 하셨느니라 하니
48 이방인들이 듣고 기뻐하여
하나님의 말씀을 찬송하며
영생을 주시기로 작정된 자
는 다 믿더라
49 주의 말씀이 그 지방에 두루
퍼지니라
50 이에 유대인들이 경건한 귀
부인들과 그 성내 유력자들
을 선동하여 바울과 바나바
를 핍박케 하여 그 지경에서
쫓아 내니
51 두 사람이 저희를 향하여 발
에 티끌을 떨어 버리고 이고
니온으로 가거늘
52 제자들은 기쁨과 성령이 충
만하니라

이고니온 전도

14 이에 이고니온에서
두 사도가 함께 유대
인의 회당에 들어가 말하니
유대와 헬라의 허다한 무리
가 믿더라
2 그러나 순종치 아니하는 유
대인들이 이방인들의 마음
을 선동하여 형제들에게 악
감을 품게 하거늘

14

3 두 사도가 오래 있어 주를
힘입어 담대히 말하니 주께
서 저희 손으로 표적과 기
사를 행하게 하여 주사 자
기 은혜의 말씀을 증거하시
니
4 그 성내 무리가 나뉘어 유대
인을 좇는 자도 있고 두 사도
를 좇는 자도 있는지라
5 이방인과 유대인과 그 관원
들이 두 사도를 능욕하며 돌
로 치려고 달려드니
6 저희가 알고 도망하여 루가
오니아의 두 성 루스드라와
더베와 및 그 근방으로 가서
7 거기서 복음을 전하니라

루스드라 전도

8 루스드라에 발을 쓰지 못하
는 한 사람이 있어 앉았는데
나면서 앉은뱅이 되어 걸어
본 적이 없는 자라
9 바울의 말하는 것을 듣거늘
바울이 주목하여 구원받을
만한 믿음이 그에게 있는 것
을 보고
10 큰 소리로 가로되 네 발로 바
로 일어서라 하니 그 사람이
뛰어 걷는지라
11 무리가 바울의 행한 일을 보
고 루가오니아 방언으로 소
리 질러 가로되 신들이 사람
의 형상으로 우리 가운데 내
려오셨다 하여
12 바나바는 쓰스라 하고 바울
은 그 중에 말하는 자이므로
허메라 하더라
13 성 밖 쓰스 신당의 제사장이
소와 화관들을 가지고 대문
앞에 와서 무리와 함께 제사
하고자 하니
14 두 사도 바나바와 바울이 듣
고 옷을 찢고 무리 가운데
뛰어들어가서 소리 질러
15 가로되 여러분이여 어찌하

여 이러한 일을 하느냐 우리
도 너희와 같은 성정을 가진
사람이라 너희에게 복음을
전하는 것은 이 헛된 일을 버
리고 천지와 바다와 그 가운
데 만유를 지으시고 살아 계
신 하나님께로 돌아오라 함
이라
16 하나님이 지나간 세대에는
모든 족속으로 자기의 길들
을 다니게 묵인하셨으나
17 그러나 자기를 증거하지 아
니하신 것이 아니니 곧 너희
에게 하늘로서 비를 내리시
며 결실기를 주시는 선한 일
을 하사 음식과 기쁨으로 너
희 마음에 만족케 하셨느니
라 하고
18 이렇게 말하여 겨우 무리를
말려 자기들에게 제사를 못
하게 하니라
19 유대인들이 안디옥과 이고
니온에서 와서 무리를 초인
하여 돌로 바울을 쳐서 죽은
줄로 알고 성 밖에 끌어 내치
니라
20 제자들이 둘러섰을 때에 바
울이 일어나 성에 들어갔다
가 이튿날 바나바와 함께 더
베로 가서

제일차 전도 여행의 완수

21 복음을 그 성에서 전하여 많
은 사람을 제자로 삼고 루스
드라와 이고니온과 안디옥
으로 돌아가서
22 제자들의 마음을 굳게 하여
이 믿음에 거하라 권하고 또
우리가 하나님 나라에 들어
가려면 많은 환난을 겪어야
할 것이라 하고
23 각 교회에서 장로들을 택하
여 금식기도하며 저희를 그
믿은바 주께 부탁하고
24 비시디아 가운데로 지나가서

밤빌리아에 이르러
25 도를 버가에서 전하고 앗달
리아로 내려가서
26 거기서 배 타고 안디옥에 이
르니 이 곳은 두 사도의 이룬
그 일을 위하여 전에 하나님
의 은혜에 부탁하던 곳이라
27 이르러 교회를 모아 하나님
이 함께 행하신 모든 일과 이
방인들에게 믿음의 문을 여
신 것을 고하고
28 제자들과 함께 오래 있으니
라

예루살렘 회의

15 어떤 사람들이 유대로
부터 내려와서 형제들
을 가르치되 너희가 모세의 법
대로 할례를 받지 아니하면 능
히 구원을 얻지 못하리라 하니
2 바울과 바나바와 저희 사이에
적지 아니한 다툼과 변론이
일어난지라 형제들이 이 문제
에 대하여 바울과 바나바와
및 그 중에 몇 사람을 예루살
렘에 있는 사도와 장로들에게
보내기로 작정하니라
3 저희가 교회의 전송을 받고
베니게와 사마리아로 다녀
가며 이방인들의 주께 돌아
온 일을 말하여 형제들을 다
크게 기쁘게 하더라
4 예루살렘에 이르러 교회와 사
도와 장로들에게 영접을 받고
하나님이 자기들과 함께 계셔
행하신 모든 일을 말하매
5 바리새파 중에 믿는 어떤 사
람들이 일어나 말하되 이방
인에게 할례 주고 모세의 율
법을 지키라 명하는 것이 마
땅하다 하니라
6 사도와 장로들이 이 일을 의
논하러 모여
7 많은 변론이 있은 후에 베드
로가 일어나 말하되 형제들

15

아 너희도 알거니와 하나님
이 이방인들로 내 입에서 복
음의 말씀을 들어 믿게 하시
려고 오래 전부터 너희 가운
데서 나를 택하시고
8 또 마음을 아시는 하나님이
우리에게와 같이 저희에게도
성령을 주어 증거하시고
9 믿음으로 저희 마음을 깨끗
이 하사 저희나 우리나 분간
치 아니하셨느니라
10 그런데 지금 너희가 어찌하여
하나님을 시험하여 우리 조상
과 우리도 능히 메지 못하던
멍에를 제자들의 목에 두려느
냐
11 우리가 저희와 동일하게 주
예수의 은혜로 구원받는 줄
을 믿노라 하니라
12 온 무리가 가만히 있어 바나
바와 바울이 하나님이 자기
들로 말미암아 이방인 중에
서 행하신 표적과 기사 고하
는 것을 듣더니
13 말을 마치매 야고보가 대답
하여 가로되 형제들아 내 말
을 들으라
14 하나님이 처음으로 이방인 중
에서 자기 이름을 위할 백성을
취하시려고 저희를 권고하신
것을 시므온이 고하였으니
15 선지자들의 말씀이 이와 합
하도다 기록된바
16 이후에 내가 돌아와서 다윗
의 무너진 장막을 다시 지으
며 또 그 퇴락한 것을 다시
지어 일으키리니
17 이는 그 남은 사람들과 내
이름으로 일컬음을 받는 모
든 이방인들로 주를 찾게 하
려 함이라 하셨으니
18 즉 예로부터 이것을 알게 하
시는 주의 말씀이라 함과 같
으니라

19 그러므로 내 의견에는 이방
인 중에서 하나님께로 돌아
오는 자들을 괴롭게 말고
20 다만 우상의 더러운 것과 음
행과 목매어 죽인 것과 피를
멀리하라고 편지하는 것이
가하니
21 이는 예로부터 각 성에서 모
세를 전하는 자가 있어 안식
일마다 회당에서 그 글을 읽
음이니라 하더라
22 이에 사도와 장로와 온 교회
가 그 중에서 사람을 택하여
바울과 바나바와 함께 안디
옥으로 보내기를 가결하니
곧 형제 중에 인도자인 바사
바라 하는 유다와 실라더라
23 그 편에 편지를 부쳐 이르되
사도와 장로 된 형제들은 안
디옥과 수리아와 길리기아
에 있는 이방인 형제들에게
문안하노라
24 들은즉 우리 가운데서 어떤
사람들이 우리의 시킨 것도
없이 나가서 말로 너희를 괴
롭게 하고 마음을 혹하게 한
다 하기로
25-26 사람을 택하여 우리 주 예
수 그리스도의 이름을 위하
여 생명을 아끼지 아니하는
자인 우리의 사랑하는 바나
바와 바울과 함께 너희에게
보내기를 일치 가결하였노라
27 그리하여 유다와 실라를 보
내니 저희도 이 일을 말로 전
하리라
28 성령과 우리는 이 요긴한 것
들 외에 아무 짐도 너희에게
지우지 아니하는 것이 가한
줄 알았노니
29 우상의 제물과 피와 목매어
죽인 것과 음행을 멀리할지
니라 이에 스스로 삼가면 잘
되리라 평안함을 원하노라

하였더라
30 저희가 작별하고 안디옥에
내려가 무리를 모은 후에 편
지를 전하니
31 읽고 그 위로한 말을 기뻐하
더라
32 유다와 실라도 선지자라 여
러 말로 형제를 권면하여 굳
게 하고
33 얼마 있다가 평안히 가라는
전송을 형제들에게 받고 자
기를 보내던 사람들에게로
돌아가되
34 (없음)
35 바울과 바나바는 안디옥에
서 유하며 다수한 다른 사람
들과 함께 주의 말씀을 가르
치며 전파하니라

바울의 제이차 전도 여행

36 수일 후에 바울이 바나바더
러 말하되 우리가 주의 말씀
을 전한 각 성으로 다시 가서
형제들이 어떠한가 방문하자
하니
37 바나바는 마가라 하는 요한
도 데리고 가고자 하나
38 바울은 밤빌리아에서 자기
들을 떠나 한가지로 일하
러 가지 아니한 자를 데리
고 가는 것이 옳지 않다
하여
39 서로 심히 다투어 피차 갈
라서니 바나바는 마가를
데리고 배 타고 구브로로
가고
40 바울은 실라를 택한 후에 형
제들에게 주의 은혜에 부탁
함을 받고 떠나
41 수리아와 길리기아로 다니며
며 교회들을 굳게 하니라

바울이 디모데를 택하다

16 바울이 더베와 루스
드라에도 이르매 거
기 디모데라 하는 제자가 있

16

으니 그 모친은 믿는 유대 여
자요 부친은 헬라인이라
2 디모데는 루스드라와 이고
니온에 있는 형제들에게 칭
찬받는 자니
3 바울이 그를 데리고 떠나고
자 할쌔 그 지경에 있는 유대
인을 인하여 그를 데려다가
할례를 행하니 이는 그 사람
들이 그의 부친은 헬라인인
줄 다 앎이러라
4 여러 성으로 다녀갈 때에 예
루살렘에 있는 사도와 장로
들의 작정한 규례를 저희에
게 주어 지키게 하니
5 이에 여러 교회가 믿음이 더
굳어지고 수가 날마다 더하
니라
6 성령이 아시아에서 말씀을
전하지 못하게 하시거늘 브
루기아와 갈라디아 땅으로
다녀가
7 무시아 앞에 이르러 비두니
아로 가고자 애쓰되 예수의
영이 허락지 아니하시는지라
8 무시아를 지나 드로아로 내
려갔는데
9 밤에 환상이 바울에게 보이
니 마게도냐 사람 하나가 서
서 그에게 청하여 가로되 마
게도냐로 건너와서 우리를
도우라 하거늘
10 바울이 이 환상을 본 후에
우리가 곧 마게도냐로 떠나
기를 힘쓰니 이는 하나님이
저 사람들에게 복음을 전하
라고 우리를 부르신 줄로 인
정함이러라

루디아의 개종

11 드로아에서 배로 떠나 사모
드라게로 직행하여 이튿날
네압볼리로 가고
12 거기서 빌립보에 이르니 이
는 마게도냐 지경 첫 성이요

또 로마의 식민지라 이 성에
서 수일을 유하다가
13 안식일에 우리가 기도처가
있는가 하여 문 밖 강가에
나가 거기 앉아서 모인 여자
들에게 말하더니
14 두아디라성의 자주 장사로
서 하나님을 공경하는 루디
아라 하는 한 여자가 들었는
데 주께서 그 마음을 열어
바울의 말을 청종하게 하신
지라
15 저와 그 집이 다 세례를 받고
우리에게 청하여 가로되 만
일 나를 주 믿는 자로 알거든
내 집에 들어와 유하라 하고
강권하여 있게 하니라
16 우리가 기도하는 곳에 가다
가 점하는 귀신 들린 여종
하나를 만나니 점으로 그 주
인들을 크게 이하게 하는 자
라
17 바울과 우리를 좇아와서 소
리 질러 가로되 이 사람들은
지극히 높은 하나님의 종으
로 구원의 길을 너희에게 전
하는 자라 하며
18 이같이 여러 날을 하는지라
바울이 심히 괴로와하여 돌이
켜 그 귀신에게 이르되 예수
그리스도의 이름으로 내가 네
게 명하노니 그에게서 나오라
하니 귀신이 즉시 나오니라
19 종의 주인들은 자기 이익의
소망이 끊어진 것을 보고 바
울과 실라를 잡아 가지고 저
자로 관원들에게 끌어갔다
가
20 상관들 앞에 데리고 가서 말
하되 이 사람들이 유대인인데
우리 성을 심히 요란케 하여
21 로마 사람인 우리가 받지도
못하고 행치도 못할 풍속을
전한다 하거늘

22 무리가 일제히 일어나 송사
하니 상관들이 옷을 찢어 벗
기고 매로 치라 하여
23 많이 친 후에 옥에 가두고
간수에게 분부하여 든든히
지키라 하니
24 그가 이러한 영을 받아 저희
를 깊은 옥에 가두고 그 발
을 착고에 든든히 채웠더니
25 밤중쯤 되어 바울과 실라가
기도하고 하나님을 찬미하매
죄수들이 듣더라
26 이에 홀연히 큰 지진이 나서
옥터가 움직이고 문이 곧 다
열리며 모든 사람의 매인 것
이 다 벗어진지라
27 간수가 자다가 깨어 옥문들
이 열린 것을 보고 죄수들이
도망한 줄 생각하고 검을 빼
어 자결하려 하거늘
28 바울이 크게 소리 질러 가로
되 네 몸을 상하지 말라 우
리가 다 여기 있노라 하니
29 간수가 등불을 달라고 하며
뛰어들어가 무서워 떨며 바
울과 실라 앞에 부복하고
30 저희를 데리고 나가 가로되
선생들아 내가 어떻게 하여
야 구원을 얻으리이까 하거
늘
31 가로되 주 예수를 믿으라 그
리하면 너와 네 집이 구원을
얻으리라 하고
32 주의 말씀을 그 사람과 그
집에 있는 모든 사람에게 전
하더라
33 밤 그 시에 간수가 저희를 데
려다가 그 맞은 자리를 씻기
고 자기와 그 권속이 다 세례
를 받은 후
34 저희를 데리고 자기 집에 올
라가서 음식을 차려 주고 저
와 온 집이 하나님을 믿었으
므로 크게 기뻐하니라

35 날이 새매 상관들이 아전을
보내어 이 사람들을 놓으라
하니
36 간수가 이 말대로 바울에게
고하되 상관들이 사람을 보
내어 너희를 놓으라 하였으
니 이제는 나가서 평안히 가
라 하거늘
37 바울이 이르되 로마 사람인
우리를 죄도 정치 아니하고
공중 앞에서 때리고 옥에 가
두었다가 이제는 가만히 우
리를 내어 보내고자 하느냐
아니라 저희가 친히 와서 우
리를 데리고 나가야 하리라
한대
38 아전들이 이 말로 상관들에
게 고하니 저희가 로마 사람
이라 하는 말을 듣고 두려워
하여
39 와서 권하여 데리고 나가 성
에서 떠나기를 청하니
40 두 사람이 옥에서 나가 루디
아의 집에 들어가서 형제들을
만나 보고 위로하고 가니라

데살로니가와 베뢰아 선교

17 저희가 암비볼리와
아볼로니아로 다녀가
데살로니가에 이르니 거기
유대인의 회당이 있는지라
2 바울이 자기의 규례대로 저
희에게로 들어가서 세 안식일
에 성경을 가지고 강론하며
3 뜻을 풀어 그리스도가 해를
받고 죽은 자 가운데서 다시
살아야 할 것을 증명하고 이
르되 내가 너희에게 전하는 이
예수가 곧 그리스도라 하니
4 그 중에 어떤 사람 곧 경건한
헬라인의 큰 무리와 적지 않
은 귀부인도 권함을 받고 바
울과 실라를 좇으나
5 그러나 유대인들은 시기하
여 저자의 어떤 괴악한 사람

17

들을 데리고 떼를 지어 성을
소동케 하여 야손의 집에 달
려들어 저희를 백성에게 끌
어 내려고 찾았으나
6 발견치 못하매 야손과 및 형
제를 끌고 읍장들 앞에 가서
소리 질러 가로되 천하를 어
지럽게 하던 이 사람들이 여
기도 이르매
7 야손이 들였도다 이 사람들
이 다 가이사의 명을 거역하
여 말하되 다른 임금 곧 예
수라 하는 이가 있다 하더이
다 하니
8 무리와 읍장들이 이 말을 듣
고 소동하여
9 야손과 그 나머지 사람들에
게 보를 받고 놓으니라
10 밤에 형제들이 곧 바울과 실
라를 베뢰아로 보내니 저희
가 이르러 유대인의 회당에
들어가니라
11 베뢰아 사람은 데살로니가에
있는 사람보다 더 신사적이어
서 간절한 마음으로 말씀을
받고 이것이 그러한가 하여
날마다 성경을 상고하므로
12 그 중에 믿는 사람이 많고
또 헬라의 귀부인과 남자가
적지 아니하나
13 데살로니가에 있는 유대인들
이 바울이 하나님 말씀을 베
뢰아에서도 전하는 줄을 알
고 거기도 가서 무리를 움직
여 소동케 하거늘
14 형제들이 곧 바울을 내어 보내
어 바다까지 가게 하되 실라와
디모데는 아직 거기 유하더라
15 바울을 인도하는 사람들이
데리고 아덴까지 이르러 바
울에게서 실라와 디모데를
자기에게로 속히 오게 하라
는 명을 받고 떠나니라

바울의 아덴과 고린도 선교

16 바울이 아덴에서 저희를 기다
리다가 온 성에 우상이 가득
한 것을 보고 마음에 분하여
17 회당에서는 유대인과 경건한
사람들과 또 저자에서는 날마
다 만나는 사람들과 변론하니
18 어떤 에비구레오와 스도이고
철학자들도 바울과 쟁론할쌔
혹은 이르되 이 말장이가 무
슨 말을 하고자 하느뇨 하고
혹은 이르되 이방신들을 전
하는 사람인가 보다 하니 이
는 바울이 예수와 또 몸의 부
활 전함을 인함이러라
19 붙들어 가지고 아레오바고
로 가며 말하기를 우리가 너
의 말하는 이 새 교가 무엇
인지 알 수 있겠느냐
20 네가 무슨 이상한 것을 우리
귀에 들려 주니 그 무슨 뜻
인지 알고자 하노라 하니
21 모든 아덴 사람과 거기서 나
그네 된 외국인들이 가장 새
로 되는 것을 말하고 듣는
이외에 달리는 시간을 쓰지
않음이더라
22 바울이 아레오바고 가운데
서서 말하되 아덴 사람들아
너희를 보니 범사에 종교성
이 많도다
23 내가 두루 다니며 너희의
위하는 것들을 보다가 알지
못하는 신에게라고 새긴 단
도 보았으니 그런즉 너희가
알지 못하고 위하는 그것을
내가 너희에게 알게 하리라
24 우주와 그 가운데 있는 만유
를 지으신 신께서는 천지의
주재시니 손으로 지은 전에
계시지 아니하시고
25 또 무엇이 부족한 것처럼 사
람의 손으로 섬김을 받으시
는 것이 아니니 이는 만민에
게 생명과 호흡과 만물을 친

히 주시는 자이심이라
26 인류의 모든 족속을 한 혈통
으로 만드사 온 땅에 거하게
하시고 저희의 년대를 정하시
며 거주의 경계를 한하셨으니
27 이는 사람으로 하나님을 혹
더듬어 찾아 발견케 하려 하
심이로되 그는 우리 각 사람
에게서 멀리 떠나 계시지 아
니하도다
28 우리가 그를 힘입어 살며 기동
하며 있느니라 너희 시인 중에
도 어떤 사람들의 말과 같이
우리가 그의 소생이라 하니
29 이와 같이 신의 소생이 되었
은즉 신을 금이나 은이나 돌
에다 사람의 기술과 고안으
로 새긴 것들과 같이 여길 것
이 아니니라
30 알지 못하던 시대에는 하나
님이 허물치 아니하셨거니와
이제는 어디든지 사람을 다
명하사 회개하라 하셨으니
31 이는 정하신 사람으로 하여금
천하를 공의로 심판할 날을 작
정하시고 이에 저를 죽은 자
가운데서 다시 살리신 것으로
모든 사람에게 믿을 만한 증거
를 주셨음이니라 하니라
32 저희가 죽은 자의 부활을 듣
고 혹은 기롱도 하고 혹은
이 일에 대하여 네 말을 다
시 듣겠다 하니
33 이에 바울이 저희 가운데서
떠나매
34 몇 사람이 그를 친하여 믿으
니 그 중 아레오바고 관원
디오누시오와 다마리라 하
는 여자와 또 다른 사람들도
있었더라

고린도와 에베소의 전도

18 이후에 바울이 아덴
을 떠나 고린도에 이
르러

18

2 아굴라라 하는 본도에서 난
유대인 하나를 만나니 글라우
디오가 모든 유대인을 명하여
로마에서 떠나라 한고로 그가
그 아내 브리스길라와 함께 이
달리야로부터 새로 온지라 바
울이 그들에게 가매
3 업이 같으므로 함께 거하여
일을 하니 그 업은 장막을 만
드는 것이더라
4 안식일마다 바울이 회당에
서 강론하고 유대인과 헬라
인을 권면하니라
5 실라와 디모데가 마게도냐로
서 내려오매 바울이 하나님
의 말씀에 붙잡혀 유대인들
에게 예수는 그리스도라 밝
히 증거하니
6 저희가 대적하여 훼방하거
늘 바울이 옷을 떨어 가로되
너희 피가 너희 머리로 돌아
갈 것이요 나는 깨끗하니라
이후에는 이방인에게로 가
리라 하고
7 거기서 옮겨 하나님을 공경
하는 디도 유스도라 하는 사
람의 집에 들어가니 그 집이
회당 옆이라
8 또 회당장 그리스보가 온 집
으로 더불어 주를 믿으며 수
다한 고린도 사람도 듣고 믿
어 세례를 받더라
9 밤에 주께서 환상 가운데 바
울에게 말씀하시되 두려워
하지 말며 잠잠하지 말고 말
하라
10 내가 너와 함께 있으매 아무
사람도 너를 대적하여 해롭
게 할 자가 없을 것이니 이는
이 성중에 내 백성이 많음이
라 하시더라
11 일 년 육 개월을 유하며 그들
가운데서 하나님의 말씀을
가르치니라

12 갈리오가 아가야 총독 되었
을 때에 유대인이 일제히 일
어나 바울을 대적하여 재판
자리로 데리고 와서
13 말하되 이 사람이 율법을 어
기어 하나님을 공경하라고
사람들을 권한다 하거늘
14 바울이 입을 열고자 할 때에
갈리오가 유대인들에게 이
르되 너희 유대인들아 만일
무슨 부정한 일이나 괴악한
행동이었으면 내가 너희 말
을 들어 주는 것이 가하거니
와
15 만일 문제가 언어와 명칭과
너희 법에 관한 것이면 너희
가 스스로 처리하라 나는 이
러한 일에 재판장 되기를 원
치 아니하노라 하고
16 저희를 재판 자리에서 쫓아
내니
17 모든 사람이 회당장 소스데
네를 잡아 재판 자리 앞에서
때리되 갈리오가 이 일을 상
관치 아니하니라

바울의 제삼차 전도 여행

18 바울은 더 여러 날 유하다가
형제들을 작별하고 배 타고
수리아로 떠나갈쌔 브리스길
라와 아굴라도 함께 하더라
바울이 일찍 서원이 있으므
로 겐그레아에서 머리를 깎
았더라
19 에베소에 와서 저희를 거기
머물러 두고 자기는 회당에
들어가서 유대인들과 변론하
니
20 여러 사람이 더 오래 있기를
청하되 허락지 아니하고
21 작별하여 가로되 만일 하나
님의 뜻이면 너희에게 돌아
오리라 하고 배를 타고 에베
소를 떠나
22 가이사랴에서 상륙하여 올

라가 교회의 안부를 물은 후
에 안디옥으로 내려가서
23 얼마 있다가 떠나 갈라디아
와 브루기아 땅을 차례로 다
니며 모든 제자를 굳게 하니
라

아볼로가 에베소에서 전도하다

24 알렉산드리아에서 난 아볼
로라 하는 유대인이 에베소
에 이르니 이 사람은 학문이
많고 성경에 능한 자라
25 그가 일찍 주의 도를 배워
열심으로 예수에 관한 것을
자세히 말하며 가르치나 요
한의 세례만 알 따름이라
26 그가 회당에서 담대히 말하
기를 시작하거늘 브리스길라
와 아굴라가 듣고 데려다가
하나님의 도를 더 자세히 풀
어 이르더라
27 아볼로가 아가야로 건너가
고자 하니 형제들이 저를 장
려하며 제자들에게 편지하
여 영접하라 하였더니 저가
가매 은혜로 말미암아 믿은
자들에게 많은 유익을 주니
28 이는 성경으로써 예수는 그
리스도라고 증거하여 공중
앞에서 유력하게 유대인의
말을 이김일러라

바울이 에베소에 가다

19 아볼로가 고린도에
있을 때에 바울이 윗
지방으로 다녀 에베소에 와
서 어떤 제자들을 만나
2 가로되 너희가 믿을 때에 성
령을 받았느냐 가로되 아니
라 우리는 성령이 있음도 듣
지 못하였노라
3 바울이 가로되 그러면 너희
가 무슨 세례를 받았느냐 대
답하되 요한의 세례로라
4 바울이 가로되 요한이 회개
의 세례를 베풀며 백성에게

19

말하되 내 뒤에 오시는 이를
믿으라 하였으니 이는 곧 예
수라 하거늘
5 저희가 듣고 주 예수의 이름
으로 세례를 받으니
6 바울이 그들에게 안수하매
성령이 그들에게 임하시므로
방언도 하고 예언도 하니
7 모두 열두 사람쯤 되니라
8 바울이 회당에 들어가 석 달
동안을 담대히 하나님 나라
에 대하여 강론하며 권면하
되
9 어떤 사람들은 마음이 굳어
순종치 않고 무리 앞에서 이
도를 비방하거늘 바울이 그
들을 떠나 제자들을 따로 세
우고 두란노 서원에서 날마
다 강론하여
10 이같이 두 해 동안을 하매
아시아에 사는 자는 유대인
이나 헬라인이나 다 주의 말
씀을 듣더라
11 하나님이 바울의 손으로 희
한한 능을 행하게 하시니
12 심지어 사람들이 바울의 몸
에서 손수건이나 앞치마를
가져다가 병든 사람에게 얹
으면 그 병이 떠나고 악귀도
나가더라
13 이에 돌아다니며 마술하는
어떤 유대인들이 시험적으로
악귀 들린 자들에게 대하여
주 예수의 이름을 불러 말하
되 내가 바울의 전파하는 예
수를 빙자하여 너희를 명하
노라 하더라
14 유대의 한 제사장 스게와의
일곱 아들도 이 일을 행하더니
15 악귀가 대답하여 가로되 예수
도 내가 알고 바울도 내가 알
거니와 너희는 누구냐 하며
16 악귀 들린 사람이 그 두 사
람에게 뛰어올라 억제하여

이기니 저희가 상하여 벗은
몸으로 그 집에서 도망하는
지라
17 에베소에 거하는 유대인과
헬라인들이 다 이 일을 알고
두려워하며 주 예수의 이름
을 높이고
18 믿은 사람들이 많이 와서 자
복하여 행한 일을 고하며
19 또 마술을 행하던 많은 사람
이 그 책을 모아 가지고 와서
모든 사람 앞에서 불사르니
그 책값을 계산한즉 은 오만
이나 되더라
20 이와 같이 주의 말씀이 힘이
있어 흥왕하여 세력을 얻으
니라

에베소에서 일어난 소동

21 이 일이 다 된 후 바울이 마
게도냐와 아가야로 다녀서
예루살렘에 가기를 경영하
여 가로되 내가 거기 갔다가
후에 로마도 보아야 하리라
하고
22 자기를 돕는 사람 중에서 디
모데와 에라스도 두 사람을
마게도냐로 보내고 자기는
아시아에 얼마간 더 있으니
라
23 그 때쯤 되어 이 도로 인하
여 적지 않은 소동이 있었으
니
24 즉 데메드리오라 하는 어떤
은장색이 아데미의 은감실
을 만들어 직공들로 적지 않
은 벌이를 하게 하더니
25 그가 그 직공들과 이러한 영
업하는 자들을 모아 이르되
여러분도 알거니와 우리의
유족한 생활이 이 업에 있는
데
26 이 바울이 에베소뿐 아니라
거의 아시아 전부를 통하여
허다한 사람을 권유하여 말

하되 사람의 손으로 만든 것
들은 신이 아니라 하니 이는
그대들도 보고 들은 것이라
27 우리의 이 영업만 천하여질
위험이 있을 뿐 아니라 큰 여
신 아데미의 전각도 경홀히
여김이 되고 온 아시아와 천
하가 위하는 그의 위엄도 떨
어질까 하노라 하더라
28 저희가 이 말을 듣고 분이
가득하여 외쳐 가로되 크다
에베소 사람의 아데미여 하
니
29 온 성이 요란하여 바울과 같
이 다니는 마게도냐 사람 가
이오와 아리스다고를 잡아
가지고 일제히 연극장으로
달려들어가는지라
30 바울이 백성 가운데로 들어
가고자 하나 제자들이 말리
고
31 또 아시아 관원 중에 바울의
친구 된 어떤 이들이 그에게
통지하여 연극장에 들어가
지 말라 권하더라
32 사람들이 외쳐 혹은 이 말
을, 혹은 저 말을 하니 모인
무리가 분란하여 태반이나
어찌하여 모였는지 알지 못
하더라
33 유대인들이 무리 가운데서
알렉산더를 권하여 앞으로
밀어내니 알렉산더가 손짓하
며 백성에게 발명하려 하나
34 저희는 그가 유대인인 줄 알고
다 한 소리로 외쳐 가로되 크
다 에베소 사람의 아데미여 하
기를 두 시 동안이나 하더니
35 서기장이 무리를 안돈시키
고 이르되 에베소 사람들아
에베소성이 큰 아데미와 및
쓰스에게서 내려온 우상의
전각지기가 된 줄을 누가 알
지 못하겠느냐

36 이 일이 그렇지 않다 할 수
없으니 너희가 가만히 있어
서 무엇이든지 경솔히 아니
하여야 하리라
37 전각의 물건을 도적질하지도
아니하였고 우리 여신을 훼
방하지도 아니한 이 사람들
을 너희가 잡아왔으니
38 만일 데메드리오와 및 그와
함께 있는 직공들이 누구에
게 송사할 것이 있거든 재판
날도 있고 총독들도 있으니
피차 고소할 것이요
39 만일 그 외에 무엇을 원하거
든 정식으로 민회에서 결단
할지라
40 오늘 아무 까닭도 없는 이 일
에 우리가 소요의 사건으로
책망받을 위험이 있고 우리
가 이 불법 집회에 관하여
보고할 재료가 없다 하고
41 이에 그 모임을 흩어지게 하
니라

마게도냐와 아가야 이차 방문

20 소요가 그치매 바울
이 제자들을 불러 권
한 후에 작별하고 떠나 마게
도냐로 가니라
2 그 지경으로 다녀가며 여러
말로 제자들에게 권하고 헬
라에 이르러
3 거기 석 달을 있다가 배 타
고 수리아로 가고자 할 그
때에 유대인들이 자기를 해
하려고 공모하므로 마게도
냐로 다녀 돌아가기를 작정
하니
4 아시아까지 함께 가는 자는
베뢰아 사람 부로의 아들 소
바더와 데살로니가 사람 아리
스다고와 세군도와 더베 사람
가이오와 및 디모데와 아시아
사람 두기고와 드로비모라
5 그들은 먼저 가서 드로아에

20

서 우리를 기다리더라
6 우리는 무교절 후에 빌립보
에서 배로 떠나 닷새 만에
드로아에 있는 그들에게 가
서 이레를 머무니라
7 안식 후 첫날에 우리가 떡을
떼려 하여 모였더니 바울이
이튿날 떠나고자 하여 저희
에게 강론할쌔 말을 밤중까
지 계속하매
8 우리의 모인 윗다락에 등불
을 많이 켰는데
9 유두고라 하는 청년이 창에
걸터앉았다가 깊이 졸더니
바울이 강론하기를 더 오래
하매 졸음을 이기지 못하여
삼층 누에서 떨어지거늘 일
으켜 보니 죽었는지라
10 바울이 내려가서 그 위에 엎
드려 그 몸을 안고 말하되
떠들지 말라 생명이 저에게
있다 하고
11 올라가 떡을 떼어 먹고 오래
동안 곧 날이 새기까지 이야
기하고 떠나니라
12 사람들이 살아난 아이를 데
리고 와서 위로를 적지 않게
받았더라

드로아에서 밀레도까지

13 우리는 앞서 배를 타고 앗소
에서 바울을 태우려고 그리
로 행선하니 이는 자기가 도
보로 가고자 하여 이렇게 정
하여 준 것이라
14 바울이 앗소에서 우리를 만
나니 우리가 배에 올리고 미
둘레네에 가서
15 거기서 떠나 이튿날 기오 앞
에 오고 그 이튿날 사모에 들
리고 또 그 다음날 밀레도에
이르니라
16 바울이 아시아에서 지체치
않기 위하여 에베소를 지나
행선하기로 작정하였으니 이

는 될 수 있는 대로 오순절
안에 예루살렘에 이르려고
급히 감이러라

바울의 고별 연설

17 바울이 밀레도에서 사람을
에베소로 보내어 교회 장로
들을 청하니
18 오매 저희에게 말하되 아시
아에 들어온 첫날부터 지금
까지 내가 항상 너희 가운데
서 어떻게 행한 것을 너희도
아는 바니
19 곧 모든 겸손과 눈물이며 유
대인의 간계를 인하여 당한
시험을 참고 주를 섬긴 것과
20 유익한 것은 무엇이든지 공
중 앞에서나 각 집에서나 꺼
림이 없이 너희에게 전하여
가르치고
21 유대인과 헬라인들에게 하나
님께 대한 회개와 우리 주 예
수 그리스도께 대한 믿음을
증거한 것이라
22 보라 이제 나는 심령에 매임
을 받아 예루살렘으로 가는
데 저기서 무슨 일을 만날는
지 알지 못하노라
23 오직 성령이 각 성에서 내게
증거하여 결박과 환난이 나
를 기다린다 하시나
24 나의 달려갈 길과 주 예수께
받은 사명 곧 하나님의 은혜
의 복음 증거하는 일을 마치
려 함에는 나의 생명을 조금
도 귀한 것으로 여기지 아니
하노라
25 보라 내가 너희 중에 왕래하
며 하나님 나라를 전파하였
으나 지금은 너희가 다 내 얼
굴을 다시 보지 못할 줄 아
노라
26 그러므로 오늘 너희에게 증
거하노니 모든 사람의 피에
대하여 내가 깨끗하니

27 이는 내가 꺼리지 않고 하나
님의 뜻을 다 너희에게 전하
였음이라
28 너희는 자기를 위하여 또는
온 양 떼를 위하여 삼가라
성령이 저들 가운데 너희로
감독자를 삼고 하나님이 자
기 피로 사신 교회를 치게
하셨느니라
29 내가 떠난 후에 흉악한 이리
가 너희에게 들어와서 그 양
떼를 아끼지 아니하며
30 또한 너희 중에서도 제자
들을 끌어 자기를 좇게 하
려고 어그러진 말을 하는
사람들이 일어날 줄을 내
가 아노니
31 그러므로 너희가 일깨어 내
가 삼 년이나 밤낮 쉬지 않고
눈물로 각 사람을 훈계하던
것을 기억하라
32 지금 내가 너희를 주와 및 그
은혜의 말씀께 부탁하노니
그 말씀이 너희를 능히 든든
히 세우사 거룩케 하심을 입
은 모든 자 가운데 기업이 있
게 하시리라
33 내가 아무의 은이나 금이나
의복을 탐하지 아니하였고
34 너희 아는 바에 이 손으로
나와 내 동행들의 쓰는 것을
당하여
35 범사에 너희에게 모본을 보
였노니 곧 이같이 수고하여
약한 사람들을 돕고 또 주
예수의 친히 말씀하신바 주
는 것이 받는 것보다 복이 있
다 하심을 기억하여야 할지
니라
36 이 말을 한 후 무릎을 꿇고
저희 모든 사람과 함께 기도
하니
37 다 크게 울며 바울의 목을
안고 입을 맞추고

38 다시 그 얼굴을 보지 못하리
라 한 말을 인하여 더욱 근
심하고 배에까지 그를 전송
하니라

바울의 예루살렘 여행

21 우리가 저희를 작별
하고 행선하여 바로
고스로 가서 이튿날 로도에
이르러 거기서부터 바다라로
가서
2 베니게로 건너가는 배를 만
나서 타고 가다가
3 구브로를 바라보고 이를 왼
편에 두고 수리아로 행선하
여 두로에서 상륙하니 거기
서 배가 짐을 풀려 함이러라
4 제자들을 찾아 거기서 이레
를 머물더니 그 제자들이 성
령의 감동으로 바울더러 예
루살렘에 들어가지 말라 하
더라
5 이 여러 날을 지난 후 우리가
떠나갈쌔 저희가 다 그 처자
와 함께 성문 밖까지 전송하
거늘 우리가 바닷가에서 무
릎을 꿇어 기도하고
6 서로 작별한 후 우리는 배에
오르고 저희는 집으로 돌아
가니라
7 두로로부터 수로를 다 행하
여 돌레마이에 이르러 형제
들에게 안부를 묻고 그들과
함께 하루를 있다가
8 이튿날 떠나 가이사랴에 이
르러 일곱 집사 중 하나인 전
도자 빌립의 집에 들어가서
유하니라
9 그에게 딸 넷이 있으니 처녀
로 예언하는 자라
10 여러 날 있더니 한 선지자 아
가보라 하는 이가 유대로부
터 내려와
11 우리에게 와서 바울의 띠를
가져다가 자기 수족을 잡아

21

매고 말하기를 성령이 말씀
하시되 예루살렘에서 유대
인들이 이같이 이 띠 임자를
결박하여 이방인의 손에 넘
겨 주리라 하거늘
12 우리가 그 말을 듣고 그 곳
사람들로 더불어 바울에게
예루살렘으로 올라가지 말
라 권하니
13 바울이 대답하되 너희가 어
찌하여 울어 내 마음을 상하
게 하느냐 나는 주 예수의
이름을 위하여 결박받을 뿐
아니라 예루살렘에서 죽을
것도 각오하였노라 하니
14 저가 권함을 받지 아니하므
로 우리가 주의 뜻대로 이루
어지이다 하고 그쳤노라
15 이 여러 날 후에 행장을 준비
하여 예루살렘으로 올라갈새
16 가이사랴의 몇 제자가 함께
가며 한 오랜 제자 구브로 사
람 나손을 데리고 가니 이는
우리가 그의 집에 유하려 함
이라

바울이 야고보를 방문하다

17 예루살렘에 이르니 형제들이
우리를 기꺼이 영접하거늘
18 그 이튿날 바울이 우리와 함
께 야고보에게로 들어가니
장로들도 다 있더라
19 바울이 문안하고 하나님이
자기의 봉사로 말미암아 이
방 가운데서 하신 일을 낱낱
이 고하니
20 저희가 듣고 하나님께 영광을
돌리고 바울더러 이르되 형제
여 그대도 보는 바에 유대인
중에 믿는 자 수만 명이 있으
니 다 율법에 열심 있는 자라
21 네가 이방에 있는 모든 유대
인을 가르치되 모세를 배반
하고 아들들에게 할례를 하
지 말고 또 규모를 지키지 말

라 한다 함을 저희가 들었도
다
22 그러면 어찌할꼬 저희가 필
연 그대의 온 것을 들으리니
23 우리의 말하는 이대로 하라
서원한 네 사람이 우리에게
있으니
24 저희를 데리고 함께 결례를
행하고 저희를 위하여 비용
을 내어 머리를 깎게 하라 그
러면 모든 사람이 그대에게
대하여 들은 것이 헛된 것이
고 그대도 율법을 지켜 행하
는 줄로 알 것이라
25 주를 믿는 이방인에게는 우
리가 우상의 제물과 피와 목
매어 죽인 것과 음행을 피할
것을 결의하고 편지하였느니
라 하니
26 바울이 이 사람들을 데리고
이튿날 저희와 함께 결례를
행하고 성전에 들어가서 각
사람을 위하여 제사드릴 때
까지의 결례의 만기된 것을
고하니라

바울이 성전에서 잡히다

27 그 이레가 거의 차매 아시
아로부터 온 유대인들이 성
전에서 바울을 보고 모든
무리를 충동하여 그를 붙
들고
28 외치되 이스라엘 사람들아
도우라 이 사람은 각처에서
우리 백성과 율법과 이 곳을
훼방하여 모든 사람을 가르
치는 그 자인데 또 헬라인을
데리고 성전에 들어가서 이
거룩한 곳을 더럽게 하였다
하니
29 이는 저희가 전에 에베소 사
람 드로비모가 바울과 함께
성내에 있음을 보고 바울이
저를 성전에 데리고 들어간
줄로 생각함일러라

30 온 성이 소동하여 백성이 달
려와 모여 바울을 잡아 성전
밖으로 끌고 나가니 문들이
곧 닫히더라
31 저희가 그를 죽이려 할 때에
온 예루살렘의 요란하다는
소문이 군대의 천부장에게
들리매
32 저가 급히 군사들과 백부장
들을 거느리고 달려 내려가
니 저희가 천부장과 군사들
을 보고 바울 치기를 그치는
지라
33 이에 천부장이 가까이 가서
바울을 잡아 두 쇠사슬로 결
박하라 명하고 누구며 무슨
일을 하였느냐 물으니
34 무리 가운데서 어떤 이는 이
말로, 어떤 이는 저 말로 부
르짖거늘 천부장이 소동을
인하여 그 실상을 알 수 없
어 그를 영문 안으로 데려가
라 명하니라
35 바울이 층대에 이를 때에 무
리의 포행을 인하여 군사들
에게 들려가니
36 이는 백성의 무리가 그를 없
이하자고 외치며 따라감이러
라
37 바울을 데리고 영문으로
들어가려 할 그 때에 바울
이 천부장더러 이르되 내가
당신에게 말할 수 있느뇨
가로되 네가 헬라 말을 아
느냐
38 그러면 네가 이전에 난을 일
으켜 사천의 자객을 거느리
고 광야로 가던 애굽인이 아
니냐
39 바울이 가로되 나는 유대인이
라 소읍이 아닌 길리기아 다소
성의 시민이니 청컨대 백성에
게 말하기를 허락하라 하니
40 천부장이 허락하거늘 바울

이 층대 위에 서서 백성에게
손짓하여 크게 종용히 한 후
에 히브리 방언으로 말하여
가로되

22 부형들아 내가 지금
너희 앞에서 변명하
는 말을 들으라 하더라
2 저희가 그 히브리 방언으로
말함을 듣고 더욱 종용한지
라 이어 가로되
3 나는 유대인으로 길리기아
다소에서 났고 이 성에서 자
라 가말리엘의 문하에서 우
리 조상들의 율법의 엄한 교
훈을 받았고 오늘 너희 모든
사람처럼 하나님께 대하여
열심하는 자라
4 내가 이 도를 핍박하여 사람
을 죽이기까지 하고 남녀를
결박하여 옥에 넘겼노니
5 이에 대제사장과 모든 장로
들이 내 증인이라 또 내가 저
희에게서 다메섹 형제들에게
가는 공문을 받아 가지고 거
기 있는 자들도 결박하여 예
루살렘으로 끌어다가 형벌
받게 하려고 가더니

바울이 자신의 개종을 설명하다

6 가는데 다메섹에 가까왔을 때
에 오정쯤 되어 홀연히 하늘로
서 큰 빛이 나를 둘러 비취매
7 내가 땅에 엎드러져 들으니
소리 있어 가로되 사울아 사
울아 네가 왜 나를 핍박하느
냐 하시거늘
8 내가 대답하되 주여 뉘시니
이까 하니 가라사대 나는 네
가 핍박하는 나사렛 예수라
하시더라
9 나와 함께 있는 사람들이 빛
은 보면서도 나더러 말하시는
이의 소리는 듣지 못하더라
10 내가 가로되 주여 무엇을 하
리이까 주께서 가라사대 일어

22

나 다메섹으로 들어가라 정한
바 너의 모든 행할 것을 거기
서 누가 이르리라 하시거늘
11 나는 그 빛의 광채를 인하여
볼 수 없게 되었으므로 나와
함께 있는 사람들의 손에 끌
려 다메섹에 들어갔노라
12 율법에 의하면 경건한 사람
으로 거기 사는 모든 유대인
들에게 칭찬을 듣는 아나니
아라 하는 이가
13 내게 와 곁에 서서 말하되 형
제 사울아 다시 보라 하거늘
즉시 그를 쳐다보았노라
14 그가 또 가로되 우리 조상들
의 하나님이 너를 택하여 너
로 하여금 자기 뜻을 알게
하시며 저 의인을 보게 하시
고 그 입에서 나오는 음성을
듣게 하셨으니
15 네가 그를 위하여 모든 사람
앞에서 너의 보고 들은 것에
증인이 되리라
16 이제는 왜 주저하느뇨 일어
나 주의 이름을 불러 세례를
받고 너의 죄를 씻으라 하더
라
17 후에 내가 예루살렘으로 돌
아와서 성전에서 기도할 때
에 비몽사몽간에
18 보매 주께서 내게 말씀하시
되 속히 예루살렘에서 나가
라 저희는 네가 내게 대하여
증거하는 말을 듣지 아니하
리라 하시거늘
19 내가 말하기를 주여 내가 주
믿는 사람들을 가두고 또 각
회당에서 때리고
20 또 주의 증인 스데반의 피를
흘릴 적에 내가 곁에 서서 찬
성하고 그 죽이는 사람들의
옷을 지킨 줄 저희도 아나이
다
21 나더러 또 이르시되 떠나가

라 내가 너를 멀리 이방인에
게로 보내리라 하셨느니라
22 이 말 하는 것까지 저희가 듣
다가 소리 질러 가로되 이러
한 놈은 세상에서 없이하자
살려 둘 자가 아니라 하여
23 떠들며 옷을 벗어 던지고 티
끌을 공중에 날리니
24 천부장이 바울을 영문 안으
로 데려가라 명하고 저희가
무슨 일로 그를 대하여 떠드
나 알고자 하여 채찍질하며
신문하라 한대
25 가죽줄로 바울을 매니 바울
이 곁에 섰는 백부장더러 이
르되 너희가 로마 사람 된
자를 죄도 정치 아니하고 채
찍질 할 수 있느냐 하니
26 백부장이 듣고 가서 천부장
에게 전하여 가로되 어찌하
려 하느뇨 이는 로마 사람이
라 하니
27 천부장이 와서 바울에게 말
하되 네가 로마 사람이냐 내
게 말하라 가로되 그러하다
28 천부장이 대답하되 나는 돈
을 많이 들여 이 시민권을 얻
었노라 바울이 가로되 나는
나면서부터로라 하니
29 신문하려던 사람들이 곧 그
에게서 물러가고 천부장도
그가 로마 사람인 줄 알고
또는 그 결박한 것을 인하여
두려워하니라

바울이 공회 앞에 서다

30 이튿날 천부장이 무슨 일로
유대인들이 그를 송사하는
지 실상을 알고자 하여 그
결박을 풀고 명하여 제사장
들과 온 공회를 모으고 바울
을 데리고 내려가서 저희 앞
에 세우니라

23

바울이 공회를 주목
하여 가로되 여러분

23

형제들아 오늘날까지 내가
범사에 양심을 따라 하나님
을 섬겼노라 하거늘
2 대제사장 아나니아가 바울
곁에 섰는 사람들에게 그 입
을 치라 명하니
3 바울이 가로되 회칠한 담이
여 하나님이 너를 치시리로
다 네가 나를 율법대로 판단
한다고 앉아서 율법을 어기
고 나를 치라 하느냐 하니
4 곁에 선 사람들이 말하되 하
나님의 대제사장을 네가 욕
하느냐
5 바울이 가로되 형제들아 나
는 그가 대제사장인 줄 알지
못하였노라 기록하였으되
너의 백성의 관원을 비방치
말라 하였느니라 하더라
6 바울이 그 한 부분은 사두개
인이요 한 부분은 바리새인인
줄 알고 공회에서 외쳐 가로되
여러분 형제들아 나는 바리새
인이요 또 바리새인의 아들이
라 죽은 자의 소망 곧 부활을
인하여 내가 심문을 받노라
7 그 말을 한즉 바리새인과 사
두개인 사이에 다툼이 생겨
무리가 나누이니
8 이는 사두개인은 부활도 없고
천사도 없고 영도 없다 하고
바리새인은 다 있다 함이라
9 크게 훤화가 일어날쌔 바리새
인 편에서 몇 서기관이 일어나
다투어 가로되 우리가 이 사람
을 보매 악한 것이 없도다 혹
영이나 혹 천사가 저더러 말하
였으면 어찌하겠느뇨 하여
10 큰 분쟁이 생기니 천부장이
바울이 저희에게 찢겨질까 하
여 군사를 명하여 내려가 무
리 가운데서 빼앗아 가지고
영문으로 들어가라 하니라
11 그 날 밤에 주께서 바울 곁에

서서 이르시되 담대하라 네
가 예루살렘에서 나의 일을
증거한 것같이 로마에서도 증
거하여야 하리라 하시니라

바울을 죽이려는 음모

12 날이 새매 유대인들이 당을
지어 맹세하되 바울을 죽이
기 전에는 먹지도 아니하고
마시지도 아니하겠다 하고
13 이같이 동맹한 자가 사십여
명이더라
14 대제사장들과 장로들에게 가
서 말하되 우리가 바울을 죽
이기 전에는 아무것도 먹지
않기로 굳게 맹세하였으니
15 이제 너희는 그의 사실을 더
자세히 알아볼 양으로 공회
와 함께 천부장에게 청하여
바울을 너희에게로 데리고
내려오게 하라 우리는 그가
가까이 오기 전에 죽이기로
준비하였노라 하더니
16 바울의 생질이 그들이 매복
하여 있다 함을 듣고 와서
영문에 들어가 바울에게 고
한지라
17 바울이 한 백부장을 청하여
가로되 이 청년을 천부장에
게로 인도하라 그에게 무슨
할 말이 있다 하니
18 천부장에게로 데리고 가서
가로되 죄수 바울이 나를 불
러 이 청년이 당신께 할 말이
있다 하여 데리고 가기를 청
하더이다 하매
19 천부장이 그 손을 잡고 물러
가서 종용히 묻되 내게 할
말이 무엇이냐
20 대답하되 유대인들이 공모하
기를 저희들이 바울에 대하
여 더 자세한 것을 묻기 위함
이라 하고 내일 그를 데리고
공회로 내려오기를 당신께
청하자 하였으니

21 당신은 저희 청함을 좇지 마
옵소서 저희 중에서 바울을
죽이기 전에는 먹지도 않고
마시지도 않기로 맹세한 자
사십여 명이 그를 죽이려고
숨어서 지금 다 준비하고 당
신의 허락만 기다리나이다
하매
22 이에 천부장이 청년을 보내
며 경계하되 이 일을 내게 고
하였다고 아무에게도 이르
지 말라 하고

바울이 가이사랴로 호송되다

23 백부장 둘을 불러 이르되 밤
제삼시에 가이사랴까지 갈
보병 이백 명과 마병 칠십 명
과 창군 이백 명을 준비하라
하고
24 또 바울을 태워 총독 벨릭스
에게로 무사히 보내기 위하
여 짐승을 준비하라 명하며
25 또 이 아래와 같이 편지하니
일렀으되
26 글라우디오 루시아는 총독
벨릭스 각하에게 문안하노
이다
27 이 사람이 유대인들에게 잡
혀 죽게 된 것을 내가 로마 사
람인 줄 들어 알고 군사를 거
느리고 가서 구원하여다가
28 유대인들이 무슨 일로 그를
송사하는지 알고자 하여 저
희 공회로 데리고 내려갔더
니
29 송사하는 것이 저희 율법 문
제에 관한 것뿐이요 한 가지
도 죽이거나 결박할 사건이
없음을 발견하였나이다
30 그러나 이 사람을 해하려는
간계가 있다고 누가 내게 알
게 하기로 곧 당신께로 보내
며 또 송사하는 사람들도 당
신 앞에서 그를 대하여 말하
라 하였나이다 하였더라

31 보병이 명을 받은 대로 밤에
바울을 데리고 안디바드리
에 이르러
32 이튿날 마병으로 바울을 호
송하게 하고 영문으로 돌아
가니라
33 저희가 가이사랴에 들어가
서 편지를 총독에게 드리고
바울을 그 앞에 세우니
34 총독이 읽고 바울더러 어느
영지 사람이냐 물어 길리기
아 사람인 줄 알고
35 가로되 너를 송사하는 사람
들이 오거든 네 말을 들으리
라 하고 헤롯궁에 그를 지키
라 명하니라

벨릭스 총독의 논고

24 닷새 후에 대제사장
아나니아가 어떤 장
로들과 한 변사더둘로와 함
께 내려와서 총독 앞에서 바
울을 고소하니라
2 바울을 부르매 더둘로가 송
사하여 가로되
3 벨릭스 각하여 우리가 당신
을 힘입어 태평을 누리고 또
이 민족이 당신의 선견을 인
하여 여러 가지로 개량된 것
을 우리가 어느 모양으로나
어느 곳에서나 감사무지하
옵나이다
4 당신을 더 괴롭게 아니 하려
하여 우리가 대강 여짜옵나
니 관용하여 들으시기를 원
하나이다
5 우리가 보니 이 사람은 염병
이라 천하에 퍼진 유대인을
다 소요케 하는 자요 나사렛
이단의 괴수라
6 저가 또 성전을 더럽게 하려
하므로 우리가 잡았사오니
7 당신이 친히 그를 심문하시
면
8 우리의 송사하는 이 모든 일

24

을 아실 수 있나이다 하니
9 유대인들도 이에 참가하여
이 말이 옳다 주장하니라
10 총독이 바울에게 머리로 표
시하여 말하라 하니 그가 대
답하되 당신이 여러 해 전부
터 이 민족의 재판장 된 것을
내가 알고 내 사건에 대하여
기쁘게 변명하나이다
11 당신이 아실 수 있는 바와 같
이 내가 예루살렘에 예배하
러 올라간 지 열이틀밖에 못
되었고
12 저희는 내가 성전에서 아무
와 변론하는 것이나 회당과
또는 성중에서 무리를 소동
케 하는 것을 보지 못하였으
니
13 이제 나를 송사하는 모든
일에 대하여 저희가 능히 당
신 앞에 내세울 것이 없나이
다
14 그러나 이것을 당신께 고백
하리이다 나는 저희가 이단
이라 하는 도를 좇아 조상의
하나님을 섬기고 율법과 및
선지자들의 글에 기록된 것
을 다 믿으며
15 저희의 기다리는 바 하나님
께 향한 소망을 나도 가졌으
니 곧 의인과 악인의 부활이
있으리라 함이라
16 이것을 인하여 나도 하나님과
사람을 대하여 항상 양심에
거리낌이 없기를 힘쓰노라
17 여러 해 만에 내가 내 민족
을 구제할 것과 제물을 가지
고 와서
18 드리는 중에 내가 결례를 행
하였고 모임도 없고 소동도
없이 성전에 있는 것을 저희
가 보았나이다 그러나 아시
아로부터 온 어떤 유대인들
이 있었으니

19 저희가 만일 나를 반대할 사
건이 있으면 마땅히 당신 앞
에 와서 송사하였을 것이요
20 그렇지 않으면 이 사람들이
내가 공회 앞에 섰을 때에
무슨 옳지 않은 것을 보았는
가 말하라 하소서
21 오직 내가 저희 가운데 서서
외치기를 내가 죽은 자의 부
활에 대하여 오늘 너희 앞에
심문을 받는다고 한 이 한 소
리가 있을 따름이니이다 하니
22 벨릭스가 이 도에 관한 것을
더 자세히 아는고로 연기하
여 가로되 천부장 루시아가
내려오거든 너희 일을 처결
하리라 하고
23 백부장을 명하여 바울을 지
키되 자유를 주며 친구 중
아무나 수종하는 것을 금치
말라 하니라
24 수일 후에 벨릭스가 그 아내
유대 여자 드루실라와 함께
와서 바울을 불러 그리스도
예수 믿는 도를 듣거늘
25 바울이 의와 절제와 장차 오
는 심판을 강론하니 벨릭스
가 두려워하여 대답하되 시
방은 가라 내가 틈이 있으면
너를 부르리라 하고
26 동시에 또 바울에게서 돈을
받을까 바라는고로 더 자주
불러 같이 이야기하더라
27 이태를 지내서 보르기오 베
스도가 벨릭스의 소임을 대
신하니 벨릭스가 유대인의
마음을 얻고자 하여 바울을
구류하여 두니라

바울이 가이사에게 상소하다

25 베스도가 도임한 지
삼 일 후에 가이사랴
에서 예루살렘으로 올라가니
2 대제사장들과 유대인 중 높
은 사람들이 바울을 고소할

25

쌔
3 베스도의 호의로 바울을 예
루살렘으로 옮겨 보내기를
청하니 이는 길에 매복하였다
가 그를 죽이고자 함이러라
4 베스도가 대답하여 바울이
가이사랴에 구류된 것과 자
기도 미구에 떠나갈 것을 말
하고
5 또 가로되 너희 중 유력한 자
들은 나와 함께 내려가서 그
사람에게 만일 옳지 아니한
일이 있거든 송사하라 하니라
6 베스도가 그들 가운데서 팔
일 혹 십 일을 지낸 후 가이
사랴로 내려가서 이튿날 재
판 자리에 앉고 바울을 데려
오라 명하니
7 그가 나오매 예루살렘에서
내려온 유대인들이 둘러서
서 여러 가지 중대한 사건으
로 송사하되 능히 증명하지
못한지라
8 바울이 변명하여 가로되 유
대인의 율법이나 성전이나 가
이사에게나 내가 도무지 죄
를 범하지 아니하였노라 하니
9 베스도가 유대인의 마음을
얻고자 하여 바울더러 묻되
네가 예루살렘에 올라가서
이 사건에 대하여 내 앞에서
심문을 받으려느냐
10 바울이 가로되 내가 가이사
의 재판 자리 앞에 섰으니
마땅히 거기서 심문을 받을
것이라 당신도 잘 아시는 바
에 내가 유대인들에게 불의
를 행한 일이 없나이다
11 만일 내가 불의를 행하여
무슨 사죄를 범하였으면 죽
기를 사양치 아니할 것이나
만일 이 사람들의 나를 송
사하는 것이 다 사실이 아
니면 누구든지 나를 그들에

게 내어 줄 수 없삽나이다
내가 가이사께 호소하노라
한대
12 베스도가 배석자들과 상의
하고 가로되 네가 가이사에
게 호소하였으니 가이사에
게 갈 것이라 하니라

아그립바와 베스도 앞에 선 바울

13 수일 후에 아그립바 왕과 버
니게가 베스도에게 문안하
러 가이사랴에 와서
14 여러 날을 있더니 베스도가
바울의 일로 왕에게 고하여
가로되 벨릭스가 한 사람을
구류하여 두었는데
15 내가 예루살렘에 있을 때에
유대인의 대제사장들과 장
로들이 그를 고소하여 정죄
하기를 청하기에
16 내가 대답하되 무릇 피고가
원고들 앞에서 고소 사건에
대하여 변명할 기회가 있기
전에 내어 주는 것이 로마
사람의 법이 아니라 하였노
라
17 그러므로 저희가 나와 함께
여기 오매 내가 지체하지 아
니하고 이튿날 재판 자리에
앉아 명하여 그 사람을 데려
왔으나
18 원고들이 서서 나의 짐작하
던 것 같은 악행의 사건은 하
나도 제출치 아니하고
19 오직 자기들의 종교와 또는
예수라 하는 이의 죽은 것을
살았다고 바울이 주장하는
그 일에 관한 문제로 송사하
는 것뿐이라
20 내가 이 일을 어떻게 사실할
는지 의심이 있어서 바울에
게 묻되 예루살렘에 올라가
서 이 일에 심문을 받으려느
냐 한즉
21 바울은 황제의 판결을 받도

록 자기를 지켜 주기를 호소
하므로 내가 그를 가이사에
게 보내기까지 지켜 두라 명
하였노라 하니
22 아그립바가 베스도더러 이르
되 나도 이 사람의 말을 듣
고자 하노라 베스도가 가로
되 내일 들으시리이다 하더
라
23 이튿날 아그립바와 버니게가
크게 위의를 베풀고 와서 천
부장들과 성중의 높은 사람
들과 함께 신문소에 들어오
고 베스도의 명으로 바울을
데려오니
24 베스도가 말하되 아그립바
왕과 여기 같이 있는 여러분
이여 당신들이 보는 이 사람
은 유대의 모든 무리가 크게
외치되 살려 두지 못할 사람
이라고 하여 예루살렘에서와
여기서도 내게 청원하였으나
25 나는 살피건대 죽일 죄를 범
한 일이 없더이다 그러나 저
가 황제에게 호소한고로 보
내기를 작정하였나이다
26 그에게 대하여 황제께 확실
한 사실을 아뢸 것이 없으므
로 심문한 후 상소할 재료가
있을까 하여 당신들 앞 특히
아그립바 왕 당신 앞에 그를
내어 세웠나이다
27 그 죄목을 베풀지 아니하고
죄수를 보내는 것이 무리한
일인 줄 아나이다 하였더라

바울이 아그립바 앞에 서다

26 아그립바가 바울더러
이르되 너를 위하여
말하기를 네게 허락하노라
하니 이에 바울이 손을 들어
변명하되
2 아그립바 왕이여 유대인이
모든 송사하는 일을 오늘 당
신 앞에서 변명하게 된 것을

26

다행히 여기옵나이다
3 특히 당신이 유대인의 모든
풍속과 및 문제를 아심이니이
다 그러므로 내 말을 너그러
이 들으시기를 바라옵나이다
4 내가 처음부터 내 민족 중에
와 예루살렘에서 젊었을 때
생활한 상태를 유대인이 다
아는 바라
5 일찍부터 나를 알았으니 저
희가 증거하려 하면 내가 우
리 종교의 가장 엄한 파를
좇아 바리새인의 생활을 하
였다고 할 것이라
6 이제도 여기 서서 심문받는 것
은 하나님이 우리 조상에게 약
속하신 것을 바라는 까닭이니
7 이 약속은 우리 열두 지파가
밤낮으로 간절히 하나님을
받들어 섬김으로 얻기를 바
라는 바인데 아그립바 왕이
여 이 소망을 인하여 내가
유대인들에게 송사를 받는
것이니이다
8 당신들은 하나님이 죽은 사
람 다시 살리심을 어찌하여
못 믿을 것으로 여기나이까
9 나도 나사렛 예수의 이름을
대적하여 범사를 행하여야
될 줄 스스로 생각하고
10 예루살렘에서 이런 일을 행
하여 대제사장들에게서 권
세를 얻어 가지고 많은 성도
를 옥에 가두며 또 죽일 때
에 내가 가편 투표를 하였고
11 또 모든 회당에서 여러 번 형
벌하여 강제로 모독하는 말
을 하게 하고 저희를 대하여
심히 격분하여 외국 성까지
도 가서 핍박하였고
12 그 일로 대제사장들의 권세
와 위임을 받고 다메섹으로
갔나이다
13 왕이여 때가 정오나 되어 길

에서 보니 하늘로서 해보다
더 밝은 빛이 나와 내 동행
들을 둘러 비추는지라
14 우리가 다 땅에 엎드러지매
내가 소리를 들으니 히브리
방언으로 이르되 사울아
사울아 네가 어찌하여 나
를 핍박하느냐 가시채를 뒷
발질하기가 네게 고생이니
라
15 내가 대답하되 주여 뉘시니
이까 주께서 가라사대 나는
네가 핍박하는 예수라
16 일어나 네 발로 서라 내가 네
게 나타난 것은 곧 네가 나
를 본 일과 장차 내가 네게
나타날 일에 너로 사환과 증
인을 삼으려 함이니
17 이스라엘과 이방인들에게서
내가 너를 구원하여 저희에
게 보내어
18 그 눈을 뜨게 하여 어두움에
서 빛으로, 사단의 권세에서
하나님께로 돌아가게 하고
죄 사함과 나를 믿어 거룩케
된 무리 가운데서 기업을 얻
게 하리라 하더이다
19 아그립바 왕이여 그러므로
하늘에서 보이신 것을 내가
거스리지 아니하고
20 먼저 다메섹에와 또 예루살
렘에 있는 사람과 유대 온 땅
과 이방인에게까지 회개하고
하나님께로 돌아가서 회개에
합당한 일을 행하라 선전하
므로
21 유대인들이 성전에서 나를
잡아 죽이고자 하였으나
22 하나님의 도우심을 받아 내
가 오늘까지 서서 높고 낮은
사람 앞에서 증거하는 것은
선지자들과 모세가 반드시
되리라고 말한 것밖에 없으
니

23 곧 그리스도가 고난을 받으
실 것과 죽은 자 가운데서
먼저 다시 살아나사 이스라
엘과 이방인들에게 빛을 선
전하시리라 함이니이다 하니
라

바울이 무죄로 인정됨

24 바울이 이같이 변명하매 베
스도가 크게 소리하여 가로
되 바울아 네가 미쳤도다 네
많은 학문이 너를 미치게 한
다 하니
25 바울이 가로되 베스도 각하여
내가 미친 것이 아니요 참되고
정신 차린 말을 하나이다
26 왕께서는 이 일을 아시기로
내가 왕께 담대히 말하노니
이 일에 하나라도 아시지 못
함이 없는 줄 믿나이다 이
일은 한편 구석에서 행한 것
이 아니로소이다
27 아그립바 왕이여 선지자를
믿으시나이까 믿으시는 줄
아나이다
28 아그립바가 바울더러 이르되
네가 적은 말로 나를 권하여
그리스도인이 되게 하려 하
는도다
29 바울이 가로되 말이 적으나
많으나 당신뿐 아니라 오늘
내 말을 듣는 모든 사람도
다 이렇게 결박한 것 외에는
나와 같이 되기를 하나님께
원하노이다 하니라
30 왕과 총독과 버니게와 그 함께
앉은 사람들이 다 일어나서
31 물러가 서로 말하되 이 사람
은 사형이나 결박을 당할 만
한 행사가 없다 하더라
32 이에 아그립바가 베스도더러
일러 가로되 이 사람이 만일
가이사에게 호소하지 아니
하였더면 놓을 수 있을 뻔하
였다 하니라

바울의 로마 항해

27 우리의 배 타고 이달
리야로 갈 일이 작정
되매 바울과 다른 죄수 몇 사
람을 아구사도 대의 백부장
율리오란 사람에게 맡기니
2 아시아 해변 각처로 가려 하
는 아드라뭇데노 배에 우리
가 올라 행선할새 마게도냐
의 데살로니가 사람 아리스
다고도 함께 하니라
3 이튿날 시돈에 대니 율리오
가 바울을 친절히 하여 친구
들에게 가서 대접받음을 허
락하더니
4 또 거기서 우리가 떠나가다
가 바람의 거스림을 피하여
구브로 해안을 의지하고 행
선하여
5 길리기아와 밤빌리아 바다를
건너 루기아의 무라성에 이
르러
6 거기서 백부장이 이달리야로
가려 하는 알렉산드리아 배
를 만나 우리를 오르게 하니
7 배가 더디 가 여러 날 만에 간
신히 니도 맞은편에 이르러
풍세가 더 허락지 아니하므로
살모네 앞을 지나 그레데 해
안을 의지하고 행선하여
8 간신히 그 연안을 지나 미항
이라는 곳에 이르니 라새아
성에서 가깝더라
9 여러 날이 걸려 금식하는 절
기가 이미 지났으므로 행선
하기가 위태한지라 바울이
저희를 권하여
10 말하되 여러분이여 내가 보
니 이번 행선이 하물과 배만
아니라 우리 생명에도 타격
과 많은 손해가 있으리라 하
되
11 백부장이 선장과 선주의 말
을 바울의 말보다 더 믿더라

27

12 그 항구가 과동하기에 불편하
므로 거기서 떠나 아무쪼록
뵈닉스에 가서 과동하자 하는
자가 더 많으니 뵈닉스는 그레
데 항구라 한편은 동북을, 한
편은 동남을 향하였더라
13 남풍이 순하게 불매 저희가
득의한 줄 알고 닻을 감아 그
레데 해변을 가까이하고 행
선하더니
14 얼마 못 되어 섬 가운데로서
유라굴로라는 광풍이 대작
하니
15 배가 밀려 바람을 맞추어 갈
수 없어 가는 대로 두고 쫓겨
가다가
16 가우다라는 작은 섬 아래로
지나 간신히 거루를 잡아
17 끌어올리고 줄을 가지고 선
체를 둘러 감고 스르디스에
걸릴까 두려워 연장을 내리
고 그냥 쫓겨 가더니
18 우리가 풍랑으로 심히 애쓰
다가 이튿날 사공들이 짐을
바다에 풀어 버리고
19 사흘째 되는 날에 배의 기구
를 저희 손으로 내어 버리니
라
20 여러 날 동안 해와 별이 보이
지 아니하고 큰 풍랑이 그대
로 있으매 구원의 여망이 다
없어졌더라
21 여러 사람이 오래 먹지 못하
였으매 바울이 가운데 서서
말하되 여러분이여 내 말을
듣고 그레데에서 떠나지 아
니하여 이 타격과 손상을 면
하였더면 좋을 뻔하였느니라
22 내가 너희를 권하노니 이제
는 안심하라 너희 중 생명에
는 아무 손상이 없겠고 오직
배뿐이리라
23 나의 속한 바 곧 나의 섬기는
하나님의 사자가 어제 밤에

내 곁에 서서 말하되
24 바울아 두려워 말라 네가 가
이사 앞에 서야 하겠고 또 하
나님께서 너와 함께 행선하
는 자를 다 네게 주셨다 하
였으니
25 그러므로 여러분이여 안심하
라 나는 내게 말씀하신 그대
로 되리라고 하나님을 믿노라
26 그러나 우리가 한 섬에 걸리
리라 하더라
27 열나흘째 되는 날 밤에 우리
가 아드리아 바다에 이리저
리 쫓겨 가더니 밤중쯤 되어
사공들이 어느 육지에 가까
와지는 줄을 짐작하고
28 물을 재어 보니 이십 길이 되
고 조금 가다가 다시 재니 열
다섯 길이라
29 암초에 걸릴까 하여 고물로
닻 넷을 주고 날이 새기를 고
대하더니
30 사공들이 도망하고자 하여 이
물에서 닻을 주려는 체하고
거루를 바다에 내려놓거늘
31 바울이 백부장과 군사들에
게 이르되 이 사람들이 배에
있지 아니하면 너희가 구원
을 얻지 못하리라 하니
32 이에 군사들이 거룻줄을 끊
어 떼어 버리니라
33 날이 새어 가매 바울이 여러
사람을 음식 먹으라 권하여
가로되 너희가 기다리고 기
다리며 먹지 못하고 주린 지
가 오늘까지 열나흘인즉
34 음식 먹으라 권하노니 이것
이 너희 구원을 위하는 것이
요 너희 중 머리 터럭 하나
라도 잃을 자가 없느니라 하
고
35 떡을 가져다가 모든 사람 앞
에서 하나님께 축사하고 떼
어 먹기를 시작하매

36 저희도 다 안심하고 받아 먹
으니
37 배에 있는 우리의 수는 전부
이백칠십륙 인이러라
38 배부르게 먹고 밀을 바다
에 버려 배를 가볍게 하였
더니
39 날이 새매 어느 땅인지 알지
못하나 경사진 해안으로 된
항만이 눈에 띄거늘 배를 거
기에 들여다 댈 수 있는가 의
논한 후
40 닻을 끊어 바다에 버리는 동
시에 킷줄을 늦추고 돛을 달
고 바람을 맞추어 해안을 향
하여 들어가다가
41 두 물이 합하여 흐르는 곳을
당하여 배를 걸매 이물은 부
딪혀 움직일 수 없이 붙고 고
물은 큰 물결에 깨어져 가니
42 군사들은 죄수가 헤엄쳐서
도망할까 하여 저희를 죽이
는 것이 좋다 하였으나
43 백부장이 바울을 구원하려
하여 저희의 뜻을 막고 헤엄
칠 줄 아는 사람들을 명하여
물에 뛰어내려 먼저 육지에
나가게 하고
44 그 남은 사람들은 널조각
혹은 배 물건에 의지하여 나
가게 하니 마침내 사람들이
다 상륙하여 구원을 얻으니
라

멜리데섬에서

28 우리가 구원을 얻은
후에 안즉 그 섬은
멜리데라 하더라
2 토인들이 우리에게 특별한
동정을 하여 비가 오고 날이
차매 불을 피워 우리를 다 영
접하더라
3 바울이 한뭇 나무를 거두어
불에 넣으니 뜨거움을 인하
여 독사가 나와 그 손을 물고

28

있는지라
4 토인들이 이 짐승이 그 손에
달림을 보고 서로 말하되 진
실로 이 사람은 살인한 자로
다 바다에서는 구원을 얻었
으나 공의가 살지 못하게 하
심이로다 하더니
5 바울이 그 짐승을 불에 떨어
버리매 조금도 상함이 없더
라
6 그가 붓든지 혹 갑자기 엎드
러져 죽을 줄로 저희가 기다
렸더니 오래 기다려도 그에
게 아무 이상이 없음을 보고
돌려 생각하여 말하되 신이
라 하더라
7 이 섬에 제일 높은 사람 보블
리오라 하는 이가 그 근처에
토지가 있는지라 그가 우리
를 영접하여 사흘이나 친절
히 유숙하게 하더니
8 보블리오의 부친이 열병과
이질에 걸려 누웠거늘 바울
이 들어가서 기도하고 그에
게 안수하여 낫게 하매
9 이러므로 섬 가운데 다른 병
든 사람들이 와서 고침을 받
고
10 후한 예로 우리를 대접하고
떠날 때에 우리 쓸 것을 배에
올리더라
11 석 달 후에 그 섬에서 과동
한 알렉산드리아 배를 우리
가 타고 떠나니 그 배 기호는
디오스구로라
12 수라구사에 대고 사흘을 있
다가
13 거기서 둘러가서 레기온에
이르러 하루를 지난 후 남풍
이 일어나므로 이튿날 보디
올에 이르러
14 거기서 형제를 만나 저희의
청함을 받아 이레를 함께 유
하다가 로마로 가니라

15 거기 형제들이 우리 소식을
듣고 압비오 저자와 삼관까
지 맞으러 오니 바울이 저희
를 보고 하나님께 사례하고
담대한 마음을 얻으니라
16 우리가 로마에 들어가니 바울
은 자기를 지키는 한 군사와
함께 따로 있게 허락하더라

로마에서

17 사흘 후에 바울이 유대인 중
높은 사람들을 청하여 모인
후에 이르되 여러분 형제들
아 내가 이스라엘 백성이나
우리 조상의 규모를 배척한
일이 없는데 예루살렘에서
로마인의 손에 죄수로 내어
준 바 되었으니
18 로마인은 나를 심문하여 죽
일 죄목이 없으므로 놓으려
하였으나
19 유대인들이 반대하기로 내
가 마지못하여 가이사에게
호소함이요 내 민족을 송사
하려는 것이 아니로라
20 이러하므로 너희를 보고 함
께 이야기하려고 청하였노니
이스라엘의 소망을 인하여
내가 이 쇠사슬에 매인 바
되었노라
21 저희가 가로되 우리가 유대
에서 네게 대한 편지도 받은
일이 없고 또 형제 중 누가
와서 네게 대하여 좋지 못한
것을 고하든지 이야기한 일
도 없느니라
22 이에 우리가 너의 사상이 어
떠한가 듣고자 하노니 이 파
에 대하여는 어디서든지 반
대를 받는 줄 우리가 앎이라
하더라
23 저희가 일자를 정하고 그의
우거하는 집에 많이 오니 바
울이 아침부터 저녁까지 강
론하여 하나님 나라를 증거

하고 모세의 율법과 선지자
의 말을 가지고 예수의 일로
권하더라
24 그 말을 믿는 사람도 있고 믿
지 아니하는 사람도 있어
25 서로 맞지 아니하여 흩어질
때에 바울이 한 말로 일러 가
로되 성령이 선지자 이사야
로 너희 조상들에게 말씀하
신 것이 옳도다
26 일렀으되 이 백성에게 가서
말하기를 너희가 듣기는 들
어도 도무지 깨닫지 못하며
보기는 보아도 도무지 알지
못하는도다
27 이 백성들의 마음이 완악하
여져서 그 귀로는 둔하게 듣
고 그 눈을 감았으니 이는 눈
으로 보고 귀로 듣고 마음으
로 깨달아 돌아와 나의 고침
을 받을까 함이라 하였으니
28 그런즉 하나님의 이 구원을
이방인에게로 보내신 줄 알
라 저희는 또한 들으리라 하
더라
29 (없음)
30 바울이 온 이태를 자기 셋집
에 유하며 자기에게 오는 사
람을 다 영접하고
31 담대히 하나님 나라를 전파
하며 주 예수 그리스도께 관
한 것을 가르치되 금하는 사
람이 없었더라

로마서

Romans

바울은 서바나(스페인)로 선교 여행을 계획하면서(롬 15:23-29), 자신을 로마 교회에 소개하기 위해 이 서신을 기록한다. 서신 가운데서 바울은 죄, 그리스도, 구원 등 기독교의 핵심 진리에 관해서 그가 평소 설교해 온 것을 요약한다. 그러므로 하나님의 위대한 구원 계획에 관해 당신이 알아야 할 모든 진리가 총 16장으로 이루어진 이 책 가운데 들어있다. 이 책을 읽으면서 당신은, 하나님께서 독생자 예수 그리스도를 이 땅에 보내심으로써 당신에 대한 크신 사랑을 어떻게 확증하셨는가에 관해 살펴보라. 그리고 당신의 삶 가운데서 어떻게 하나님의 사랑에 보답하고 그분께 감사해야 할 것인지에 관해 생각해 보라.

인 사

1 예수 그리스도의 종 바울
은 사도로 부르심을 받아
하나님의 복음을 위하여 택
정함을 입었으니
2 이 복음은 하나님이 선지자
들로 말미암아 그의 아들에
관하여 성경에 미리 약속하
신 것이라
3 이 아들로 말하면 육신으로
는 다윗의 혈통에서 나셨고
4 성결의 영으로는 죽은 가운
데서 부활하여 능력으로 하
나님의 아들로 인정되셨으니
곧 우리 주 예수 그리스도시
니라
5 그로 말미암아 우리가 은혜
와 사도의 직분을 받아 그
이름을 위하여 모든 이방인
중에서 믿어 순종케 하나니
6 너희도 그들 중에 있어 예수
그리스도의 것으로 부르심
을 입은 자니라
7 로마에 있어 하나님의 사랑
하심을 입고 성도로 부르심
을 입은 모든 자에게 하나님
우리 아버지와 주 예수 그리
스도로 좇아 은혜와 평강이
있기를 원하노라
8 첫째는 내가 예수 그리스도
로 말미암아 너희 모든 사람
을 인하여 내 하나님께 감사
함은 너희 믿음이 온 세상에
전파됨이로다
9 내가 그의 아들의 복음 안에
서 내 심령으로 섬기는 하나
님이 나의 증인이 되시거니
와 항상 내 기도에 쉬지 않고
너희를 말하며
10 어떠하든지 이제 하나님의
뜻 안에서 너희에게로 나아
갈 좋은 길 얻기를 구하노라
11 내가 너희 보기를 심히 원하
는 것은 무슨 신령한 은사를

1

너희에게 나눠 주어 너희를
견고케 하려 함이니
12 이는 곧 내가 너희 가운데서
너희와 나의 믿음을 인하여
피차 안위함을 얻으려 함이라
13 형제들아 내가 여러 번 너희
에게 가고자 한 것을 너희가
모르기를 원치 아니하노니
이는 너희 중에서도 다른 이
방인 중에서와 같이 열매를
맺게 하려 함이로되 지금까
지 길이 막혔도다
14 헬라인이나 야만이나 지혜
있는 자나 어리석은 자에게
다 내가 빚진 자라
15 그러므로 나는 할 수 있는
대로 로마에 있는 너희에게
도 복음 전하기를 원하노라
16 내가 복음을 부끄러워하지
아니하노니 이 복음은 모든
믿는 자에게 구원을 주시는
하나님의 능력이 됨이라 첫
째는 유대인에게요 또한 헬
라인에게로다
17 복음에는 하나님의 의가 나
타나서 믿음으로 믿음에 이
르게 하나니 기록된바 오직
의인은 믿음으로 말미암아
살리라 함과 같으니라

인간의 타락상

18 하나님의 진노가 불의로 진
리를 막는 사람들의 모든 경
건치 않음과 불의에 대하여
하늘로 좇아 나타나나니
19 이는 하나님을 알 만한 것이
저희 속에 보임이라 하나님
께서 이를 저희에게 보이셨
느니라
20 창세로부터 그의 보이지 아
니하는 것들 곧 그의 영원하
신 능력과 신성이 그 만드신
만물에 분명히 보여 알게 되
나니 그러므로 저희가 핑계
치 못할지니라

21 하나님을 알되 하나님으로
영화롭게도 아니하며 감사
치도 아니하고 오히려 그 생
각이 허망하여지며 미련한
마음이 어두워졌나니
22 스스로 지혜 있다 하나 우준
하게 되어
23 썩어지지 아니하는 하나님의
영광을 썩어질 사람과 금수
와 버러지 형상의 우상으로
바꾸었느니라
24 그러므로 하나님께서 저희
를 마음의 정욕대로 더러움
에 내어 버려 두사 저희 몸
을 서로 욕되게 하셨으니
25 이는 저희가 하나님의 진리
를 거짓 것으로 바꾸어 피조
물을 조물주보다 더 경배하
고 섬김이라 주는 곧 영원히
찬송할 이시로다 아멘
26 이를 인하여 하나님께서 저
희를 부끄러운 욕심에 내어
버려 두셨으니 곧 저희 여인
들도 순리대로 쓸 것을 바꾸
어 역리로 쓰며
27 이와 같이 남자들도 순리대
로 여인 쓰기를 버리고 서로
향하여 음욕이 불일듯 하매
남자가 남자로 더불어 부끄
러운 일을 행하여 저희의 그
릇됨에 상당한 보응을 그 자
신에 받았느니라
28 또한 저희가 마음에 하나님
두기를 싫어하매 하나님께서
저희를 그 상실한 마음대로
내어 버려 두사 합당치 못한
일을 하게 하셨으니
29 곧 모든 불의, 추악, 탐욕, 악
의가 가득한 자요 시기, 살
인, 분쟁, 사기, 악독이 가득
한 자요 수군수군하는 자요
30 비방하는 자요 하나님의 미
워하시는 자요 능욕하는 자
요 교만한 자요 자랑하는 자

요 악을 도모하는 자요 부모
를 거역하는 자요
31 우매한 자요 배약하는 자
요 무정한 자요 무자비한
자라
32 저희가 이 같은 일을 행하는
자는 사형에 해당하다고 하
나님의 정하심을 알고도 자
기들만 행할 뿐 아니라 또한
그 일을 행하는 자를 옳다
하느니라

하나님의 공정한 심판

2 그러므로 남을 판단하
는 사람아 무론 누구든
지 네가 핑계치 못할 것은
남을 판단하는 것으로 네
가 너를 정죄함이니 판단
하는 네가 같은 일을 행함
이니라
2 이런 일을 행하는 자에게 하
나님의 판단이 진리대로 되
는 줄 우리가 아노라
3 이런 일을 행하는 자를 판단
하고도 같은 일을 행하는 사
람아 네가 하나님의 판단을
피할 줄로 생각하느냐
4 혹 네가 하나님의 인자하심
이 너를 인도하여 회개케 하
심을 알지 못하여 그의 인자
하심과 용납하심과 길이 참
으심의 풍성함을 멸시하느
뇨
5 다만 네 고집과 회개치 아니
한 마음을 따라 진노의 날
곧 하나님의 의로우신 판단
이 나타나는 그 날에 임할
진노를 네게 쌓는도다
6 하나님께서 각 사람에게 그
행한 대로 보응하시되
7 참고 선을 행하여 영광과 존
귀와 썩지 아니함을 구하는
자에게는 영생으로 하시고
8 오직 당을 지어 진리를 좇지
아니하고 불의를 좇는 자에

2

게는 노와 분으로 하시리라
9 악을 행하는 각 사람의 영에
게 환난과 곤고가 있으리니
첫째는 유대인에게요 또한
헬라인에게며
10 선을 행하는 각 사람에게는
영광과 존귀와 평강이 있으
리니 첫째는 유대인에게요
또한 헬라인에게라
11 이는 하나님께서 외모로 사
람을 취하지 아니하심이니
라
12 무릇 율법 없이 범죄한 자는
또한 율법 없이 망하고 무릇
율법이 있고 범죄한 자는 율
법으로 말미암아 심판을 받
으리라
13 하나님 앞에서는 율법을 듣
는 자가 의인이 아니요 오직
율법을 행하는 자라야 의롭
다 하심을 얻으리니
14 (율법 없는 이방인이 본성
으로 율법의 일을 행할 때
는 이 사람은 율법이 없어도
자기가 자기에게 율법이 되
나니
15 이런 이들은 그 양심이 증
거가 되어 그 생각들이 서
로 혹은 송사하며 혹은 변
명하여 그 마음에 새긴 율
법의 행위를 나타내느니
라)
16 곧 내 복음에 이른 바와 같
이 하나님이 예수 그리스도
로 말미암아 사람들의 은밀
한 것을 심판하시는 그 날이
라

율법과 유대인

17 유대인이라 칭하는 네가 율
법을 의지하며 하나님을 자
랑하며
18 율법의 교훈을 받아 하나님
의 뜻을 알고 지극히 선한
것을 좋게 여기며

19 네가 율법에 있는 지식과 진
리의 규모를 가진 자로서 소
경의 길을 인도하는 자요 어
두움에 있는 자의 빛이요
20 어리석은 자의 훈도요 어린
아이의 선생이라고 스스로
믿으니
21 그러면 다른 사람을 가르치
는 네가 네 자신을 가르치지
아니하느냐 도적질 말라 반
포하는 네가 도적질하느냐
22 간음하지 말라 말하는 네가
간음하느냐 우상을 가증히
여기는 네가 신사 물건을 도
적질하느냐
23 율법을 자랑하는 네가 율법
을 범함으로 하나님을 욕되
게 하느냐
24 기록된 바와 같이 하나님의
이름이 너희로 인하여 이방
인 중에서 모독을 받는도다
25 네가 율법을 행한즉 할례가
유익하나 만일 율법을 범한
즉 네 할례가 무할례가 되었
느니라
26 그런즉 무할례자가 율법의 제
도를 지키면 그 무할례를 할
례와 같이 여길 것이 아니냐
27 또한 본래 무할례자가 율법
을 온전히 지키면 의문과 할
례를 가지고 율법을 범하는
너를 판단치 아니하겠느냐
28 대저 표면적 유대인이 유대
인이 아니요 표면적 육신의
할례가 할례가 아니라
29 오직 이면적 유대인이 유대
인이며 할례는 마음에 할지
니 신령에 있고 의문에 있지
아니한 것이라 그 칭찬이 사
람에게서가 아니요 다만 하
나님에게서니라

3 그런즉 유대인의 나음이
무엇이며 할례의 유익이
무엇이뇨

3

2 범사에 많으니 첫째는 저희
가 하나님의 말씀을 맡았음
이니라
3 어떤 자들이 믿지 아니하였
으면 어찌하리요 그 믿지 아
니함이 하나님의 미쁘심을
폐하겠느뇨
4 그럴 수 없느니라 사람은 다
거짓되되 오직 하나님은 참
되시다 할지어다 기록된바
주께서 주의 말씀에 의롭다
함을 얻으시고 판단받으실
때에 이기려 하심이라 함과
같으니라
5 그러나 우리 불의가 하나님
의 의를 드러나게 하면 무슨
말 하리요 내가 사람의 말하
는 대로 말하노니 진노를 내
리시는 하나님이 불의하시냐
6 결코 그렇지 아니하니라 만
일 그러하면 하나님께서 어
찌 세상을 심판하시리요
7 그러나 나의 거짓말로 하나
님의 참되심이 더 풍성하여
그의 영광이 되었으면 어찌
나도 죄인처럼 심판을 받으
리요
8 또는 그러면 선을 이루기 위
하여 악을 행하자 하지 않겠
느냐 (어떤 이들이 이렇게 비
방하여 우리가 이런 말을 한
다고 하니) 저희가 정죄받는
것이 옳으니라

모두가 죄인이다

9 그러면 어떠하뇨 우리는 나
으뇨 결코 아니라 유대인이
나 헬라인이나 다 죄 아래 있
다고 우리가 이미 선언하였
느니라
10 기록한바 의인은 없나니 하
나도 없으며
11 깨닫는 자도 없고 하나님을
찾는 자도 없고
12 다 치우쳐 한가지로 무익하

게 되고 선을 행하는 자는
없나니 하나도 없도다
13 저희 목구멍은 열린 무덤이
요 그 혀로는 속임을 베풀며
그 입술에는 독사의 독이 있
고
14 그 입에는 저주와 악독이 가
득하고
15 그 발은 피 흘리는 데 빠른
지라
16 파멸과 고생이 그 길에 있어
17 평강의 길을 알지 못하였고
18 저희 눈앞에 하나님을 두려
워함이 없느니라 함과 같으
니라
19 우리가 알거니와 무릇 율법
이 말하는 바는 율법 아래
있는 자들에게 말하는 것이
니 이는 모든 입을 막고 온
세상으로 하나님의 심판 아
래 있게 하려 함이니라
20 그러므로 율법의 행위로 그
의 앞에 의롭다 하심을 얻을
육체가 없나니 율법으로는
죄를 깨달음이니라
21 이제는 율법 외에 하나님의
한 의가 나타났으니 율법과
선지자들에게 증거를 받은
것이라
22 곧 예수 그리스도를 믿음으
로 말미암아 모든 믿는 자에
게 미치는 하나님의 의니 차
별이 없느니라
23 모든 사람이 죄를 범하였으
매 하나님의 영광에 이르지
못하더니
24 그리스도 예수 안에 있는 구
속으로 말미암아 하나님의
은혜로 값없이 의롭다 하심
을 얻은 자 되었느니라
25 이 예수를 하나님이 그의 피
로 인하여 믿음으로 말미암
는 화목제물로 세우셨으니
이는 하나님께서 길이 참으

시는 중에 전에 지은 죄를 간
과하심으로 자기의 의로우
심을 나타내려 하심이니
26 곧 이 때에 자기의 의로우
심을 나타내사 자기도 의
로우시며 또한 예수 믿는
자를 의롭다 하려 하심이
니라
27 그런즉 자랑할 데가 어디뇨
있을 수가 없느니라 무슨 법
으로냐 행위로냐 아니라 오
직 믿음의 법으로니라
28 그러므로 사람이 의롭다 하
심을 얻는 것은 율법의 행위
에 있지 않고 믿음으로 되는
줄 우리가 인정하노라
29 하나님은 홀로 유대인의 하
나님뿐이시뇨 또 이방인의
하나님은 아니시뇨 진실로 이
방인의 하나님도 되시느니라
30 할례자도 믿음으로 말미
암아 또는 무할례자도 믿
음으로 말미암아 의롭다
하실 하나님은 한 분이시
니라
31 그런즉 우리가 믿음으로 말
미암아 율법을 폐하느뇨 그
럴 수 없느니라 도리어 율법
을 굳게 세우느니라

아브라함의 믿음

4 그런즉 육신으로 우리 조
상 된 아브라함이 무엇을
얻었다 하리요
2 만일 아브라함이 행위로
써 의롭다 하심을 얻었으
면 자랑할 것이 있으려니
와 하나님 앞에서는 없느
니라
3 성경이 무엇을 말하느뇨 아
브라함이 하나님을 믿으매
이것이 저에게 의로 여기신
바 되었느니라
4 일하는 자에게는 그 삯을 은
혜로 여기지 아니하고 빚으

4

로 여기거니와
5 일을 아니 할지라도 경건치
아니한 자를 의롭다 하시는
이를 믿는 자에게는 그의 믿
음을 의로 여기시나니
6 일한 것이 없이 하나님께 의
로 여기심을 받는 사람의 행
복에 대하여 다윗의 말한바
7 그 불법을 사하심을 받고 그
죄를 가리우심을 받는 자는
복이 있고
8 주께서 그 죄를 인정치 아니
하실 사람은 복이 있도다 함
과 같으니라
9 그런즉 이 행복이 할례자에
게뇨 혹 무할례자에게도뇨
대저 우리가 말하기를 아브
라함에게는 그 믿음을 의로
여기셨다 하노라
10 그런즉 이를 어떻게 여기셨느
뇨 할례시냐 무할례시냐 할
례시가 아니라 무할례시니라
11 저가 할례의 표를 받은 것은
무할례시에 믿음으로 된 의
를 인친 것이니 이는 무할례
자로서 믿는 모든 자의 조상
이 되어 저희로 의로 여기심
을 얻게 하려 하심이라
12 또한 할례자의 조상이 되었나
니 곧 할례 받을 자에게뿐 아
니라 우리 조상 아브라함의 무
할례시에 가졌던 믿음의 자취
를 좇는 자들에게도니라
13 아브라함이나 그 후손에게
세상의 후사가 되리라고 하
신 언약은 율법으로 말미암
은 것이 아니요 오직 믿음의
의로 말미암은 것이니라
14 만일 율법에 속한 자들이 후
사이면 믿음은 헛것이 되고
약속은 폐하여졌느니라
15 율법은 진노를 이루게 하나
니 율법이 없는 곳에는 범함
도 없느니라

16 그러므로 후사가 되는 이것
이 은혜에 속하기 위하여 믿
음으로 되나니 이는 그 약속
을 그 모든 후손에게 굳게
하려 하심이라 율법에 속한
자에게뿐 아니라 아브라함의
믿음에 속한 자에게도니 아
브라함은 하나님 앞에서 우
리 모든 사람의 조상이라
17 기록된바 내가 너를 많은 민
족의 조상으로 세웠다 하심
과 같으니 그의 믿은 바 하나
님은 죽은 자를 살리시며 없
는 것을 있는 것같이 부르시
는 이시니라
18 아브라함이 바랄 수 없는
중에 바라고 믿었으니 이는
네 후손이 이 같으리라 하신
말씀대로 많은 민족의 조상
이 되게 하려 하심을 인함이
라
19 그가 백 세나 되어 자기 몸의
죽은 것 같음과 사라의 태의
죽은 것 같음을 알고도 믿음
이 약하여지지 아니하고
20 믿음이 없어 하나님의 약속
을 의심치 않고 믿음에 견고
하여져서 하나님께 영광을
돌리며
21 약속하신 그것을 또한 능히
이루실 줄을 확신하였으니
22 그러므로 이것을 저에게 의
로 여기셨느니라
23 저에게 의로 여기셨다 기록
된 것은 아브라함만 위한 것
이 아니요
24 의로 여기심을 받을 우리도
위함이니 곧 예수 우리 주를
죽은 자 가운데서 살리신 이
를 믿는 자니라
25 예수는 우리 범죄함을 위하
여 내어 줌이 되고 또한 우리
를 의롭다 하심을 위하여 살
아나셨느니라

그리스도를 통한 하나님과의 화해

5 그러므로 우리가 믿음으
로 의롭다 하심을 얻었은
즉 우리 주 예수 그리스도로
말미암아 하나님으로 더불
어 화평을 누리자
2 또한 그로 말미암아 우리가
믿음으로 서 있는 이 은혜에
들어감을 얻었으며 하나님의
영광을 바라고 즐거워하느니
라
3 다만 이뿐 아니라 우리가 환
난 중에도 즐거워하나니 이
는 환난은 인내를,
4 인내는 연단을, 연단은 소망
을 이루는 줄 앎이로다
5 소망이 부끄럽게 아니함은
우리에게 주신 성령으로 말
미암아 하나님의 사랑이 우
리 마음에 부은 바 됨이니
6 우리가 아직 연약할 때에 기
약대로 그리스도께서 경건
치 않은 자를 위하여 죽으셨
도다
7 의인을 위하여 죽는 자가 쉽
지 않고 선인을 위하여 용감
히 죽는 자가 혹 있거니와
8 우리가 아직 죄인 되었을 때
에 그리스도께서 우리를 위
하여 죽으심으로 하나님께
서 우리에게 대한 자기의 사
랑을 확증하셨느니라
9 그러면 이제 우리가 그 피를
인하여 의롭다 하심을 얻었은
즉 더욱 그로 말미암아 진노
하심에서 구원을 얻을 것이니
10 곧 우리가 원수 되었을 때에
그 아들의 죽으심으로 말미
암아 하나님으로 더불어 화
목되었은즉 화목된 자로서
는 더욱 그의 살으심을 인하
여 구원을 얻을 것이니라
11 이뿐 아니라 이제 우리로 화
목을 얻게 하신 우리 주 예

5

수 그리스도로 말미암아 하
나님 안에서 또한 즐거워하
느니라

아담과 그리스도

12 이러므로 한 사람으로 말미
암아 죄가 세상에 들어오
고 죄로 말미암아 사망이
왔나니 이와 같이 모든 사
람이 죄를 지었으므로 사
망이 모든 사람에게 이르렀
느니라
13 죄가 율법 있기 전에도 세상
에 있었으나 율법이 없을 때
에는 죄를 죄로 여기지 아니
하느니라
14 그러나 아담으로부터 모세
까지 아담의 범죄와 같은 죄
를 짓지 아니한 자들 위에도
사망이 왕노릇 하였나니 아
담은 오실 자의 표상이라
15 그러나 이 은사는 그 범죄와
같지 아니하니 곧 한 사람의
범죄를 인하여 많은 사람이
죽었은즉 더욱 하나님의 은
혜와 또는 한 사람 예수 그리
스도의 은혜로 말미암은 선
물이 많은 사람에게 넘쳤으
리라
16 또 이 선물은 범죄한 한 사람
으로 말미암은 것과 같지 아
니하니 심판은 한 사람을 인
하여 정죄에 이르렀으나 은
사는 많은 범죄를 인하여 의
롭다 하심에 이름이니라
17 한 사람의 범죄를 인하여 사
망이 그 한 사람으로 말미암
아 왕노릇 하였은즉 더욱 은
혜와 의의 선물을 넘치게 받
는 자들이 한 분 예수 그리
스도로 말미암아 생명 안에
서 왕노릇 하리로다
18 그런즉 한 범죄로 많은 사람
이 정죄에 이른 것같이 의의
한 행동으로 말미암아 많은

사람이 의롭다 하심을 받아
생명에 이르렀느니라
19 한 사람의 순종치 아니함으
로 많은 사람이 죄인 된 것같
이 한 사람의 순종하심으로
많은 사람이 의인이 되리라
20 율법이 가입한 것은 범죄를
더하게 하려 함이라 그러나
죄가 더한 곳에 은혜가 더욱
넘쳤나니
21 이는 죄가 사망 안에서 왕노
릇 한 것같이 은혜도 또한 의
로 말미암아 왕노릇 하여 우
리 주 예수 그리스도로 말미
암아 영생에 이르게 하려 함
이니라

그리스도와 함께 죽고 살고

6 그런즉 우리가 무슨 말
하리요 은혜를 더하게 하
려고 죄에 거하겠느뇨
2 그럴 수 없느니라 죄에 대하
여 죽은 우리가 어찌 그 가
운데 더 살리요
3 무릇 그리스도 예수와 합하
여 세례를 받은 우리는 그의
죽으심과 합하여 세례 받은
줄을 알지 못하느뇨
4 그러므로 우리가 그의 죽으
심과 합하여 세례를 받음으
로 그와 함께 장사되었나니
이는 아버지의 영광으로 말
미암아 그리스도를 죽은 자
가운데서 살리심과 같이 우
리로 또한 새 생명 가운데서
행하게 하려 함이니라
5 만일 우리가 그의 죽으심을
본받아 연합한 자가 되었으
면 또한 그의 부활을 본받아
연합한 자가 되리라
6 우리가 알거니와 우리 옛 사
람이 예수와 함께 십자가에
못 박힌 것은 죄의 몸이 멸
하여 다시는 우리가 죄에게
종노릇 하지 아니하려 함이

6

니
7 이는 죽은 자가 죄에서 벗어
나 의롭다 하심을 얻었음이
니라
8 만일 우리가 그리스도와 함
께 죽었으면 또한 그와 함께
살 줄을 믿노니
9 이는 그리스도께서 죽은 자
가운데서 사셨으매 다시 죽
지 아니하시고 사망이 다시
그를 주장하지 못할 줄을 앎
이로라
10 그의 죽으심은 죄에 대하여
단번에 죽으심이요 그의 살
으심은 하나님께 대하여 살
으심이니
11 이와 같이 너희도 너희 자신
을 죄에 대하여는 죽은 자요
그리스도 예수 안에서 하나
님을 대하여는 산 자로 여길
지어다
12 그러므로 너희는 죄로 너희
죽을 몸에 왕노릇 하지 못하
게 하여 몸의 사욕을 순종치
말고
13 또한 너희 지체를 불의의 병
기로 죄에게 드리지 말고 오
직 너희 자신을 죽은 자 가
운데서 다시 산 자같이 하나
님께 드리며 너희 지체를 의
의 병기로 하나님께 드리라
14 죄가 너희를 주관치 못하리니
이는 너희가 법 아래 있지 아니
하고 은혜 아래 있음이니라

죄의 종과 의의 종

15 그런즉 어찌하리요 우리가
법 아래 있지 아니하고 은혜
아래 있으니 죄를 지으리요
그럴 수 없느니라
16 너희 자신을 종으로 드려 누
구에게 순종하든지 그 순종
함을 받는 자의 종이 되는
줄을 너희가 알지 못하느냐
혹은 죄의 종으로 사망에 이

르고 혹은 순종의 종으로 의
에 이르느니라
17 하나님께 감사하리로다 너희
가 본래 죄의 종이더니 너희
에게 전하여 준바 교훈의 본
을 마음으로 순종하여
18 죄에게서 해방되어 의에게
종이 되었느니라
19 너희 육신이 연약하므로 내
가 사람의 예대로 말하노니
전에 너희가 너희 지체를 부
정과 불법에 드려 불법에 이
른 것같이 이제는 너희 지체
를 의에게 종으로 드려 거룩
함에 이르라
20 너희가 죄의 종이 되었을 때
에는 의에 대하여 자유하였
느니라
21 너희가 그 때에 무슨 열매를
얻었느뇨 이제는 너희가 그
일을 부끄러워하나니 이는
그 마지막이 사망임이니라
22 그러나 이제는 너희가 죄에
게서 해방되고 하나님께 종
이 되어 거룩함에 이르는 열
매를 얻었으니 이 마지막은
영생이라
23 죄의 삯은 사망이요 하나님
의 은사는 그리스도 예수 우
리 주 안에 있는 영생이니라

결혼의 비유

7 형제들아 내가 법 아는
자들에게 말하노니 너희
는 율법이 사람의 살 동안만
그를 주관하는 줄 알지 못하
느냐
2 남편 있는 여인이 그 남편 생
전에는 법으로 그에게 매인
바 되나 만일 그 남편이 죽으
면 남편의 법에서 벗어났느
니라
3 그러므로 만일 그 남편 생전
에 다른 남자에게 가면 음부
라 이르되 남편이 죽으면 그

7

법에서 자유케 되나니 다른
남자에게 갈지라도 음부가
되지 아니하느니라
4 그러므로 내 형제들아 너희도
그리스도의 몸으로 말미암아
율법에 대하여 죽임을 당하였
으니 이는 다른 이 곧 죽은 자
가운데서 살아나신 이에게 가
서 우리로 하나님을 위하여 열
매를 맺히게 하려 함이니라
5 우리가 육신에 있을 때에는
율법으로 말미암는 죄의 정
욕이 우리 지체 중에 역사하
여 우리로 사망을 위하여 열
매를 맺게 하였더니
6 이제는 우리가 얽매였던 것
에 대하여 죽었으므로 율법
에서 벗어났으니 이러므로
우리가 영의 새로운 것으로
섬길 것이요 의문의 묵은 것
으로 아니할지니라

마음의 법, 육신의 법

7 그런즉 우리가 무슨 말 하리
요 율법이 죄냐 그럴 수 없느
니라 율법으로 말미암지 않
고는 내가 죄를 알지 못하였
으니 곧 율법이 탐내지 말라
하지 아니하였더면 내가 탐
심을 알지 못하였으리라
8 그러나 죄가 기회를 타서 계
명으로 말미암아 내 속에서
각양 탐심을 이루었나니 이
는 법이 없으면 죄가 죽은 것
임이니라
9 전에 법을 깨닫지 못할 때에
는 내가 살았더니 계명이 이
르매 죄는 살아나고 나는 죽
었도다
10 생명에 이르게 할 그 계명이
내게 대하여 도리어 사망에
이르게 하는 것이 되었도다
11 죄가 기회를 타서 계명으로
말미암아 나를 속이고 그것
으로 나를 죽였는지라

12 이로 보건대 율법도 거룩하
며 계명도 거룩하며 의로우
며 선하도다
13 그런즉 선한 것이 내게 사망
이 되었느뇨 그럴 수 없느니
라 오직 죄가 죄로 드러나기
위하여 선한 그것으로 말미
암아 나를 죽게 만들었으니
이는 계명으로 말미암아 죄
로 심히 죄 되게 하려 함이니
라
14 우리가 율법은 신령한 줄 알
거니와 나는 육신에 속하여
죄 아래 팔렸도다
15 나의 행하는 것을 내가 알지
못하노니 곧 원하는 이것은
행하지 아니하고 도리어 미
워하는 그것을 함이라
16 만일 내가 원치 아니하는 그
것을 하면 내가 이로 율법의
선한 것을 시인하노니
17 이제는 이것을 행하는 자가
내가 아니요 내 속에 거하는
죄니라
18 내 속 곧 내 육신에 선한 것
이 거하지 아니하는 줄을 아
노니 원함은 내게 있으나 선
을 행하는 것은 없노라
19 내가 원하는바 선은 하지 아
니하고 도리어 원치 아니하
는바 악은 행하는도다
20 만일 내가 원치 아니하는 그
것을 하면 이를 행하는 자가
내가 아니요 내 속에 거하는
죄니라
21 그러므로 내가 한 법을 깨달
았노니 곧 선을 행하기 원하
는 나에게 악이 함께 있는
것이로다
22 내 속사람으로는 하나님의
법을 즐거워하되
23 내 지체 속에서 한 다른 법
이 내 마음의 법과 싸워 내
지체 속에 있는 죄의 법 아래

로 나를 사로잡아 오는 것을
보는도다
24 오호라 나는 곤고한 사람이
로다 이 사망의 몸에서 누가
나를 건져 내랴
25 우리 주 예수 그리스도로 말
미암아 하나님께 감사하리
로다 그런즉 내 자신이 마음
으로는 하나님의 법을, 육신
으로는 죄의 법을 섬기노라

성령이 주시는 생명

8 그러므로 이제 그리스도
예수 안에 있는 자에게는
결코 정죄함이 없나니
2 이는 그리스도 예수 안에 있
는 생명의 성령의 법이 죄와
사망의 법에서 너를 해방하
였음이라
3 율법이 육신으로 말미암아
연약하여 할 수 없는 그것을
하나님은 하시나니 곧 죄를
인하여 자기 아들을 죄 있는
육신의 모양으로 보내어 육
신에 죄를 정하사
4 육신을 좇지 않고 그 영을 좇
아 행하는 우리에게 율법의
요구를 이루어지게 하려 하
심이니라
5 육신을 좇는 자는 육신의 일
을, 영을 좇는 자는 영의 일
을 생각하나니
6 육신의 생각은 사망이요 영의
생각은 생명과 평안이니라
7 육신의 생각은 하나님과 원
수가 되나니 이는 하나님의
법에 굴복치 아니할 뿐 아니
라 할 수도 없음이라
8 육신에 있는 자들은 하나님
을 기쁘시게 할 수 없느니라
9 만일 너희 속에 하나님의 영
이 거하시면 너희가 육신에
있지 아니하고 영에 있나니
누구든지 그리스도의 영이
없으면 그리스도의 사람이

8

아니라
10 또 그리스도께서 너희 안에
계시면 몸은 죄로 인하여 죽
은 것이나 영은 의를 인하여
산 것이니라
11 예수를 죽은 자 가운데서 살
리신 이의 영이 너희 안에 거
하시면 그리스도 예수를 죽
은 자 가운데서 살리신 이가
너희 안에 거하시는 그의 영
으로 말미암아 너희 죽을 몸
도 살리시리라
12 그러므로 형제들아 우리가
빚진 자로되 육신에게 져서
육신대로 살 것이 아니니라
13 너희가 육신대로 살면 반드
시 죽을 것이로되 영으로써
몸의 행실을 죽이면 살리니
14 무릇 하나님의 영으로 인도
함을 받는 그들은 곧 하나님
의 아들이라
15 너희는 다시 무서워하는 종
의 영을 받지 아니하였고 양
자의 영을 받았으므로 아바
아버지라 부르짖느니라
16 성령이 친히 우리 영으로 더
불어 우리가 하나님의 자녀
인 것을 증거하시나니
17 자녀이면 또한 후사 곧 하나
님의 후사요 그리스도와 함
께 한 후사니 우리가 그와
함께 영광을 받기 위하여 고
난도 함께 받아야 될 것이니
라

고통에서 영광으로

18 생각건대 현재의 고난은 장
차 우리에게 나타날 영광과
족히 비교할 수 없도다
19 피조물의 고대하는 바는 하
나님의 아들들의 나타나는
것이니
20 피조물이 허무한 데 굴복하
는 것은 자기 뜻이 아니요 오
직 굴복케 하시는 이로 말미

암음이라
21 그 바라는 것은 피조물도 썩
어짐의 종노릇 한 데서 해방
되어 하나님의 자녀들의 영광
의 자유에 이르는 것이니라
22 피조물이 다 이제까지 함께
탄식하며 함께 고통하는 것
을 우리가 아나니
23 이뿐 아니라 또한 우리 곧 성
령의 처음 익은 열매를 받은
우리까지도 속으로 탄식하
여 양자 될 것 곧 우리 몸의
구속을 기다리느니라
24 우리가 소망으로 구원을 얻
었으매 보이는 소망이 소망
이 아니니 보는 것을 누가 바
라리요
25 만일 우리가 보지 못하는 것
을 바라면 참음으로 기다릴
지니라
26 이와 같이 성령도 우리 연약
함을 도우시나니 우리가 마
땅히 빌 바를 알지 못하나
오직 성령이 말할 수 없는 탄
식으로 우리를 위하여 친히
간구하시느니라
27 마음을 감찰하시는 이가 성
령의 생각을 아시나니 이는
성령이 하나님의 뜻대로 성도
를 위하여 간구하심이니라
28 우리가 알거니와 하나님을
사랑하는 자 곧 그 뜻대로
부르심을 입은 자들에게는
모든 것이 합력하여 선을 이
루느니라
29 하나님이 미리 아신 자들로
또한 그 아들의 형상을 본받
게 하기 위하여 미리 정하셨
으니 이는 그로 많은 형제 중
에서 맏아들이 되게 하려 하
심이니라
30 또 미리 정하신 그들을 또한
부르시고 부르신 그들을 또
한 의롭다 하시고 의롭다 하

신 그들을 또한 영화롭게 하
셨느니라
31 그런즉 이 일에 대하여 우리
가 무슨 말 하리요 만일 하
나님이 우리를 위하시면 누
가 우리를 대적하리요
32 자기 아들을 아끼지 아니하시
고 우리 모든 사람을 위하여
내어 주신 이가 어찌 그 아들
과 함께 모든 것을 우리에게
은사로 주지 아니하시겠느뇨
33 누가 능히 하나님의 택하신
자들을 송사하리요 의롭다
하신 이는 하나님이시니
34 누가 정죄하리요 죽으실 뿐
아니라 다시 살아나신 이는
그리스도 예수시니 그는 하
나님 우편에 계신 자요 우리
를 위하여 간구하시는 자시
니라
35 누가 우리를 그리스도의 사
랑에서 끊으리요 환난이나
곤고나 핍박이나 기근이나
적신이나 위험이나 칼이랴
36 기록된바 우리가 종일 주를
위하여 죽임을 당케 되며 도
살할 양같이 여김을 받았나
이다 함과 같으니라
37 그러나 이 모든 일에 우리를
사랑하시는 이로 말미암아
우리가 넉넉히 이기느니라
38 내가 확신하노니 사망이나
생명이나 천사들이나 권세
자들이나 현재 일이나 장래
일이나 능력이나
39 높음이나 깊음이나 다른 아
무 피조물이라도 우리를 우
리 주 그리스도 예수 안에
있는 하나님의 사랑에서 끊
을 수 없으리라

하나님의 선민 이스라엘

9 1-2 내가 그리스도 안에
서 참말을 하고 거짓말
을 아니하노라 내게 큰 근심

9

이 있는 것과 마음에 그치지
않는 고통이 있는 것을 내 양
심이 성령 안에서 나로 더불
어 증거하노니
3 나의 형제 곧 골육의 친척을
위하여 내 자신이 저주를 받
아 그리스도에게서 끊어질지
라도 원하는 바로라
4 저희는 이스라엘 사람이라
저희에게는 양자 됨과 영광
과 언약들과 율법을 세우신
것과 예배와 약속들이 있고
5 조상들도 저희 것이요 육신
으로 하면 그리스도가 저희
에게서 나셨으니 저는 만물
위에 계셔 세세에 찬양을 받
으실 하나님이시니라 아멘
6 또한 하나님의 말씀이 폐하
여진 것 같지 않도다 이스라
엘에게서 난 그들이 다 이스
라엘이 아니요
7 또한 아브라함의 씨가 다 그
자녀가 아니라 오직 이삭으
로부터 난 자라야 네 씨라 칭
하리라 하셨으니
8 곧 육신의 자녀가 하나님의 자
녀가 아니라 오직 약속의 자녀
가 씨로 여기심을 받느니라
9 약속의 말씀은 이것이라 명
년 이 때에 내가 이르리니 사
라에게 아들이 있으리라 하
시니라
10 이뿐 아니라 또한 리브가가
우리 조상 이삭 한 사람으로
말미암아 잉태하였는데
11 그 자식들이 아직 나지도 아
니하고 무슨 선이나 악을 행
하지 아니한 때에 택하심을
따라 되는 하나님의 뜻이 행
위로 말미암지 않고 오직 부
르시는 이에게로 말미암아
서게 하려 하사
12 리브가에게 이르시되 큰 자
가 어린 자를 섬기리라 하셨

나니
13 기록된바 내가 야곱은 사랑
하고 에서는 미워하였다 하
심과 같으니라
14 그런즉 우리가 무슨 말 하리
요 하나님께 불의가 있느뇨
그럴 수 없느니라
15 모세에게 이르시되 내가 긍
휼히 여길 자를 긍휼히 여기
고 불쌍히 여길 자를 불쌍히
여기리라 하셨으니
16 그런즉 원하는 자로 말미
암음도 아니요 달음박질하
는 자로 말미암음도 아니
요 오직 긍휼히 여기시는
하나님으로 말미암음이니
라
17 성경이 바로에게 이르시되
내가 이 일을 위하여 너를 세
웠으니 곧 너로 말미암아 내
능력을 보이고 내 이름이 온
땅에 전파되게 하려 함이로
라 하셨으니
18 그런즉 하나님께서 하고자
하시는 자를 긍휼히 여기시
고 하고자 하시는 자를 강퍅
케 하시느니라

하나님의 진노와 자비

19 혹 네가 내게 말하기를 그러
면 하나님이 어찌하여 허물
하시느뇨 누가 그 뜻을 대적
하느뇨 하리니
20 이 사람아 네가 뉘기에 감히
하나님을 힐문하느뇨 지음
을 받은 물건이 지은 자에게
어찌 나를 이같이 만들었느
냐 말하겠느뇨
21 토기장이가 진흙 한 덩이로
하나는 귀히 쓸 그릇을, 하
나는 천히 쓸 그릇을 만드는
권이 없느냐
22 만일 하나님이 그 진노를 보
이시고 그 능력을 알게 하고
자 하사 멸하기로 준비된 진

노의 그릇을 오래 참으심으
로 관용하시고
23 또한 영광받기로 예비하신바
긍휼의 그릇에 대하여 그 영
광의 부요함을 알게 하고자
하셨을지라도 무슨 말 하리
요
24 이 그릇은 우리니 곧 유대인
중에서뿐 아니라 이방인 중
에서도 부르신 자니라
25 호세아 글에도 이르기를 내
가 내 백성 아닌 자를 내 백
성이라, 사랑치 아니한 자
를 사랑한 자라 부르리라
26 너희는 내 백성이 아니라
한 그 곳에서 저희가 살아
계신 하나님의 아들이라
부름을 얻으리라 함과 같으
니라
27 또 이사야가 이스라엘에 관
하여 외치되 이스라엘 뭇 자
손의 수가 비록 바다의 모래
같을지라도 남은 자만 구원
을 얻으리니
28 주께서 땅 위에서 그 말씀을
이루사 필하시고 끝내시리라
하셨느니라
29 또한 이사야가 미리 말한바
만일 만군의 주께서 우리에
게 씨를 남겨 두시지 아니하
셨더면 우리가 소돔과 같이
되고 고모라와 같았으리로
다 함과 같으니라

이스라엘의 잘못

30 그런즉 우리가 무슨 말 하리
요 의를 좇지 아니한 이방인
들이 의를 얻었으니 곧 믿음
에서 난 의요
31 의의 법을 좇아간 이스라엘
은 법에 이르지 못하였으니
32 어찌 그러하뇨 이는 저희가
믿음에 의지하지 않고 행위
에 의지함이라 부딪힐 돌에
부딪혔느니라

33 기록된바 보라 내가 부딪히
는 돌과 거치는 반석을 시온
에 두노니 저를 믿는 자는 부
끄러움을 당치 아니하리라
함과 같으니라

10 형제들아 내 마음에
원하는 바와 하나님
께 구하는 바는 이스라엘을
위함이니 곧 저희로 구원을
얻게 함이라
2 내가 증거하노니 저희가 하
나님께 열심이 있으나 지식
을 좇은 것이 아니라
3 하나님의 의를 모르고 자기
의를 세우려고 힘써 하나님의
의를 복종치 아니하였느니라
4 그리스도는 모든 믿는 자에
게 의를 이루기 위하여 율법
의 마침이 되시니라
5 모세가 기록하되 율법으로 말
미암는 의를 행하는 사람은
그 의로 살리라 하였거니와
6 믿음으로 말미암는 의는 이같
이 말하되 네 마음에 누가 하
늘에 올라가겠느냐 하지 말라
하니 올라가겠느냐 함은 그리
스도를 모셔 내리려는 것이요
7 혹 누가 음부에 내려가겠느냐
하지 말라 하니 내려가겠느냐
함은 그리스도를 죽은 자 가
운데서 모셔 올리려는 것이라
8 그러면 무엇을 말하느뇨 말
씀이 네게 가까와 네 입에 있
으며 네 마음에 있다 하였으
니 곧 우리가 전파하는 믿음
의 말씀이라
9 네가 만일 네 입으로 예수를
주로 시인하며 또 하나님께
서 그를 죽은 자 가운데서
살리신 것을 네 마음에 믿으
면 구원을 얻으리니
10 사람이 마음으로 믿어 의에
이르고 입으로 시인하여 구
원에 이르느니라

10

11 성경에 이르되 누구든지 저
를 믿는 자는 부끄러움을 당
하지 아니하리라 하니
12 유대인이나 헬라인이나 차별
이 없음이라 한 주께서 모든
사람의 주가 되사 저를 부르
는 모든 사람에게 부요하시
도다
13 누구든지 주의 이름을 부르
는 자는 구원을 얻으리라
14 그런즉 저희가 믿지 아니하
는 이를 어찌 부르리요 듣지
도 못한 이를 어찌 믿으리요
전파하는 자가 없이 어찌 들
으리요
15 보내심을 받지 아니하였으면
어찌 전파하리요 기록된바
아름답도다 좋은 소식을 전
하는 자들의 발이여 함과 같
으니라
16 그러나 저희가 다 복음을 순
종치 아니하였도다 이사야
가 가로되 주여 우리의 전하
는 바를 누가 믿었나이까 하
였으니
17 그러므로 믿음은 들음에서
나며 들음은 그리스도의 말
씀으로 말미암았느니라
18 그러나 내가 말하노니 저희
가 듣지 아니하였느뇨 그렇
지 아니하다 그 소리가 온 땅
에 퍼졌고 그 말씀이 땅 끝
까지 이르렀도다 하였느니라
19 그러나 내가 말하노니 이스라
엘이 알지 못하였느뇨 먼저
모세가 이르되 내가 백성 아
닌 자로써 너희를 시기나게
하며 미련한 백성으로써 너
희를 노엽게 하리라 하였고
20 또한 이사야가 매우 담대하
여 이르되 내가 구하지 아니
하는 자들에게 찾은 바 되고
내게 문의하지 아니하는 자
들에게 나타났노라 하였고

21 이스라엘을 대하여 가라사
대 순종치 아니하고 거스려
말하는 백성에게 내가 종일
내 손을 벌렸노라 하셨느니
라

이스라엘의 참된 선민

11 그러므로 내가 말하노
니 하나님이 자기 백
성을 버리셨느뇨 그럴 수 없
느니라 나도 이스라엘인이요
아브라함의 씨에서 난 자요
베냐민 지파라
2 하나님이 그 미리 아신 자기
백성을 버리지 아니하셨나니
너희가 성경이 엘리야를 가
리켜 말한 것을 알지 못하느
냐 저가 이스라엘을 하나님
께 송사하되
3 주여 저희가 주의 선지자
들을 죽였으며 주의 제단
들을 헐어 버렸고 나만 남
았는데 내 목숨도 찾나이
다 하니
4 저에게 하신 대답이 무엇이
뇨 내가 나를 위하여 바알에
게 무릎을 꿇지 아니한 사람
칠천을 남겨 두었다 하셨으
니
5 그런즉 이와 같이 이제도 은
혜로 택하심을 따라 남은 자
가 있느니라
6 만일 은혜로 된 것이면 행위
로 말미암지 않음이니 그렇
지 않으면 은혜가 은혜 되지
못하느니라
7 그런즉 어떠하뇨 이스라엘이
구하는 그것을 얻지 못하고
오직 택하심을 입은 자가 얻
었고 그 남은 자들은 완악하
여졌느니라
8 기록된바 하나님이 오늘날
까지 저희에게 혼미한 심령
과 보지 못할 눈과 듣지 못할
귀를 주셨다 함과 같으니라

11

9 또 다윗이 가로되 저희 밥상
이 올무와 덫과 거치는 것과
보응이 되게 하옵시고
10 저희 눈은 흐려 보지 못하고
저희 등은 항상 굽게 하옵소
서 하였느니라

이방인의 구원

11 그러므로 내가 말하노니 저
희가 넘어지기까지 실족하였
느뇨 그럴 수 없느니라 저희
의 넘어짐으로 구원이 이방
인에게 이르러 이스라엘로
시기나게 함이니라
12 저희의 넘어짐이 세상의 부
요함이 되며 저희의 실패가
이방인의 부요함이 되거든
하물며 저희의 충만함이리
요
13 내가 이방인인 너희에게 말
하노라 내가 이방인의 사도
인만큼 내 직분을 영광스럽
게 여기노니
14 이는 곧 내 골육을 아무쪼록
시기케 하여 저희 중에서 얼
마를 구원하려 함이라
15 저희를 버리는 것이 세상의
화목이 되거든 그 받아들이
는 것이 죽은 자 가운데서
사는 것이 아니면 무엇이리
요
16 제사하는 처음 익은 곡식 가
루가 거룩한즉 떡덩이도 그
러하고 뿌리가 거룩한즉 가
지도 그러하니라
17 또한 가지 얼마가 꺾여졌는
데 돌감람나무인 네가 그들
중에 접붙임이 되어 참감람
나무 뿌리의 진액을 함께 받
는 자 되었은즉
18 그 가지들을 향하여 자긍하
지 말라 자긍할지라도 네가
뿌리를 보전하는 것이 아니
요 뿌리가 너를 보전하는 것
이니라

19 그러면 네 말이 가지들이 꺾
이운 것은 나로 접붙임을 받
게 하려 함이라 하리니
20 옳도다 저희는 믿지 아니하
므로 꺾이우고 너는 믿으므
로 섰느니라 높은 마음을 품
지 말고 도리어 두려워하라
21 하나님이 원가지들도 아끼지
아니하셨은즉 너도 아끼지
아니하시리라
22 그러므로 하나님의 인자와
엄위를 보라 넘어지는 자들
에게는 엄위가 있으니 너희
가 만일 하나님의 인자에 거
하면 그 인자가 너희에게 있
으리라 그렇지 않으면 너도
찍히는 바 되리라
23 저희도 믿지 아니하는 데 거
하지 아니하면 접붙임을 얻으
리니 이는 저희를 접붙이실
능력이 하나님께 있음이라
24 네가 원 돌감람나무에서 찍
힘을 받고 본성을 거스려 좋
은 감람나무에 접붙임을 얻
었은즉 원 가지인 이 사람들
이야 얼마나 더 자기 감람나
무에 접붙이심을 얻으랴

하나님의 심오한 경륜

25 형제들아 너희가 스스로 지
혜 있다 함을 면키 위하여 이
비밀을 너희가 모르기를 내
가 원치 아니하노니 이 비밀
은 이방인의 충만한 수가
들어오기까지 이스라엘의
더러는 완악하게 된 것이라
26 그리하여 온 이스라엘이 구
원을 얻으리라 기록된바 구
원자가 시온에서 오사 야곱
에게서 경건치 않은 것을 돌
이키시겠고
27 내가 저희 죄를 없이할 때에
저희에게 이루어질 내 언약
이 이것이라 함과 같으니라
28 복음으로 하면 저희가 너

희를 인하여 원수 된 자요
택하심으로 하면 조상들을
인하여 사랑을 입은 자라
29 하나님의 은사와 부르심에는
후회하심이 없느니라
30 너희가 전에 하나님께 순종
치 아니하더니 이스라엘에
순종치 아니함으로 이제 긍
휼을 입었는지라
31 이와 같이 이 사람들이 순종
치 아니하니 이는 너희에게
베푸시는 긍휼로 이제 저희
도 긍휼을 얻게 하려 하심이
니라
32 하나님이 모든 사람을 순
종치 아니하는 가운데 가
두어 두심은 모든 사람에
게 긍휼을 베풀려 하심이
로다
33 깊도다 하나님의 지혜와 지
식의 부요함이여, 그의 판단
은 측량치 못할 것이며 그의
길은 찾지 못할 것이로다
34 누가 주의 마음을 알았느뇨
누가 그의 모사가 되었느뇨
35 누가 주께 먼저 드려서 갚으
심을 받겠느뇨
36 이는 만물이 주에게서 나오
고 주로 말미암고 주에게로
돌아감이라 영광이 그에게
세세에 있으리로다 아멘

그리스도 안의 새 생활

12 그러므로 형제들아
내가 하나님의 모든
자비하심으로 너희를 권하노
니 너희 몸을 하나님이 기뻐
하시는 거룩한 산 제사로 드
리라 이는 너희의 드릴 영적
예배니라
2 너희는 이 세대를 본받지 말
고 오직 마음을 새롭게 함으
로 변화를 받아 하나님의 선
하시고 기뻐하시고 온전하신
뜻이 무엇인지 분별하도록

12

하라
3 내게 주신 은혜로 말미암아
너희 중 각 사람에게 말하노
니 마땅히 생각할 그 이상의
생각을 품지 말고 오직 하나
님께서 각 사람에게 나눠 주
신 믿음의 분량대로 지혜롭
게 생각하라
4 우리가 한 몸에 많은 지체를
가졌으나 모든 지체가 같은
직분을 가진 것이 아니니
5 이와 같이 우리 많은 사람
이 그리스도 안에서 한 몸
이 되어 서로 지체가 되었느
니라
6 우리에게 주신 은혜대로 받
은 은사가 각각 다르니 혹 예
언이면 믿음의 분수대로,
7 혹 섬기는 일이면 섬기는 일
로, 혹 가르치는 자면 가르치
는 일로,
8 혹 권위하는 자면 권위하는
일로, 구제하는 자는 성실함
으로, 다스리는 자는 부지
런함으로, 긍휼을 베푸는
자는 즐거움으로 할 것이니
라
9 사랑엔 거짓이 없나니 악을
미워하고 선에 속하라
10 형제를 사랑하여 서로 우애
하고 존경하기를 서로 먼저
하며
11 부지런하여 게으르지 말고
열심을 품고 주를 섬기라
12 소망 중에 즐거워하며 환난
중에 참으며 기도에 항상 힘
쓰며
13 성도들의 쓸 것을 공급하며
손 대접하기를 힘쓰라
14 너희를 핍박하는 자를 축복
하라 축복하고 저주하지 말
라
15 즐거워하는 자들로 함께 즐
거워하고 우는 자들로 함께

울라
16 서로 마음을 같이하며 높은
데 마음을 두지 말고 도리어
낮은 데 처하며 스스로 지혜
있는 체 말라
17 아무에게도 악으로 악을 갚
지 말고 모든 사람 앞에서 선
한 일을 도모하라
18 할 수 있거든 너희로서는 모
든 사람으로 더불어 평화하
라
19 내 사랑하는 자들아 너희가
친히 원수를 갚지 말고 진노
하심에 맡기라 기록되었으되
원수 갚는 것이 내게 있으니
내가 갚으리라고 주께서 말
씀하시니라
20 네 원수가 주리거든 먹이
고 목마르거든 마시우라
그리함으로 네가 숯불을
그 머리에 쌓아 놓으리
라
21 악에게 지지 말고 선으로 악
을 이기라

권세에 대한 복종

13 각 사람은 위에 있는
권세들에게 굴복하라
권세는 하나님께로 나지 않
음이 없나니 모든 권세는 다
하나님의 정하신 바라
2 그러므로 권세를 거스리는
자는 하나님의 명을 거스림
이니 거스리는 자들은 심판
을 자취하리라
3 관원들은 선한 일에 대하여
두려움이 되지 않고 악한 일
에 대하여 되나니 네가 권세
를 두려워하지 아니하려느냐
선을 행하라 그리하면 그에
게 칭찬을 받으리라
4 그는 하나님의 사자가 되어
네게 선을 이루는 자니라 그
러나 네가 악을 행하거든 두
려워하라 그가 공연히 칼을

13

가지지 아니하였으니 곧 하
나님의 사자가 되어 악을 행
하는 자에게 진노하심을 위
하여 보응하는 자니라
5 그러므로 굴복하지 아니할
수 없으니 노를 인하여만 할
것이 아니요 또한 양심을 인
하여 할 것이라
6 너희가 공세를 바치는 것도
이를 인함이라 저희가 하나
님의 일군이 되어 바로 이 일
에 항상 힘쓰느니라
7 모든 자에게 줄 것을 주되 공
세를 받을 자에게 공세를 바
치고 국세 받을 자에게 국세
를 바치고 두려워할 자를 두
려워하며 존경할 자를 존경
하라
8 피차 사랑의 빚 외에는 아무
에게든지 아무 빚도 지지 말
라 남을 사랑하는 자는 율법
을 다 이루었느니라
9 간음하지 말라, 살인하지 말
라, 도적질하지 말라, 탐내지
말라 한 것과 그 외에 다른
계명이 있을지라도 네 이웃
을 네 자신과 같이 사랑하라
하신 그 말씀 가운데 다 들
었느니라
10 사랑은 이웃에게 악을 행치
아니하나니 그러므로 사랑
은 율법의 완성이니라

단정한 처신

11 또한 너희가 이 시기를 알거
니와 자다가 깰 때가 벌써 되
었으니 이는 이제 우리의 구
원이 처음 믿을 때보다 가까
왔음이니라
12 밤이 깊고 낮이 가까왔으니
그러므로 우리가 어두움의
일을 벗고 빛의 갑옷을 입
자
13 낮에와 같이 단정히 행하고
방탕과 술 취하지 말며 음란

과 호색하지 말며 쟁투와 시
기하지 말고
14 오직 주 예수 그리스도로 옷
입고 정욕을 위하여 육신의
일을 도모하지 말라

형제를 심판하지 말라

14 믿음이 연약한 자를
너희가 받되 그의 의심
하는 바를 비판하지 말라
2 어떤 사람은 모든 것을 먹을
만한 믿음이 있고 연약한 자
는 채소를 먹느니라
3 먹는 자는 먹지 않는 자를
업신여기지 말고 먹지 못하
는 자는 먹는 자를 판단하지
말라 이는 하나님이 저를 받
으셨음이니라
4 남의 하인을 판단하는 너는
누구뇨 그 섰는 것이나 넘어
지는 것이 제 주인에게 있으
매 저가 세움을 받으리니 이
는 저를 세우시는 권능이 주
께 있음이니라
5 혹은 이 날을 저 날보다 낫
게 여기고 혹은 모든 날을
같게 여기나니 각각 자기 마
음에 확정할지니라
6 날을 중히 여기는 자도 주를
위하여 중히 여기고 먹는 자
도 주를 위하여 먹으니 이는
하나님께 감사함이요 먹지
않는 자도 주를 위하여 먹지
아니하며 하나님께 감사하느
니라
7 우리 중에 누구든지 자기를
위하여 사는 자가 없고 자기
를 위하여 죽는 자도 없도다
8 우리가 살아도 주를 위하여
살고 죽어도 주를 위하여 죽
나니 그러므로 사나 죽으나
우리가 주의 것이로라
9 이를 위하여 그리스도께서
죽었다가 다시 살으셨으니
곧 죽은 자와 산 자의 주가

14

되려 하심이니라
10 네가 어찌하여 네 형제를 판
단하느뇨 어찌하여 네 형제
를 업신여기느뇨 우리가 다
하나님의 심판대 앞에 서리
라
11 기록되었으되 주께서 가라
사대 내가 살았노니 모든 무
릎이 내게 꿇을 것이요 모든
혀가 하나님께 자백하리라
하였느니라
12 이러므로 우리 각인이 자기
일을 하나님께 직고하리라
13 그런즉 우리가 다시는 서로
판단하지 말고 도리어 부딪
힐 것이나 거칠 것으로 형제
앞에 두지 아니할 것을 주의
하라
14 내가 주 예수 안에서 알고 확
신하는 것은 무엇이든지 스
스로 속된 것이 없으되 다만
속되게 여기는 그 사람에게
는 속되니라
15 만일 식물을 인하여 네 형제
가 근심하게 되면 이는 네가
사랑으로 행치 아니함이라
그리스도께서 대신하여 죽
으신 형제를 네 식물로 망케
하지 말라
16 그러므로 너희의 선한 것이
비방을 받지 않게 하라
17 하나님의 나라는 먹는 것과
마시는 것이 아니요 오직 성령
안에서 의와 평강과 희락이라
18 이로써 그리스도를 섬기는
자는 하나님께 기뻐하심을
받으며 사람에게도 칭찬을
받느니라
19 이러므로 우리가 화평의 일
과 서로 덕을 세우는 일을
힘쓰나니
20 식물을 인하여 하나님의 사
업을 무너지게 말라 만물이
다 정하되 거리낌으로 먹는

사람에게는 악하니라
21 고기도 먹지 아니하고 포도주
도 마시지 아니하고 무엇이든
지 네 형제로 거리끼게 하는
일을 아니함이 아름다우니라
22 네게 있는 믿음을 하나님 앞
에서 스스로 가지고 있으라
자기의 옳다 하는 바로 자기
를 책하지 아니하는 자는 복
이 있도다
23 의심하고 먹는 자는 정죄되
었나니 이는 믿음으로 좇아
하지 아니한 연고라 믿음으
로 좇아 하지 아니하는 모든
것이 죄니라

약한 자의 짐을 지라

15 우리 강한 자가 마땅
히 연약한 자의 약점
을 담당하고 자기를 기쁘게
하지 아니할 것이라
2 우리 각 사람이 이웃을 기쁘
게 하되 선을 이루고 덕을 세
우도록 할지니라
3 그리스도께서 자기를 기쁘
게 하지 아니하셨나니 기록
된바 주를 비방하는 자들의
비방이 내게 미쳤나이다 함
과 같으니라
4 무엇이든지 전에 기록한 바
는 우리의 교훈을 위하여 기
록된 것이니 우리로 하여금
인내로 또는 성경의 안위로
소망을 가지게 함이니라
5 이제 인내와 안위의 하나님이
너희로 그리스도 예수를 본받
아 서로 뜻이 같게 하여 주사
6 한 마음과 한 입으로 하나님
곧 우리 주 예수 그리스도의
아버지께 영광을 돌리게 하
려 하노라

서로 받아들이라

7 이러므로 그리스도께서 우리
를 받아 하나님께 영광을 돌리
심과 같이 너희도 서로 받으라

15

8 내가 말하노니 그리스도께
서 하나님의 진실하심을 위
하여 할례의 수종자가 되셨
으니 이는 조상들에게 주신
약속들을 견고케 하시고
9 이방인으로 그 긍휼하심을 인
하여 하나님께 영광을 돌리게
하려 하심이라 기록된바 이러
므로 내가 열방 중에서 주께
감사하고 주의 이름을 찬송하
리로다 함과 같으니라
10 또 가로되 열방들아 주의 백
성과 함께 즐거워하라 하였
으며
11 또 모든 열방들아 주를 찬양
하며 모든 백성들아 저를 찬
송하라 하였으며
12 또 이사야가 가로되 이새의
뿌리 곧 열방을 다스리기 위
하여 일어나시는 이가 있으
리니 열방이 그에게 소망을
두리라 하였느니라
13 소망의 하나님이 모든 기쁨
과 평강을 믿음 안에서 너희
에게 충만케 하사 성령의 능
력으로 소망이 넘치게 하시
기를 원하노라

바울의 사도 직분

14 내 형제들아 너희가 스스로
선함이 가득하고 모든 지식
이 차서 능히 서로 권하는
자임을 나도 확신하노라
15 그러나 내가 너희로 다시 생
각나게 하려고 하나님께서
내게 주신 은혜를 인하여 더
욱 담대히 대강 너희에게 썼
노니
16 이 은혜는 곧 나로 이방인을
위하여 그리스도 예수의 일
군이 되어 하나님의 복음의
제사장 직무를 하게 하사 이
방인을 제물로 드리는 그것이
성령 안에서 거룩하게 되어
받으심직하게 하려 하심이라

17 그러므로 내가 그리스도 예수
안에서 하나님의 일에 대하여
자랑하는 것이 있거니와
18 그리스도께서 이방인들을 순
종케 하기 위하여 나로 말미
암아 말과 일이며 표적과 기
사의 능력이며 성령의 능력으
로 역사하신 것 외에는 내가
감히 말하지 아니하노라
19 이 일로 인하여 내가 예루살
렘으로부터 두루 행하여 일
루리곤까지 그리스도의 복
음을 편만하게 전하였노라
20 또 내가 그리스도의 이름을
부르는 곳에는 복음을 전하
지 않기로 힘썼노니 이는 남
의 터 위에 건축하지 아니하
려 함이라
21 기록된바 주의 소식을 받지
못한 자들이 볼 것이요 듣지
못한 자들이 깨달으리라 함
과 같으니라

바울의 로마 방문 계획

22 그러므로 또한 내가 너희에
게 가려 하던 것이 여러 번
막혔더니
23 이제는 이 지방에 일할 곳이
없고 또 여러 해 전부터 언
제든지 서바나로 갈 때에 너
희에게 가려는 원이 있었으
니
24 이는 지나가는 길에 너희를
보고 먼저 너희와 교제하여
약간 만족을 받은 후에 너희
의 그리로 보내 줌을 바람이
라
25 그러나 이제는 내가 성도를
섬기는 일로 예루살렘에 가
노니
26 이는 마게도냐와 아가야 사
람들이 예루살렘 성도 중 가
난한 자들을 위하여 기쁘게
얼마를 동정하였음이라
27 저희가 기뻐서 하였거니와

또한 저희는 그들에게 빚진
자니 만일 이방인들이 그들
의 신령한 것을 나눠 가졌
으면 육신의 것으로 그들을
섬기는 것이 마땅하니라
28 그러므로 내가 이 일을 마치
고 이 열매를 저희에게 확증
한 후에 너희에게를 지나 서
바나로 가리라
29 내가 너희에게 나갈 때에 그
리스도의 충만한 축복을 가
지고 갈 줄을 아노라
30 형제들아 내가 우리 주 예
수 그리스도로 말미암고 성
령의 사랑으로 말미암아 너
희를 권하노니 너희 기도에
나와 힘을 같이하여 나를
위하여 하나님께 빌어
31 나로 유대에 순종치 아니하
는 자들에게서 구원을 받게
하고 또 예루살렘에 대한 나
의 섬기는 일을 성도들이 받
음직하게 하고
32 나로 하나님의 뜻을 좇아 기
쁨으로 너희에게 나아가 너
희와 함께 편히 쉬게 하라
33 평강의 하나님께서 너희 모
든 사람과 함께 계실지어다
아멘

문 안

16 내가 겐그레아 교회
의 일군으로 있는 우
리 자매 뵈뵈를 너희에게 천
거하노니
2 너희가 주 안에서 성도들의
합당한 예절로 그를 영접하
고 무엇이든지 그에게 소용
되는 바를 도와 줄지니 이는
그가 여러 사람과 나의 보호
자가 되었음이니라
3 너희가 그리스도 예수 안에
서 나의 동역자들인 브리스
가와 아굴라에게 문안하라
4 저희는 내 목숨을 위하여 자

16

기의 목이라도 내어 놓았나
니 나뿐 아니라 이방인의 모
든 교회도 저희에게 감사하
느니라
5 또 저의 교회에게도 문안하
라 나의 사랑하는 에배네도
에게 문안하라 저는 아시아
에서 그리스도께 처음 익은
열매니라
6 너희를 위하여 많이 수고한
마리아에게 문안하라
7 내 친척이요 나와 함께 갇혔
던 안드로니고와 유니아에
게 문안하라 저희는 사도에
게 유명히 여김을 받고 또한
나보다 먼저 그리스도 안에
있는 자라
8 또 주 안에서 내 사랑하는
암블리아에게 문안하라
9 그리스도 안에서 우리의 동
역자인 우르바노와 나의 사
랑하는 스다구에게 문안하라
10 그리스도 안에서 인정함을
받은 아벨레에게 문안하라
아리스도불로의 권속에게
문안하라
11 내 친척 헤로디온에게 문안
하라 나깃수의 권속 중 주 안
에 있는 자들에게 문안하라
12 주 안에서 수고한 드루배나
와 드루보사에게 문안하라
주 안에서 많이 수고하고 사
랑하는 버시에게 문안하라
13 주 안에서 택하심을 입은 루
포와 그 어머니에게 문안하라
그 어머니는 곧 내 어머니니라
14 아순그리도와 블레곤과 허
메와 바드로바와 허마와 저
희와 함께 있는 형제들에게
문안하라
15 빌롤로고와 율리아와 또 네
레오와 그 자매와 올름바와
저희와 함께 있는 모든 성도
에게 문안하라

16 너희가 거룩하게 입맞춤으로
서로 문안하라 그리스도의
모든 교회가 다 너희에게 문
안하느니라
17 형제들아 내가 너희를 권하
노니 너희 교훈을 거스려 분
쟁을 일으키고 거치게 하는
자들을 살피고 저희에게서
떠나라
18 이 같은 자들은 우리 주 그
리스도를 섬기지 아니하고
다만 자기의 배만 섬기나니
공교하고 아첨하는 말로 순
진한 자들의 마음을 미혹하
느니라
19 너희 순종함이 모든 사람에
게 들리는지라 그러므로 내
가 너희를 인하여 기뻐하노
니 너희가 선한 데 지혜롭고
악한 데 미련하기를 원하노
라
20 평강의 하나님께서 속히 사
단을 너희 발 아래서 상하게
하시리라 우리 주 예수의 은
혜가 너희에게 있을지어다

마지막 인사와 훈계

21 나의 동역자 디모데와 나의
친척 누기오와 야손과 소시
바더가 너희에게 문안하느니
라
22 이 편지를 대서하는 나 더디
오도 주 안에서 너희에게 문
안하노라
23 나와 온 교회 식주인 가이오
도 너희에게 문안하고 이 성
의 재무 에라스도와 형제 구
아도도 너희에게 문안하느니
라
24 (없음)
25 나의 복음과 예수 그리스도
를 전파함은 영세 전부터 감
취었다가
26 이제는 나타내신 바 되었으
며 영원하신 하나님의 명을

좇아 선지자들의 글로 말미
암아 모든 민족으로 믿어 순
종케 하시려고 알게 하신바
그 비밀의 계시를 좇아 된 것
이니 이 복음으로 너희를 능
히 견고케 하실
27 지혜로우신 하나님께 예수
그리스도로 말미암아 영광
이 세세 무궁토록 있을지어
다 아멘

고린도전서

1 Corinthians

바울은 에베소에 머무는 동안 그가 설립한 고린도 교회를 향해 이 편지를 쓴다(행 19장). 이 편지를 통해 바울은, 자신이 전해들은 고린도 교회의 여러 문제점들에 대하여 해결책을 제시하고, 또 고린도 교회의 신자들이 문의한 여러 사항들에 대하여 성경적인 해답을 제공하고 있다(고전 7:1). 바울은 그리스도에 순종하는 것, 연합과 일치를 위한 노력, 그리고 교회 내에서의 겸손과 사랑에 우선순위를 둔다. 이 책을 읽으면서 당신은, 당신이 하는 모든 일 가운데 주님의 뜻을 찾기로 결심하라. 그리고 겸손하기 위해, 다른 이들을 사랑하기 위해, 동료 신자들과 한 마음이 되기 위해 최선을 다하기로 결심하라.

인 사

1 하나님의 뜻을 따라 그리
스도 예수의 사도로 부
르심을 입은 바울과 및 형제
소스데네는
2 고린도에 있는 하나님의 교
회 곧 그리스도 예수 안에서
거룩하여지고 성도라 부르심
을 입은 자들과 또 각처에서
우리의 주 곧 저희와 우리의
주 되신 예수 그리스도의 이
름을 부르는 모든 자들에게
3 하나님 우리 아버지와 주 예
수 그리스도로 좇아 은혜와
평강이 있기를 원하노라
4 그리스도 예수 안에서 너희
에게 주신 하나님의 은혜를
인하여 내가 너희를 위하여
항상 하나님께 감사하노니
5 이는 너희가 그의 안에서 모
든 일 곧 모든 구변과 모든
지식에 풍족하므로
6 그리스도의 증거가 너희 중
에 견고케 되어
7 너희가 모든 은사에 부족함
이 없이 우리 주 예수 그리스
도의 나타나심을 기다림이라
8 주께서 너희를 우리 주 예수
그리스도의 날에 책망할 것
이 없는 자로 끝까지 견고케
하시리라
9 너희를 불러 그의 아들 예수
그리스도 우리 주로 더불어
교제케 하시는 하나님은 미
쁘시도다
10 형제들아 내가 우리 주 예수
그리스도의 이름으로 너희
를 권하노니 다 같은 말을 하
고 너희 가운데 분쟁이 없이
같은 마음과 같은 뜻으로 온
전히 합하라
11 내 형제들아 글로에의 집 편
으로서 너희에게 대한 말이
내게 들리니 곧 너희 가운데

1

분쟁이 있다는 것이라
12 이는 다름 아니라 너희가 각
각 이르되 나는 바울에게,
나는 아볼로에게, 나는 게바
에게, 나는 그리스도에게 속
한 자라 하는 것이니
13 그리스도께서 어찌 나뉘었
느냐 바울이 너희를 위하여
십자가에 못 박혔으며 바울
의 이름으로 너희가 세례를
받았느냐
14 그리스보와 가이오 외에는
너희 중 아무에게도 내가 세
례를 주지 아니한 것을 감사
하노니
15 이는 아무도 나의 이름으로
세례를 받았다 말하지 못하
게 하려 함이라
16 내가 또한 스데바나 집 사람
에게 세례를 주었고 그 외에
는 다른 아무에게 세례를 주
었는지 알지 못하노라
17 그리스도께서 나를 보내심
은 세례를 주게 하려 하심이
아니요 오직 복음을 전케 하
려 하심이니 말의 지혜로 하
지 아니함은 그리스도의 십
자가가 헛되지 않게 하려 함
이라

능력과 지혜이신 그리스도

18 십자가의 도가 멸망하는 자
들에게는 미련한 것이요 구
원을 얻는 우리에게는 하나
님의 능력이라
19 기록된바 내가 지혜 있는 자
들의 지혜를 멸하고 총명한
자들의 총명을 폐하리라 하
였으니
20 지혜 있는 자가 어디 있느뇨
선비가 어디 있느뇨 이 세대
에 변사가 어디 있느뇨 하나
님께서 이 세상의 지혜를 미
련케 하신 것이 아니뇨
21 하나님의 지혜에 있어서는

이 세상이 자기 지혜로 하나
님을 알지 못하는고로 하나
님께서 전도의 미련한 것으
로 믿는 자들을 구원하시기
를 기뻐하셨도다
22 유대인은 표적을 구하고 헬
라인은 지혜를 찾으나
23 우리는 십자가에 못 박힌
그리스도를 전하니 유대인
에게는 거리끼는 것이요 이
방인에게는 미련한 것이로
되
24 오직 부르심을 입은 자들에
게는 유대인이나 헬라인이나
그리스도는 하나님의 능력이
요 하나님의 지혜니라
25 하나님의 미련한 것이 사람
보다 지혜 있고 하나님의 약
한 것이 사람보다 강하니라
26 형제들아 너희를 부르심을
보라 육체를 따라 지혜 있는
자가 많지 아니하며 능한 자
가 많지 아니하며 문벌 좋은
자가 많지 아니하도다
27 그러나 하나님께서 세상의
미련한 것들을 택하사 지혜
있는 자들을 부끄럽게 하려
하시고 세상의 약한 것들을
택하사 강한 것들을 부끄럽
게 하려 하시며
28 하나님께서 세상의 천한 것
들과 멸시 받는 것들과 없는
것들을 택하사 있는 것들을
폐하려 하시나니
29 이는 아무 육체라도 하나님
앞에서 자랑하지 못하게 하
려 하심이라
30 너희는 하나님께로부터 나서
그리스도 예수 안에 있고 예
수는 하나님께로서 나와서
우리에게 지혜와 의로움과
거룩함과 구속함이 되셨으
니
31 기록된바 자랑하는 자는 주

안에서 자랑하라 함과 같게
하려 함이니라

인간의 지혜와 하나님의 능력

2 형제들아 내가 너희에게
나아가 하나님의 증거를
전할 때에 말과 지혜의 아름
다운 것으로 아니하였나니
2 내가 너희 중에서 예수 그리
스도와 그의 십자가에 못 박
히신 것 외에는 아무것도 알
지 아니하기로 작정하였음이
라
3 내가 너희 가운데 거할 때에
약하며 두려워하며 심히 떨
었노라
4 내 말과 내 전도함이 지혜의
권하는 말로 하지 아니하고
다만 성령의 나타남과 능력
으로 하여
5 너희 믿음이 사람의 지혜에
있지 아니하고 다만 하나님의
능력에 있게 하려 하였노라
6 그러나 우리가 온전한 자들
중에서 지혜를 말하노니 이
는 이 세상의 지혜가 아니요
또 이 세상의 없어질 관원의
지혜도 아니요
7 오직 비밀한 가운데 있는 하나
님의 지혜를 말하는 것이니
곧 감취었던 것인데 하나님이
우리의 영광을 위하사 만세 전
에 미리 정하신 것이라
8 이 지혜는 이 세대의 관원이
하나도 알지 못하였나니 만
일 알았더면 영광의 주를 십
자가에 못 박지 아니하였으
리라
9 기록된바 하나님이 자기를 사
랑하는 자들을 위하여 예비하
신 모든 것은 눈으로 보지 못
하고 귀로도 듣지 못하고 사람
의 마음으로도 생각지 못하였
다 함과 같으니라
10 오직 하나님이 성령으로 이

2

것을 우리에게 보이셨으니 성
령은 모든 것 곧 하나님의 깊
은 것이라도 통달하시느니라
11 사람의 사정을 사람의 속에
있는 영 외에는 누가 알리요
이와 같이 하나님의 사정도
하나님의 영 외에는 아무도
알지 못하느니라
12 우리가 세상의 영을 받지 아
니하고 오직 하나님께로 온
영을 받았으니 이는 우리로
하여금 하나님께서 우리에
게 은혜로 주신 것들을 알게
하려 하심이라
13 우리가 이것을 말하거니와
사람의 지혜의 가르친 말로
아니하고 오직 성령의 가르
치신 것으로 하니 신령한 일
은 신령한 것으로 분별하느
니라
14 육에 속한 사람은 하나님의
성령의 일을 받지 아니하나
니 저희에게는 미련하게 보
임이요 또 깨닫지도 못하나
니 이런 일은 영적으로라야
분변함이니라
15 신령한 자는 모든 것을 판단
하나 자기는 아무에게도 판
단을 받지 아니하느니라
16 누가 주의 마음을 알아서 주
를 가르치겠느냐 그러나 우
리가 그리스도의 마음을 가
졌느니라

하나님의 일꾼

3 형제들아 내가 신령한 자
들을 대함과 같이 너희에
게 말할 수 없어서 육신에 속
한 자 곧 그리스도 안에서
어린아이들을 대함과 같이
하노라
2 내가 너희를 젖으로 먹이고
밥으로 아니하였노니 이는
너희가 감당치 못하였음이
거니와 지금도 못 하리라

3

3 너희가 아직도 육신에 속한
자로다 너희 가운데 시기와
분쟁이 있으니 어찌 육신에
속하여 사람을 따라 행함이
아니리요
4 어떤 이는 말하되 나는 바울
에게라 하고 다른 이는 나는
아볼로에게라 하니 너희가
사람이 아니리요
5 그런즉 아볼로는 무엇이며
바울은 무엇이뇨 저희는 주
께서 각각 주신 대로 너희로
하여금 믿게 한 사역자들이
니라
6 나는 심었고 아볼로는 물을
주었으되 오직 하나님은 자
라나게 하셨나니
7 그런즉 심는 이나 물 주는 이
는 아무것도 아니로되 오직
자라나게 하시는 하나님뿐이
니라
8 심는 이와 물 주는 이가 일
반이나 각각 자기의 일하는
대로 자기의 상을 받으리라
9 우리는 하나님의 동역자들
이요 너희는 하나님의 밭이
요 하나님의 집이니라
10 내게 주신 하나님의 은혜를
따라 내가 지혜로운 건축자
와 같이 터를 닦아 두매 다
른 이가 그 위에 세우나 그러
나 각각 어떻게 그 위에 세우
기를 조심할지니라
11 이 닦아 둔 것 외에 능히 다
른 터를 닦아 둘 자가 없으니
이 터는 곧 예수 그리스도라
12 만일 누구든지 금이나 은이
나 보석이나 나무나 풀이나
짚으로 이 터 위에 세우면
13 각각 공력이 나타날 터인데
그 날이 공력을 밝히리니 이
는 불로 나타내고 그 불이
각 사람의 공력이 어떠한 것
을 시험할 것임이니라

14 만일 누구든지 그 위에 세운
공력이 그대로 있으면 상을
받고
15 누구든지 공력이 불타면 해
를 받으리니 그러나 자기는
구원을 얻되 불 가운데서 얻
은 것 같으리라
16 너희가 하나님의 성전인 것
과 하나님의 성령이 너희 안
에 거하시는 것을 알지 못하
느뇨
17 누구든지 하나님의 성전을
더럽히면 하나님이 그 사람
을 멸하시리라 하나님의 성
전은 거룩하니 너희도 그러
하니라
18 아무도 자기를 속이지 말라
너희 중에 누구든지 이 세상
에서 지혜 있는 줄로 생각하거
든 미련한 자가 되어라 그리하
여야 지혜로운 자가 되리라
19 이 세상 지혜는 하나님께 미
련한 것이니 기록된바 지혜
있는 자들로 하여금 자기 궤
휼에 빠지게 하시는 이라 하
였고
20 또 주께서 지혜 있는 자들의
생각을 헛것으로 아신다 하
셨느니라
21 그런즉 누구든지 사람을 자
랑하지 말라 만물이 다 너희
것임이라
22 바울이나 아볼로나 게바나
세계나 생명이나 사망이나
지금 것이나 장래 것이나 다
너희의 것이요
23 너희는 그리스도의 것이요
그리스도는 하나님의 것이니
라

그리스도의 사도

4 사람이 마땅히 우리를 그
리스도의 일군이요 하나
님의 비밀을 맡은 자로 여길
지어다

4

2 그리고 맡은 자들에게 구할
것은 충성이니라
3 너희에게나 다른 사람에게
나 판단받는 것이 내게는 매
우 작은 일이라 나도 나를 판
단치 아니하노니
4 내가 자책할 아무것도 깨닫
지 못하나 그러나 이를 인하
여 의롭다 함을 얻지 못하노
라 다만 나를 판단하실 이는
주시니라
5 그러므로 때가 이르기 전 곧
주께서 오시기까지 아무것
도 판단치 말라 그가 어두움
에 감추인 것들을 드러내고
마음의 뜻을 나타내시리니
그 때에 각 사람에게 하나님
께로부터 칭찬이 있으리라
6 형제들아 내가 너희를 위하
여 이 일에 나와 아볼로를 가
지고 본을 보였으니 이는 너
희로 하여금 기록한 말씀 밖
에 넘어가지 말라 한 것을 우
리에게서 배워 서로 대적하
여 교만한 마음을 먹지 말게
하려 함이라
7 누가 너를 구별하였느뇨 네
게 있는 것 중에 받지 아니한
것이 무엇이뇨 네가 받았은
즉 어찌하여 받지 아니한 것
같이 자랑하느뇨
8 너희가 이미 배부르며 이미
부요하며 우리 없이 왕노릇
하였도다 우리가 너희와 함
께 왕노릇 하기 위하여 참으
로 너희의 왕노릇 하기를 원
하노라
9 내가 생각건대 하나님이 사
도인 우리를 죽이기로 작정
한 자같이 미말에 두셨으매
우리는 세계 곧 천사와 사람
에게 구경거리가 되었노라
10 우리는 그리스도의 연고로
미련하되 너희는 그리스도

안에서 지혜롭고 우리는 약
하되 너희는 강하고 너희는
존귀하되 우리는 비천하여
11 바로 이 시간까지 우리가 주
리고 목마르며 헐벗고 매맞
으며 정처가 없고
12 또 수고하여 친히 손으로 일
을 하며 후욕을 당한즉 축복
하고 핍박을 당한즉 참고
13 비방을 당한즉 권면하니 우
리가 지금까지 세상의 더러
운 것과 만물의 찌끼같이 되
었도다
14 내가 너희를 부끄럽게 하려
고 이것을 쓰는 것이 아니라
오직 너희를 내 사랑하는 자
녀같이 권하려 하는 것이라
15 그리스도 안에서 일만 스승
이 있으되 아비는 많지 아니
하니 그리스도 예수 안에서
복음으로써 내가 너희를 낳
았음이라
16 그러므로 내가 너희에게 권
하노니 너희는 나를 본받는
자 되라
17 이를 인하여 내가 주 안에서
내 사랑하고 신실한 아들 디
모데를 너희에게 보내었노니
저가 너희로 하여금 그리스
도 예수 안에서 나의 행사 곧
내가 각처 각 교회에서 가르
치는 것을 생각나게 하리라
18 어떤 이들은 내가 너희에게
나아가지 아니할 것같이 스
스로 교만하여졌으나
19 그러나 주께서 허락하시면
내가 너희에게 속히 나아가
서 교만한 자의 말을 알아볼
것이 아니라 오직 그 능력을
알아보겠노니
20 하나님의 나라는 말에 있지 아
니하고 오직 능력에 있음이라
21 너희가 무엇을 원하느냐 내
가 매를 가지고 너희에게 나

아가랴 사랑과 온유한 마음
으로 나아가랴

음행에 대한 바울의 정죄

5 너희 중에 심지어 음행이
있다 함을 들으니 이런
음행은 이방인 중에라도 없
는 것이라 누가 그 아비의 아
내를 취하였다 하는도다
2 그리하고도 너희가 오히려
교만하여져서 어찌하여 통
한히 여기지 아니하고 그 일
행한 자를 너희 중에서 물리
치지 아니하였느냐
3 내가 실로 몸으로는 떠나
있으나 영으로는 함께 있어
서 거기 있는 것같이 이 일
행한 자를 이미 판단하였
노라
4 주 예수의 이름으로 너희가
내 영과 함께 모여서 우리 주
예수의 능력으로
5 이런 자를 사단에게 내어 주
었으니 이는 육신은 멸하고
영은 주 예수의 날에 구원
얻게 하려 함이라
6 너희의 자랑하는 것이 옳지
아니하도다 적은 누룩이 온
덩어리에 퍼지는 것을 알지
못하느냐
7 너희는 누룩 없는 자인데 새
덩어리가 되기 위하여 묵은
누룩을 내어 버리라 우리의
유월절 양 곧 그리스도께서
희생이 되셨느니라
8 이러므로 우리가 명절을 지
키되 묵은 누룩도 말고 괴악
하고 악독한 누룩도 말고 오
직 순전함과 진실함의 누룩
없는 떡으로 하자
9 내가 너희에게 쓴 것에 음행
하는 자들을 사귀지 말라 하
였거니와
10 이 말은 이 세상의 음행하는
자들이나 탐하는 자들과 토

5

색하는 자들이나 우상 숭배
하는 자들을 도무지 사귀지
말라 하는 것이 아니니 만일
그리하려면 세상 밖으로 나
가야 할 것이라
11 이제 내가 너희에게 쓴 것은
만일 어떤 형제라 일컫는 자
가 음행하거나 탐람하거나
우상 숭배를 하거나 후욕하
거나 술 취하거나 토색하거
든 사귀지도 말고 그런 자
와는 함께 먹지도 말라 함
이라
12 외인들을 판단하는 데 내게
무슨 상관이 있으리요마는
교중사람들이야 너희가 판
단치 아니하랴
13 외인들은 하나님이 판단하시
려니와 이 악한 사람은 너희
중에서 내어 쫓으라

교우끼리 송사하지 말라

6 너희 중에 누가 다른 이
로 더불어 일이 있는데
구태여 불의한 자들 앞에서
송사하고 성도 앞에서 하지
아니하느냐
2 성도가 세상을 판단할 것을
너희가 알지 못하느냐 세상
도 너희에게 판단을 받겠거
든 지극히 작은 일 판단하기
를 감당치 못하겠느냐
3 우리가 천사를 판단할 것을
너희가 알지 못하느냐 그러
하거든 하물며 세상 일이랴
4 그런즉 너희가 세상 사건이
있을 때에 교회에서 경히 여
김을 받는 자들을 세우느냐
5 내가 너희를 부끄럽게 하려
하여 이 말을 하노니 너희
가운데 그 형제간 일을 판단
할 만한 지혜 있는 자가 이같
이 하나도 없느냐
6 형제가 형제로 더불어 송사
할 뿐더러 믿지 아니하는 자

6

들 앞에서 하느냐
7 너희가 피차 송사함으로 너희
가운데 이미 완연한 허물이
있나니 차라리 불의를 당하는
것이 낫지 아니하며 차라리
속는 것이 낫지 아니하냐
8 너희는 불의를 행하고 속이
는구나 저는 너희 형제로다
9 불의한 자가 하나님의 나라를
유업으로 받지 못할 줄을 알
지 못하느냐 미혹을 받지 말
라 음란하는 자나 우상 숭배
하는 자나 간음하는 자나 탐
색하는 자나 남색하는 자나
10 도적이나 탐람하는 자나 술
취하는 자나 후욕하는 자나
토색하는 자들은 하나님의
나라를 유업으로 받지 못하
리라
11 너희 중에 이와 같은 자들이
있더니 주 예수 그리스도의
이름과 우리 하나님의 성령
안에서 씻음과 거룩함과 의
롭다 하심을 얻었느니라
12 모든 것이 내게 가하나 다 유
익한 것이 아니요 모든 것이
내게 가하나 내가 아무에게
든지 제재를 받지 아니하리라
13 식물은 배를 위하고 배는 식
물을 위하나 하나님이 이것
저것 다 폐하시리라 몸은 음
란을 위하지 않고 오직 주를
위하며 주는 몸을 위하시느
니라
14 하나님이 주를 다시 살리셨
고 또한 그의 권능으로 우리
를 다시 살리시리라
15 너희 몸이 그리스도의 지체
인 줄을 알지 못하느냐 내가
그리스도의 지체를 가지고
창기의 지체를 만들겠느냐
결코 그럴 수 없느니라
16 창기와 합하는 자는 저와 한
몸인 줄을 알지 못하느냐 일

렀으되 둘이 한 육체가 된다
하셨나니
17 주와 합하는 자는 한 영이니
라
18 음행을 피하라 사람이 범하
는 죄마다 몸 밖에 있거니와
음행하는 자는 자기 몸에게
죄를 범하느니라
19 너희 몸은 너희가 하나님께
로부터 받은바 너희 가운데
계신 성령의 전인 줄을 알지
못하느냐 너희는 너희의 것
이 아니라
20 값으로 산 것이 되었으니 그
런즉 너희 몸으로 하나님께
영광을 돌리라

결혼 문제

7 너희의 쓴 말에 대하여는
남자가 여자를 가까이 아
니함이 좋으나
2 음행의 연고로 남자마다 자
기 아내를 두고 여자마다 자
기 남편을 두라
3 남편은 그 아내에게 대한 의
무를 다하고 아내도 그 남편
에게 그렇게 할지라
4 아내가 자기 몸을 주장하지
못하고 오직 그 남편이 하며
남편도 이와 같이 자기 몸을
주장하지 못하고 오직 그 아
내가 하나니
5 서로 분방하지 말라 다만 기
도할 틈을 얻기 위하여 합의
상 얼마 동안은 하되 다시
합하라 이는 너희의 절제 못
함을 인하여 사단으로 너희
를 시험하지 못하게 하려 함
이라
6 그러나 내가 이 말을 함은 권
도요 명령은 아니라
7 나는 모든 사람이 나와 같기
를 원하노라 그러나 각각 하
나님께 받은 자기의 은사가
있으니 하나는 이러하고 하

7

나는 저러하니라
8 내가 혼인하지 아니한 자들
과 및 과부들에게 이르노니
나와 같이 그냥 지내는 것이
좋으니라
9 만일 절제할 수 없거든 혼인
하라 정욕이 불같이 타는 것
보다 혼인하는 것이 나으니라
10 혼인한 자들에게 내가 명하
노니 (명하는 자는 내가 아
니요 주시라) 여자는 남편에
게서 갈리지 말고
11 (만일 갈릴지라도 그냥 지내
든지 다시 그 남편과 화합하
든지 하라) 남편도 아내를
버리지 말라
12 그 남은 사람들에게 내가 말
하노니 (이는 주의 명령이 아
니라) 만일 어떤 형제에게 믿
지 아니하는 아내가 있어 남
편과 함께 살기를 좋아하거
든 저를 버리지 말며
13 어떤 여자에게 믿지 아니하
는 남편이 있어 아내와 함께
살기를 좋아하거든 그 남편
을 버리지 말라
14 믿지 아니하는 남편이 아내
로 인하여 거룩하게 되고 믿
지 아니하는 아내가 남편으
로 인하여 거룩하게 되나니
그렇지 아니하면 너희 자녀
도 깨끗지 못하니라 그러나
이제 거룩하니라
15 혹 믿지 아니하는 자가 갈리거
든 갈리게 하라 형제나 자매나
이런 일에 구속받을 것이 없느
니라 그러나 하나님은 화평 중
에서 너희를 부르셨느니라
16 아내 된 자여 네가 남편을 구원
할는지 어찌 알 수 있으며 남편
된 자여 네가 네 아내를 구원
할는지 어찌 알 수 있으리요
17 오직 주께서 각 사람에게 나
눠 주신 대로 하나님이 각 사

람을 부르신 그대로 행하라
내가 모든 교회에서 이와 같
이 명하노라
18 할례자로 부르심을 받은 자
가 있느냐 무할례자가 되지
말며 무할례자로 부르심을
받은 자가 있느냐 할례를 받
지 말라
19 할례받는 것도 아무것도 아
니요 할례받지 아니하는 것
도 아무것도 아니로되 오직
하나님의 계명을 지킬 따름
이니라
20 각 사람이 부르심을 받은 그
부르심 그대로 지내라
21 네가 종으로 있을 때에 부르
심을 받았느냐 염려하지 말
라 그러나 자유할 수 있거든
차라리 사용하라
22 주 안에서 부르심을 받은 자
는 종이라도 주께 속한 자유
자요 또 이와 같이 자유자로
있을 때에 부르심을 받은 자
는 그리스도의 종이니라
23 너희는 값으로 사신 것이니
사람들의 종이 되지 말라
24 형제들아 각각 부르심을 받
은 그대로 하나님과 함께 거
하라

종말을 앞둔 미혼 남녀들

25 처녀에 대하여는 내가 주께
받은 계명이 없으되 주의 자
비하심을 받아서 충성된 자
가 되어 의견을 고하노니
26 내 생각에는 이것이 좋으니
곧 임박한 환난을 인하여 사
람이 그냥 지내는 것이 좋으
니라
27 네가 아내에게 매였느냐 놓
이기를 구하지 말며 아내에
게서 놓였느냐 아내를 구하
지 말라
28 그러나 장가 가도 죄 짓는 것
이 아니요 처녀가 시집 가도

죄 짓는 것이 아니로되 이런
이들은 육신에 고난이 있으
리니 나는 너희를 아끼노라
29 형제들아 내가 이 말을 하노
니 때가 단축하여진고로 이
후부터 아내 있는 자들은 없
는 자같이 하며
30 우는 자들은 울지 않는 자같
이 하며 기쁜 자들은 기쁘지
않은 자같이 하며 매매하는
자들은 없는 자같이 하며
31 세상 물건을 쓰는 자들은 다
쓰지 못하는 자같이 하라 이
세상의 형적은 지나감이니라
32 너희가 염려 없기를 원하노
라 장가 가지 않은 자는 주
의 일을 염려하여 어찌하여
야 주를 기쁘시게 할꼬 하되
33 장가 간 자는 세상일을 염려
하여 어찌하여야 아내를 기
쁘게 할꼬 하여 마음이 나누
이며
34 시집 가지 않은 자와 처녀는
주의 일을 염려하여 몸과 영
을 다 거룩하게 하려 하되 시
집 간 자는 세상일을 염려하
여 어찌하여야 남편을 기쁘
게 할꼬 하느니라
35 내가 이것을 말함은 너희의
유익을 위함이요 너희에게
올무를 놓으려 함이 아니니
오직 너희로 하여금 이치에
합하게 하여 분요함이 없이
주를 섬기게 하려 함이라
36 누가 자기의 처녀 딸에 대한
일이 이치에 합당치 못한 줄로
생각할 때에 혼기도 지나고 그
같이 할 필요가 있거든 마음
대로 하라 이것은 죄짓는 것
이 아니니 혼인하게 하라
37 그러나 그 마음을 굳게 하고
또 부득이한 일도 없고 자기
뜻대로 할 권리가 있어서 그
처녀 딸을 머물러 두기로 마

음에 작정하여도 잘하는 것
이니라
38 그러므로 처녀 딸을 시집 보
내는 자도 잘하거니와 시집
보내지 아니하는 자가 더 잘
하는 것이니라
39 아내가 그 남편이 살 동안에
매여 있다가 남편이 죽으면
자유하여 자기 뜻대로 시집
갈 것이나 주 안에서만 할 것
이니라
40 그러나 내 뜻에는 그냥 지내
는 것이 더욱 복이 있으리로
다 나도 또한 하나님의 영을
받은 줄로 생각하노라

우상 앞에 놓았던 제물

8 우상의 제물에 대하여는
우리가 다 지식이 있는
줄을 아나 지식은 교만하게
하며 사랑은 덕을 세우나니
2 만일 누구든지 무엇을 아는
줄로 생각하면 아직도 마땅
히 알 것을 알지 못하는 것이
요
3 또 누구든지 하나님을 사랑
하면 이 사람은 하나님의 아
시는 바 되었느니라
4 그러므로 우상의 제물 먹는
일에 대하여는 우리가 우상
은 세상에 아무것도 아니며
또한 하나님은 한 분밖에 없
는 줄 아노라
5 비록 하늘에나 땅에나 신이
라 칭하는 자가 있어 많은 신
과 많은 주가 있으나
6 그러나 우리에게는 한 하나
님 곧 아버지가 계시니 만물
이 그에게서 났고 우리도 그
를 위하여 또한 한 주 예수
그리스도께서 계시니 만물
이 그로 말미암고 우리도 그
로 말미암았느니라
7 그러나 이 지식은 사람마다
가지지 못하여 어떤 이들은

8

지금까지 우상에 대한 습관
이 있어 우상의 제물로 알고
먹는고로 그들의 양심이 약
하여지고 더러워지느니라
8 식물은 우리를 하나님 앞에
세우지 못하나니 우리가 먹
지 아니하여도 부족함이 없
고 먹어도 풍성함이 없으리라
9 그런즉 너희 자유함이 약한
자들에게 거치는 것이 되지
않도록 조심하라
10 지식 있는 네가 우상의 집에
앉아 먹는 것을 누구든지 보
면 그 약한 자들의 양심이
담력을 얻어 어찌 우상의 제
물을 먹게 되지 않겠느냐
11 그러면 네 지식으로 그 약한
자가 멸망하나니 그는 그리
스도께서 위하여 죽으신 형
제라
12 이같이 너희가 형제에게 죄
를 지어 그 약한 양심을 상하
게 하는 것이 곧 그리스도에
게 죄를 짓는 것이니라
13 그러므로 만일 식물이 내 형
제로 실족케 하면 나는 영원
히 고기를 먹지 아니하여 내
형제를 실족치 않게 하리라

사도의 권리와 의무

9 내가 자유자가 아니냐 사
도가 아니냐 예수 우리
주를 보지 못하였느냐 주 안
에서 행한 나의 일이 너희가
아니냐
2 다른 사람들에게는 내가 사
도가 아닐지라도 너희에게는
사도니 나의 사도 됨을 주 안
에서 인친 것이 너희라
3 나를 힐문하는 자들에게 발
명할 것이 이것이니
4 우리가 먹고 마시는 권이 없
겠느냐
5 우리가 다른 사도들과 주의
형제들과 게바와 같이 자매

9

된 아내를 데리고 다닐 권이
없겠느냐
6 어찌 나와 바나바만 일하지
아니할 권이 없겠느냐
7 누가 자비량하고 병정을 다
니겠느냐 누가 포도를 심고
그 실과를 먹지 않겠느냐 누
가 양 떼를 기르고 그 양 떼
의 젖을 먹지 않겠느냐
8 내가 사람의 예대로 이것을
말하느냐 율법도 이것을 말
하지 아니하느냐
9 모세 율법에 곡식을 밟아 떠
는 소에게 망을 씌우지 말라
기록하였으니 하나님께서 어
찌 소들을 위하여 염려하심
이냐
10 전혀 우리를 위하여 말씀하
심이 아니냐 과연 우리를 위
하여 기록된 것이니 밭 가는
자는 소망을 가지고 갈며 곡
식 떠는 자는 함께 얻을 소
망을 가지고 떠는 것이라
11 우리가 너희에게 신령한 것
을 뿌렸은즉 너희 육신의 것
을 거두기로 과하다 하겠느
냐
12 다른 이들도 너희에게 이런
권을 가졌거든 하물며 우리
일까 보냐 그러나 우리가 이
권을 쓰지 아니하고 범사에
참는 것은 그리스도의 복음
에 아무 장애가 없게 하려
함이로라
13 성전의 일을 하는 이들은 성
전에서 나는 것을 먹으며 제
단을 모시는 이들은 제단과
함께 나누는 것을 너희가 알
지 못하느냐
14 이와 같이 주께서도 복음 전
하는 자들이 복음으로 말미
암아 살리라 명하셨느니라
15 그러나 내가 이것을 하나도
쓰지 아니하였고 또 이 말을

쓰는 것은 내게 이같이 하여
달라는 것이 아니라 내가 차
라리 죽을지언정 ……누구
든지 내 자랑하는 것을 헛된
데로 돌리지 못하게 하리라
16 내가 복음을 전할지라도 자
랑할 것이 없음은 내가 부득
불 할 일임이라 만일 복음을
전하지 아니하면 내게 화가
있을 것임이로라
17 내가 내 임의로 이것을 행하
면 상을 얻으려니와 임의로
아니한다 할지라도 나는 직
분을 맡았노라
18 그런즉 내 상이 무엇이냐 내
가 복음을 전할 때에 값없이
전하고 복음으로 인하여 내
게 있는 권을 다 쓰지 아니
하는 이것이로라
19 내가 모든 사람에게 자유하
였으나 스스로 모든 사람에
게 종이 된 것은 더 많은 사
람을 얻고자 함이라
20 유대인들에게는 내가 유대인
과 같이 된 것은 유대인들을
얻고자 함이요 율법 아래 있
는 자들에게는 내가 율법 아
래 있지 아니하나 율법 아래
있는 자같이 된 것은 율법
아래 있는 자들을 얻고자 함
이요
21 율법 없는 자에게는 내가
하나님께는 율법 없는 자가
아니요 도리어 그리스도의
율법 아래 있는 자나 율법
없는 자와 같이 된 것은 율
법 없는 자들을 얻고자 함
이라
22 약한 자들에게는 내가 약한
자와 같이 된 것은 약한 자
들을 얻고자 함이요 여러 사
람에게 내가 여러 모양이 된
것은 아무쪼록 몇몇 사람들
을 구원코자 함이니

23 내가 복음을 위하여 모든 것
을 행함은 복음에 참예하고
자 함이라
24 운동장에서 달음질하는 자들
이 다 달아날지라도 오직 상
얻는 자는 하나인 줄을 너희
가 알지 못하느냐 너희도 얻도
록 이와 같이 달음질하라
25 이기기를 다투는 자마다 모
든 일에 절제하나니 저희는
썩을 면류관을 얻고자 하되
우리는 썩지 아니할 것을 얻
고자 하노라
26 그러므로 내가 달음질하기
를 향방 없는 것같이 아니하
고 싸우기를 허공을 치는 것
같이 아니하여
27 내가 내 몸을 쳐 복종하게
함은 내가 남에게 전파한 후
에 자기가 도리어 버림이 될
까 두려워함이로라

우상 숭배에 대한 경고

10 형제들아 너희가 알지
못하기를 내가 원치
아니하노니 우리 조상들이
다 구름 아래 있고 바다 가
운데로 지나며
2 모세에게 속하여 다 구름과
바다에서 세례를 받고
3 다 같은 신령한 식물을 먹으
며
4 다 같은 신령한 음료를 마셨
으니 이는 저희를 따르는 신
령한 반석으로부터 마셨으매
그 반석은 곧 그리스도시라
5 그러나 저희의 다수를 하나
님이 기뻐하지 아니하신고로
저희가 광야에서 멸망을 받
았느니라
6 그런 일은 우리의 거울이
되어 우리로 하여금 저희가
악을 즐겨한 것같이 즐겨하
는 자가 되지 않게 하려 함
이니

10

7 저희 중에 어떤 이들과 같이
너희는 우상 숭배하는 자가
되지 말라 기록된바 백성이
앉아서 먹고 마시며 일어나
서 뛰논다 함과 같으니라
8 저희 중에 어떤 이들이 간음
하다가 하루에 이만 삼천 명
이 죽었나니 우리는 저희와
같이 간음하지 말자
9 저희 중에 어떤 이들이 주를
시험하다가 뱀에게 멸망하였
나니 우리는 저희와 같이 시
험하지 말자
10 저희 중에 어떤 이들이 원망
하다가 멸망시키는 자에게
멸망하였나니 너희는 저희와
같이 원망하지 말라
11 저희에게 당한 이런 일이 거
울이 되고 또한 말세를 만난
우리의 경계로 기록하였느니
라
12 그런즉 선 줄로 생각하는 자
는 넘어질까 조심하라
13 사람이 감당할 시험밖에는
너희에게 당한 것이 없나니
오직 하나님은 미쁘사 너희
가 감당치 못할 시험당함을
허락지 아니하시고 시험당할
즈음에 또한 피할 길을 내사
너희로 능히 감당하게 하시
느니라
14 그런즉 내 사랑하는 자들아
우상 숭배하는 일을 피하라
15 나는 지혜 있는 자들에게 말
함과 같이 하노니 너희는 내
이르는 말을 스스로 판단하
라
16 우리가 축복하는바 축복의
잔은 그리스도의 피에 참예
함이 아니며 우리가 떼는 떡
은 그리스도의 몸에 참예함
이 아니냐
17 떡이 하나요 많은 우리가 한
몸이니 이는 우리가 다 한 떡

에 참예함이라
18 육신을 따라 난 이스라엘을
보라 제물을 먹는 자들이 제
단에 참예하는 자들이 아니
냐
19 그런즉 내가 무엇을 말하느
뇨 우상의 제물은 무엇이며
우상은 무엇이라 하느뇨
20 대저 이방인의 제사하는 것
은 귀신에게 하는 것이요 하
나님께 제사하는 것이 아니
니 나는 너희가 귀신과 교제
하는 자 되기를 원치 아니하
노라
21 너희가 주의 잔과 귀신의 잔
을 겸하여 마시지 못하고 주
의 상과 귀신의 상에 겸하여
참예치 못하리라
22 그러면 우리가 주를 노여워
하시게 하겠느냐 우리가 주
보다 강한 자냐

모든 것은 하나님의 영광을 위해

23 모든 것이 가하나 모든 것이
유익한 것이 아니요 모든 것
이 가하나 모든 것이 덕을 세
우는 것이 아니니
24 누구든지 자기의 유익을 구
치 말고 남의 유익을 구하라
25 무릇 시장에서 파는 것은 양
심을 위하여 묻지 말고 먹으
라
26 이는 땅과 거기 충만한 것이
주의 것임이니라
27 불신자 중 누가 너희를 청하
매 너희가 가고자 하거든 너
희 앞에 무엇이든지 차려 놓
은 것은 양심을 위하여 묻지
말고 먹으라
28 누가 너희에게 이것이 제물
이라 말하거든 알게 한 자와
및 양심을 위하여 먹지 말라
29 내가 말한 양심은 너희의 것이
아니요 남의 것이니 어찌하여
내 자유가 남의 양심으로 말

미암아 판단을 받으리요
30 만일 내가 감사함으로 참예
하면 어찌하여 내가 감사하
다 하는 것에 대하여 비방을
받으리요
31 그런즉 너희가 먹든지 마시
든지 무엇을 하든지 다 하나
님의 영광을 위하여 하라
32 유대인에게나 헬라인에게나
하나님의 교회에나 거치는
자가 되지 말고
33 나와 같이 모든 일에 모든 사
람을 기쁘게 하여 나의 유익
을 구치 아니하고 많은 사람
의 유익을 구하여 저희로 구
원을 얻게 하라

11 내가 그리스도를 본받
는 자 된 것같이 너희
는 나를 본받는 자 되라

여자가 머리를 가려야 할 이유

2 너희가 모든 일에 나를 기억
하고 또 내가 너희에게 전하
여 준 대로 그 유전을 너희가
지키므로 너희를 칭찬하노라
3 그러나 나는 너희가 알기를
원하노니 각 남자의 머리는
그리스도요 여자의 머리는
남자요 그리스도의 머리는
하나님이시라
4 무릇 남자로서 머리에 무엇을
쓰고 기도나 예언을 하는 자는
그 머리를 욕되게 하는 것이요
5 무릇 여자로서 머리에 쓴 것
을 벗고 기도나 예언을 하는
자는 그 머리를 욕되게 하는
것이니 이는 머리 민 것과 다
름이 없음이니라
6 만일 여자가 머리에 쓰지 않
거든 깎을 것이요 만일 깎거
나 미는 것이 여자에게 부끄
러움이 되거든 쓸지니라
7 남자는 하나님의 형상과 영
광이니 그 머리에 마땅히 쓰
지 않거니와 여자는 남자의

11

영광이니라
8 남자가 여자에게서 난 것이
아니요 여자가 남자에게서
났으며
9 또 남자가 여자를 위하여 지음
을 받지 아니하고 여자가 남자
를 위하여 지음을 받은 것이니
10 이러므로 여자는 천사들을
인하여 권세 아래 있는 표를
그 머리 위에 둘지니라
11 그러나 주 안에는 남자 없이
여자만 있지 않고 여자 없이
남자만 있지 아니하니라
12 여자가 남자에게서 난 것같
이 남자도 여자로 말미암아
났으나 모든 것이 하나님에
게서 났느니라
13 너희는 스스로 판단하라 여
자가 쓰지 않고 하나님께 기
도하는 것이 마땅하냐
14 만일 남자가 긴 머리가 있으
면 자기에게 욕되는 것을 본
성이 너희에게 가르치지 아
니하느냐
15 만일 여자가 긴 머리가 있으
면 자기에게 영광이 되나니
긴 머리는 쓰는 것을 대신하
여 주신 연고니라
16 변론하려는 태도를 가진 자
가 있을지라도 우리에게나
하나님의 모든 교회에는 이
런 규례가 없느니라

주의 성찬

17 내가 명하는 이 일에 너희
를 칭찬하지 아니하나니
이는 저희의 모임이 유익
이 못 되고 도리어 해로움
이라
18 첫째는 너희가 교회에 모일
때에 너희 중에 분쟁이 있다
함을 듣고 대강 믿노니
19 너희 중에 편당이 있어야 너
희 중에 옳다 인정함을 받은
자들이 나타나게 되리라

20 그런즉 너희가 함께 모여서
주의 만찬을 먹을 수 없으니
21 이는 먹을 때에 각각 자기의
만찬을 먼저 갖다 먹으므로
어떤 이는 시장하고 어떤 이
는 취함이라
22 너희가 먹고 마실 집이 없느
냐 너희가 하나님의 교회를
업신여기고 빈궁한 자들을
부끄럽게 하느냐 내가 너희
에게 무슨 말을 하랴 너희를
칭찬하랴 이것으로 칭찬하지
않노라
23 내가 너희에게 전한 것은 주
께 받은 것이니 곧 주 예수께
서 잡히시던 밤에 떡을 가지
사
24 축사하시고 떼어 가라사대
이것은 너희를 위하는 내 몸
이니 이것을 행하여 나를 기
념하라 하시고
25 식후에 또한 이와 같이 잔을
가지시고 가라사대 이 잔은
내 피로 세운 새 언약이니 이
것을 행하여 마실 때마다 나
를 기념하라 하셨으니
26 너희가 이 떡을 먹으며 이 잔을
마실 때마다 주의 죽으심을 오
실 때까지 전하는 것이니라
27 그러므로 누구든지 주의 떡
이나 잔을 합당치 않게 먹고
마시는 자는 주의 몸과 피를
범하는 죄가 있느니라
28 사람이 자기를 살피고 그 후
에야 이 떡을 먹고 이 잔을
마실지니
29 주의 몸을 분변치 못하고 먹
고 마시는 자는 자기의 죄를
먹고 마시는 것이니라
30 이러므로 너희 중에 약한 자
와 병든 자가 많고 잠자는 자
도 적지 아니하니
31 우리가 우리를 살폈으면 판
단을 받지 아니하려니와

32 우리가 판단을 받는 것은 주
께 징계를 받는 것이니 이는
우리로 세상과 함께 죄 정함
을 받지 않게 하려 하심이라
33 그런즉 내 형제들아 먹으러
모일 때에 서로 기다리라
34 만일 누구든지 시장하거든
집에서 먹을지니 이는 너희
의 판단 받는 모임이 되지 않
게 하려 함이라 그 남은 것
은 내가 언제든지 갈 때에 귀
정하리라

성령의 은총의 선물

12 형제들아 신령한 것에
대하여는 내가 너희
의 알지 못하기를 원치 아니
하노니
2 너희도 알거니와 너희가 이
방인으로 있을 때에 말 못
하는 우상에게로 끄는 그대
로 끌려갔느니라
3 그러므로 내가 너희에게 알게
하노니 하나님의 영으로 말하
는 자는 누구든지 예수를 저
주할 자라 하지 않고 또 성령
으로 아니하고는 누구든지 예
수를 주시라 할 수 없느니라
4 은사는 여러 가지나 성령은
같고
5 직임은 여러 가지나 주는 같
으며
6 또 역사는 여러 가지나 모든
것을 모든 사람 가운데서 역
사하시는 하나님은 같으니
7 각 사람에게 성령의 나타남
을 주심은 유익하게 하려 하
심이라
8 어떤 이에게는 성령으로 말
미암아 지혜의 말씀을, 어떤
이에게는 같은 성령을 따라
지식의 말씀을,
9 다른 이에게는 같은 성령으
로 믿음을, 어떤 이에게는 한
성령으로 병 고치는 은사를,

12

10 어떤 이에게는 능력 행함을,
어떤 이에게는 예언함을, 어
떤 이에게는 영들 분별함을,
다른 이에게는 각종 방언 말
함을, 어떤 이에게는 방언들
통역함을 주시나니
11 이 모든 일은 같은 한 성령이
행하사 그 뜻대로 각 사람에
게 나눠 주시느니라
12 몸은 하나인데 많은 지체가
있고 몸의 지체가 많으나 한
몸임과 같이 그리스도도 그
러하니라
13 우리가 유대인이나 헬라인이
나 종이나 자유자나 다 한
성령으로 세례를 받아 한 몸
이 되었고 또 다 한 성령을
마시게 하셨느니라
14 몸은 한 지체뿐 아니요 여럿
이니
15 만일 발이 이르되 나는 손이
아니니 몸에 붙지 아니하였
다 할지라도 이로 인하여 몸
에 붙지 아니한 것이 아니요
16 또 귀가 이르되 나는 눈이
아니니 몸에 붙지 아니하였
다 할지라도 이로 인하여 몸
에 붙지 아니한 것이 아니니
17 만일 온몸이 눈이면 듣는 곳
은 어디며 온몸이 듣는 곳이
면 냄새 맡는 곳은 어디뇨
18 그러나 이제 하나님이 그 원
하시는 대로 지체를 각각 몸
에 두셨으니
19 만일 다 한 지체뿐이면 몸은
어디뇨
20 이제 지체는 많으나 몸은 하
나라
21 눈이 손더러 내가 너를 쓸데
없다 하거나 또한 머리가 발
더러 내가 너를 쓸데없다 하
거나 하지 못하리라
22 이뿐 아니라 몸의 더 약하게 보
이는 지체가 도리어 요긴하고

23 우리가 몸의 덜 귀히 여기는
그것들을 더욱 귀한 것들로
입혀 주며 우리의 아름답지
못한 지체는 더욱 아름다운
것을 얻고
24 우리의 아름다운 지체는 요
구할 것이 없으니 오직 하나
님이 몸을 고르게 하여 부족
한 지체에게 존귀를 더하사
25 몸 가운데서 분쟁이 없고 오
직 여러 지체가 서로 같이하
여 돌아보게 하셨으니
26 만일 한 지체가 고통을 받으면
모든 지체도 함께 고통을 받고
한 지체가 영광을 얻으면 모든
지체도 함께 즐거워하나니
27 너희는 그리스도의 몸이요
지체의 각 부분이라
28 하나님이 교회 중에 몇을 세
우셨으니 첫째는 사도요 둘
째는 선지자요 셋째는 교사
요 그 다음은 능력이요 그
다음은 병 고치는 은사와 서
로 돕는 것과 다스리는 것과
각종 방언을 하는 것이라
29 다 사도겠느냐 다 선지자겠
느냐 다 교사겠느냐 다 능력
을 행하는 자겠느냐
30 다 병 고치는 은사를 가진 자
겠느냐 다 방언을 말하는 자
겠느냐 다 통역하는 자겠느냐
31 너희는 더욱 큰 은사를 사모
하라 내가 또한 제일 좋은 길
을 너희에게 보이리라

사 랑

13 내가 사람의 방언과
천사의 말을 할지라도
사랑이 없으면 소리나는 구
리와 울리는 꽹과리가 되고
2 내가 예언하는 능이 있어 모
든 비밀과 모든 지식을 알고
또 산을 옮길 만한 모든 믿
음이 있을지라도 사랑이 없
으면 내가 아무것도 아니요

13

3 내가 내게 있는 모든 것으로
구제하고 또 내 몸을 불사르
게 내어 줄지라도 사랑이 없
으면 내게 아무 유익이 없느
니라
4 사랑은 오래 참고 사랑은 온
유하며 투기하는 자가 되지
아니하며 사랑은 자랑하지
아니하며 교만하지 아니하
며
5 무례히 행치 아니하며 자기
의 유익을 구치 아니하며 성
내지 아니하며 악한 것을 생
각지 아니하며
6 불의를 기뻐하지 아니하며
진리와 함께 기뻐하고
7 모든 것을 참으며 모든 것을
믿으며 모든 것을 바라며 모
든 것을 견디느니라
8 사랑은 언제까지든지 떨어지
지 아니하나 예언도 폐하고
방언도 그치고 지식도 폐하
리라
9 우리가 부분적으로 알고 부
분적으로 예언하니
10 온전한 것이 올 때에는 부분
적으로 하던 것이 폐하리라
11 내가 어렸을 때에는 말하는
것이 어린아이와 같고 깨닫
는 것이 어린아이와 같고 생
각하는 것이 어린아이와 같
다가 장성한 사람이 되어서
는 어린아이의 일을 버렸노
라
12 우리가 이제는 거울로 보는
것같이 희미하나 그 때에는
얼굴과 얼굴을 대하여 볼 것
이요 이제는 내가 부분적으
로 아나 그 때에는 주께서
나를 아신 것같이 내가 온전
히 알리라
13 그런즉 믿음, 소망, 사랑, 이
세 가지는 항상 있을 것인데
그 중에 제일은 사랑이라

이상한 언어와 예언

14 사랑을 따라 구하라
신령한 것을 사모하되
특별히 예언을 하려고 하라
2 방언을 말하는 자는 사람에
게 하지 아니하고 하나님께
하나니 이는 알아듣는 자가
없고 그 영으로 비밀을 말함
이니라
3 그러나 예언하는 자는 사람
에게 말하여 덕을 세우며 권
면하며 안위하는 것이요
4 방언을 말하는 자는 자기의
덕을 세우고 예언하는 자는
교회의 덕을 세우나니
5 나는 너희가 다 방언 말하기
를 원하나 특별히 예언하기
를 원하노라 방언을 말하
는 자가 만일 교회의 덕을
세우기 위하여 통역하지 아
니하면 예언하는 자만 못하
니라
6 그런즉 형제들아 내가 너희
에게 나아가서 방언을 말하
고 계시나 지식이나 예언이
나 가르치는 것이나 말하지
아니하면 너희에게 무엇이
유익하리요
7 혹 저나 거문고와 같이 생명
없는 것이 소리를 낼 때에 그
음의 분별을 내지 아니하면
저 부는 것인지 거문고 타는
것인지 어찌 알게 되리요
8 만일 나팔이 분명치 못한 소
리를 내면 누가 전쟁을 예비
하리요
9 이와 같이 너희도 혀로서 알
아듣기 쉬운 말을 하지 아니
하면 그 말하는 것을 어찌
알리요 이는 허공에다 말하
는 것이라
10 세상에 소리의 종류가 이같
이 많되 뜻 없는 소리는 없나
니

14

11 그러므로 내가 그 소리의 뜻
을 알지 못하면 내가 말하는
자에게 야만이 되고 말하는
자도 내게 야만이 되리니
12 그러면 너희도 신령한 것을
사모하는 자인즉 교회의 덕
세우기를 위하여 풍성하기를
구하라
13 그러므로 방언을 말하는 자
는 통역하기를 기도할지니
14 내가 만일 방언으로 기도하
면 나의 영이 기도하거니와
나의 마음은 열매를 맺히지
못하리라
15 그러면 어떻게 할꼬 내가 영
으로 기도하고 또 마음으로
기도하며 내가 영으로 찬미
하고 또 마음으로 찬미하리
라
16 그렇지 아니하면 네가 영으
로 축복할 때에 무식한 처지
에 있는 자가 네가 무슨 말
을 하는지 알지 못하고 네 감
사에 어찌 아멘 하리요
17 너는 감사를 잘하였으나 그
러나 다른 사람은 덕 세움을
받지 못하리라
18 내가 너희 모든 사람보다 방
언을 더 말하므로 하나님께
감사하노라
19 그러나 교회에서 네가 남을
가르치기 위하여 깨달은 마
음으로 다섯 마디 말을 하는
것이 일만 마디 방언으로 말
하는 것보다 나으니라
20 형제들아 지혜에는 아이가
되지 말고 악에는 어린아이
가 되라 지혜에 장성한 사람
이 되라
21 율법에 기록된 바 주께서 가
라사대 내가 다른 방언하는
자와 다른 입술로 이 백성에
게 말할지라도 저희가 오히려
듣지 아니하리라 하였으니

22 그러므로 방언은 믿는 자들
을 위하지 않고 믿지 아니하
는 자들을 위하는 표적이나
예언은 믿지 아니하는 자들
을 위하지 않고 믿는 자들을
위함이니
23 그러므로 온 교회가 함께 모
여 다 방언으로 말하면 무식
한 자들이나 믿지 아니하는
자들이 들어와서 너희를 미
쳤다 하지 아니하겠느냐
24 그러나 다 예언을 하면 믿지
아니하는 자들이나 무식한
자들이 들어와서 모든 사람
에게 책망을 들으며 모든 사
람에게 판단을 받고
25 그 마음의 숨은 일이 드러나
게 되므로 엎드리어 하나님께
경배하며 하나님이 참으로 너
희 가운데 계시다 전파하리라

교회 안에서의 질서

26 그런즉 형제들아 어찌할꼬
너희가 모일 때에 각각 찬송
시도 있으며 가르치는 말씀
도 있으며 계시도 있으며 방
언도 있으며 통역함도 있나
니 모든 것을 덕을 세우기 위
하여 하라
27 만일 누가 방언으로 말하거
든 두 사람이나 다불과 세
사람이 차서를 따라 하고 한
사람이 통역할 것이요
28 만일 통역하는 자가 없거든
교회에서는 잠잠하고 자기와
및 하나님께 말할 것이요
29 예언하는 자는 둘이나 셋이
나 말하고 다른 이들은 분변
할 것이요
30 만일 곁에 앉은 다른 이에게
계시가 있거든 먼저 하던 자
는 잠잠할지니라
31 너희는 다 모든 사람으로 배
우게 하고 모든 사람으로 권
면을 받게 하기 위하여 하나

씩 하나씩 예언할 수 있느니라
32 예언하는 자들의 영이 예언
하는 자들에게 제재를 받나
니
33 하나님은 어지러움의 하나님
이 아니시요 오직 화평의 하
나님이시니라
34 모든 성도의 교회에서 함과
같이 여자는 교회에서 잠잠
하라 저희의 말하는 것을
허락함이 없나니 율법에 이
른 것같이 오직 복종할 것
이요
35 만일 무엇을 배우려거든 집
에서 자기 남편에게 물을지
니 여자가 교회에서 말하는
것은 부끄러운 것임이라
36 하나님의 말씀이 너희에게로
부터 난 것이냐 또는 너희에
게만 임한 것이냐
37 만일 누구든지 자기를 선
지자나 혹 신령한 자로 생
각하거든 내가 너희에게 편
지한 것이 주의 명령인 줄
알라
38 만일 누구든지 알지 못하면
그는 알지 못한 자니라
39 그런즉 내 형제들아 예언하
기를 사모하며 방언 말하기
를 금하지 말라
40 모든 것을 적당하게 하고 질
서대로 하라

그리스도의 부활

15 형제들아 내가 너희에
게 전한 복음을 너희
로 알게 하노니 이는 너희가
받은 것이요 또 그 가운데
선 것이라
2 너희가 만일 나의 전한 그
말을 굳게 지키고 헛되이 믿
지 아니하였으면 이로 말미
암아 구원을 얻으리라
3 내가 받은 것을 먼저 너희에
게 전하였노니 이는 성경대

15

로 그리스도께서 우리 죄를
위하여 죽으시고
4 장사 지낸 바 되었다가 성경
대로 사흘 만에 다시 살아나
사
5 게바에게 보이시고 후에 열
두 제자에게와
6 그 후에 오백여 형제에게 일
시에 보이셨나니 그 중에 지
금까지 태반이나 살아 있고
어떤 이는 잠들었으며
7 그 후에 야고보에게 보이셨으
며 그 후에 모든 사도에게와
8 맨 나중에 만삭되지 못하여
난 자 같은 내게도 보이셨느
니라
9 나는 사도 중에 지극히 작은
자라 내가 하나님의 교회를
핍박하였으므로 사도라 칭
함을 받기에 감당치 못할 자
로라
10 그러나 나의 나 된 것은 하나
님의 은혜로 된 것이니 내게
주신 그의 은혜가 헛되지 아
니하여 내가 모든 사도보다
더 많이 수고하였으나 내가
아니요 오직 나와 함께 하신
하나님의 은혜로라
11 그러므로 내나 저희나 이같
이 전파하매 너희도 이같이
믿었느니라

죽은 사람의 부활

12 그리스도께서 죽은 자 가운
데서 다시 살아나셨다 전파
되었거늘 너희 중에서 어떤
이들은 어찌하여 죽은 자 가
운데서 부활이 없다 하느냐
13 만일 죽은 자의 부활이 없으
면 그리스도도 다시 살지 못
하셨으리라
14 그리스도께서 만일 다시 살
지 못하셨으면 우리의 전파
하는 것도 헛것이요 또 너희
믿음도 헛것이며

15 또 우리가 하나님의 거짓 증
인으로 발견되리니 우리가
하나님이 그리스도를 다시
살리셨다고 증거하였음이라
만일 죽은 자가 다시 사는
것이 없으면 하나님이 그리
스도를 다시 살리시지 아니
하셨으리라
16 만일 죽은 자가 다시 사는
것이 없으면 그리스도도 다
시 사신 것이 없었을 터이요
17 그리스도께서 다시 사신 것
이 없으면 너희의 믿음도 헛
되고 너희가 여전히 죄 가운
데 있을 것이요
18 또한 그리스도 안에서 잠자
는 자도 망하였으리니
19 만일 그리스도 안에서 우리
의 바라는 것이 다만 이생뿐
이면 모든 사람 가운데 우리
가 더욱 불쌍한 자리라
20 그러나 이제 그리스도께서
죽은 자 가운데서 다시 살아
잠자는 자들의 첫 열매가 되
셨도다
21 사망이 사람으로 말미암았
으니 죽은 자의 부활도 사람
으로 말미암는도다
22 아담 안에서 모든 사람이 죽
은 것같이 그리스도 안에서
모든 사람이 삶을 얻으리라
23 그러나 각각 자기 차례대로 되
리니 먼저는 첫 열매인 그리스
도요 다음에는 그리스도 강림
하실 때에 그에게 붙은 자요
24 그 후에는 나중이니 저가 모
든 정사와 모든 권세와 능력
을 멸하시고 나라를 아버지
하나님께 바칠 때라
25 저가 모든 원수를 그 발 아
래 둘 때까지 불가불 왕노릇
하시리니
26 맨 나중에 멸망받을 원수는
사망이니라

27 만물을 저의 발 아래 두셨다
하셨으니 만물을 아래 둔다
말씀하실 때에 만물을 저의
아래 두신 이가 그 중에 들
지 아니한 것이 분명하도다
28 만물을 저에게 복종하게 하
신 때에는 아들 자신도 그
때에 만물을 자기에게 복종
케 하신 이에게 복종케 되리
니 이는 하나님이 만유의 주
로서 만유 안에 계시려 하심
이라
29 만일 죽은 자들이 도무지 다
시 살지 못하면 죽은 자들을
위하여 세례받는 자들이 무
엇을 하겠느냐 어찌하여 저
희를 위하여 세례를 받느뇨
30 또 어찌하여 우리가 때마다
위험을 무릅쓰리요
31 형제들아 내가 그리스도 예
수 우리 주 안에서 가진바
너희에게 대한 나의 자랑을
두고 단언하노니 나는 날마
다 죽노라
32 내가 범인처럼 에베소에서
맹수로 더불어 싸웠으면 내
게 무슨 유익이 있느뇨 죽은
자가 다시 살지 못할 것이면
내일 죽을 터이니 먹고 마시
자 하리라
33 속지 말라 악한 동무들은 선
한 행실을 더럽히나니
34 깨어 의를 행하고 죄를 짓지
말라 하나님을 알지 못하는
자가 있기로 내가 너희를 부
끄럽게 하기 위하여 말하노
라

육체의 부활

35 누가 묻기를 죽은 자들이 어
떻게 다시 살며 어떠한 몸으
로 오느냐 하리니
36 어리석은 자여 너의 뿌리는
씨가 죽지 않으면 살아나지
못하겠고

37 또 너의 뿌리는 것은 장래 형
체를 뿌리는 것이 아니요 다
만 밀이나 다른 것의 알갱이
뿐이로되
38 하나님이 그 뜻대로 저에게
형체를 주시되 각 종자에게
그 형체를 주시느니라
39 육체는 다 같은 육체가 아니
니 하나는 사람의 육체요 하
나는 짐승의 육체요 하나는
새의 육체요 하나는 물고기
의 육체라
40 하늘에 속한 형체도 있고 땅
에 속한 형체도 있으나 하늘
에 속한 자의 영광이 따로 있
고 땅에 속한 자의 영광이
따로 있으니
41 해의 영광도 다르며 달의 영광
도 다르며 별의 영광도 다른데
별과 별의 영광이 다르도다
42 죽은 자의 부활도 이와 같으
니 썩을 것으로 심고 썩지 아
니할 것으로 다시 살며
43 욕된 것으로 심고 영광스러
운 것으로 다시 살며 약한
것으로 심고 강한 것으로 다
시 살며
44 육의 몸으로 심고 신령한 몸으
로 다시 사나니 육의 몸이 있
은즉 또 신령한 몸이 있느니라
45 기록된바 첫 사람 아담은 산
영이 되었다 함과 같이 마지
막 아담은 살려 주는 영이
되었나니
46 그러나 먼저는 신령한 자가
아니요 육 있는 자요 그 다
음에 신령한 자니라
47 첫 사람은 땅에서 났으니 흙
에 속한 자이거니와 둘째 사
람은 하늘에서 나셨느니라
48 무릇 흙에 속한 자는 저 흙
에 속한 자들과 같고 무릇
하늘에 속한 자는 저 하늘에
속한 자들과 같으니

49 우리가 흙에 속한 자의 형상
을 입은 것같이 또한 하늘에
속한 자의 형상을 입으리라
50 형제들아 내가 이것을 말하
노니 혈과 육은 하나님 나라
를 유업으로 받을 수 없고
또한 썩은 것은 썩지 아니한
것을 유업으로 받지 못하느
니라
51 보라 내가 너희에게 비밀을
말하노니 우리가 다 잠잘 것
이 아니요 마지막 나팔에 순
식간에 홀연히 다 변화하리
니
52 나팔 소리가 나매 죽은 자들
이 썩지 아니할 것으로 다시
살고 우리도 변화하리라
53 이 썩을 것이 불가불 썩지 아
니할 것을 입겠고 이 죽을 것
이 죽지 아니함을 입으리로다
54 이 썩을 것이 썩지 아니함을
입고 이 죽을 것이 죽지 아니
함을 입을 때에는 사망이 이
김의 삼킨 바 되리라고 기록
된 말씀이 응하리라
55 사망아 너의 이기는 것이 어
디 있느냐 사망아 너의 쏘는
것이 어디 있느냐
56 사망의 쏘는 것은 죄요 죄의
권능은 율법이라
57 우리 주 예수 그리스도로 말
미암아 우리에게 이김을 주
시는 하나님께 감사하노니
58 그러므로 내 사랑하는 형제
들아 견고하며 흔들리지 말
며 항상 주의 일에 더욱 힘쓰
는 자들이 되라 이는 너희 수
고가 주 안에서 헛되지 않은
줄을 앎이니라

예루살렘 교회를 위한 헌금

16 성도를 위하는 연보에
대하여는 내가 갈라
디아 교회들에게 명한 것같
이 너희도 그렇게 하라

16

2 매주일 첫날에 너희 각 사람
이 이를 얻은 대로 저축하여
두어서 내가 갈 때에 연보를
하지 않게 하라
3 내가 이를 때에 너희의 인정
한 사람에게 편지를 주어 너
희의 은혜를 예루살렘으로
가지고 가게 하리니
4 만일 나도 가는 것이 합당
하면 저희가 나와 함께 가리
라

고린도 교회에 대한 바울의 계획

5 내가 마게도냐를 지날 터이
니 마게도냐를 지난 후에 너
희에게 나아가서
6 혹 너희와 함께 머물며 과동
할 듯도 하니 이는 너희가 나
를 나의 갈 곳으로 보내어 주
게 하려 함이라
7 이제는 지나는 길에 너희 보
기를 원치 아니하노니 이는
주께서 만일 허락하시면 얼
마 동안 너희와 함께 유하기
를 바람이라
8 내가 오순절까지 에베소에
유하려 함은
9 내게 광대하고 공효를 이루
는 문이 열리고 대적하는 자
가 많음이니라
10 디모데가 이르거든 너희는
조심하여 저로 두려움이 없
이 너희 가운데 있게 하라
이는 저도 나와 같이 주의
일을 힘쓰는 자임이니라
11 그러므로 누구든지 저를 멸
시하지 말고 평안히 보내어
내게로 오게 하라 나는 저가
형제들과 함께 오기를 기다
리노라
12 형제 아볼로에 대하여는 저
더러 형제들과 함께 너희에
게 가라고 내가 많이 권하되
지금은 갈 뜻이 일절 없으나
기회가 있으면 가리라

마지막 부탁과 작별 인사

13 깨어 믿음에 굳게 서서 남자
답게 강건하여라
14 너희 모든 일을 사랑으로 행
하라
15 형제들아 스데바나의 집은
곧 아가야의 첫 열매요 또
성도 섬기기로 작정한 줄을
너희가 아는지라 내가 너희
를 권하노니
16 이 같은 자들과 또 함께 일
하며 수고하는 모든 자에게
복종하라
17 내가 스데바나와 브드나도
와 아가이고의 온 것을 기뻐
하노니 저희가 너희의 부족
한 것을 보충하였음이니라
18 저희가 나와 너희 마음을 시
원케 하였으니 그러므로 너
희는 이런 자들을 알아 주라
19 아시아의 교회들이 너희에
게 문안하고 아굴라와 브리
스가와 및 그 집에 있는 교
회가 주 안에서 너희에게 간
절히 문안하고
20 모든 형제도 너희에게 문안
하니 너희는 거룩하게 입맞
춤으로 서로 문안하라
21 나 바울은 친필로 너희에게
문안하노니
22 만일 누구든지 주를 사랑하
지 아니하거든 저주를 받을
지어다 주께서 임하시느니라
23 주 예수 그리스도의 은혜가
너희와 함께 하고
24 나의 사랑이 그리스도 예수
의 안에서 너희 무리와 함께
할지어다

고린도후서

2 Corinthians

바울은 고린도로 가는 동안(고후 13:1), 마게도냐 지역에서 고린도 교회에 보내는 이 두 번째의 편지를 쓴다(행 20:1, 고후 7:5). 이 편지는, 바울의 서신들 가운데 가장 개인적인 것으로서, 복음 전도자로서의 자신의 삶이 얼마나 가치 있고 또한 고통스러운 것인지를 밝힌다. 그리고 바울은 자신의 사도 직분을 의심하고 비판하는 사람들에 대하여, 자신을 변호할 필요성을 발견하고 성심껏 변증한다. 이 책을 읽으면서 당신은, 주님을 섬기는 것이 얼마나 가치 있는 일인가를 생각해 보라. 그렇지만 또한 기독교인이 된다는 것이 종종 고통과 환난을 수반할 수도 있다는 사실을 깨닫도록 하라.

인 사

1 하나님의 뜻으로 말미암아
그리스도 예수의 사도 된 바
울과 및 형제 디모데는 고린도
에 있는 하나님의 교회와 또 온
아가야에 있는 모든 성도에게
2 하나님 우리 아버지와 주 예
수 그리스도로 좇아 은혜와
평강이 있기를 원하노라

환난 후에 받는 위로

3 찬송하리로다 그는 우리 주
예수 그리스도의 하나님이
시요 자비의 아버지시요 모
든 위로의 하나님이시며
4 우리의 모든 환난 중에서 우
리를 위로하사 우리로 하여금
하나님께 받는 위로로써 모든
환난 중에 있는 자들을 능히
위로하게 하시는 이시로다
5 그리스도의 고난이 우리에
게 넘친 것같이 우리의 위로
도 그리스도로 말미암아 넘
치는도다
6 우리가 환난받는 것도 너희
의 위로와 구원을 위함이요
혹 위로받는 것도 너희의 위
로를 위함이니 이 위로가 너
희 속에 역사하여 우리가 받
는 것 같은 고난을 너희도
견디게 하느니라
7 너희를 위한 우리의 소망이
견고함은 너희가 고난에 참
예하는 자가 된 것같이 위로
에도 그러할 줄을 앎이라
8 형제들아 우리가 아시아에
서 당한 환난을 너희가 알지
못하기를 원치 아니하노니
힘에 지나도록 심한 고생을
받아 살 소망까지 끊어지고
9 우리 마음에 사형 선고를 받
은 줄 알았으니 이는 우리로
자기를 의뢰하지 말고 오직
죽은 자를 다시 살리시는 하
나님만 의뢰하게 하심이라

1

10 그가 이같이 큰 사망에서 우
리를 건지셨고 또 건지시리
라 또한 이후에라도 건지시
기를 그를 의지하여 바라노
라
11 너희도 우리를 위하여 간구
함으로 도우라 이는 우리가
많은 사람의 기도로 얻은 은
사를 인하여 많은 사람도 우
리를 위하여 감사하게 하려
함이라

방문 계획 변경에 대한 설명

12 우리가 세상에서 특별히 너
희에게 대하여 하나님의 거
룩함과 진실함으로써 하되
육체의 지혜로 하지 아니하
고 하나님의 은혜로 행함은
우리 양심의 증거하는 바니
이것이 우리의 자랑이라
13 오직 너희가 읽고 아는 것 외
에 우리가 다른 것을 쓰지
아니하노니 너희가 끝까지
알기를 내가 바라는 것은
14 너희가 대강 우리를 아는 것
같이 우리 주 예수의 날에
너희가 우리의 자랑이 되고
우리가 너희의 자랑이 되는
것이라
15 내가 이 확신을 가지고 너희
로 두 번 은혜를 얻게 하기
위하여 먼저 너희에게 이르
렀다가
16 너희를 지나 마게도냐에 갔다
가 다시 마게도냐에서 너희에
게 가서 너희가 보내 줌으로
유대로 가기를 경영하였으니
17 이렇게 경영할 때에 어찌 경
홀히 하였으리요 혹 경영하
기를 육체를 좇아 경영하여
예 예 하고 아니 아니라 하는
일이 내게 있었겠느냐
18 하나님은 미쁘시니라 우리
가 너희에게 한 말은 예 하고
아니라 함이 없노라

19 우리 곧 나와 실루아노와 디
모데로 말미암아 너희 가운
데 전파된 하나님의 아들 예
수 그리스도는 예 하고 아니
라 함이 되지 아니하였으니
저에게는 예만 되었느니라
20 하나님의 약속은 얼마든지
그리스도 안에서 예가 되니
그런즉 그로 말미암아 우리
가 아멘 하여 하나님께 영광
을 돌리게 되느니라
21 우리를 너희와 함께 그리스
도 안에서 견고케 하시고 우
리에게 기름을 부으신 이는
하나님이시니
22 저가 또한 우리에게 인치시
고 보증으로 성령을 우리 마
음에 주셨느니라
23 내가 내 영혼을 두고 하나님
을 불러 증거하시게 하노니
다시 고린도에 가지 아니한
것은 너희를 아끼려 함이라
24 우리가 너희 믿음을 주관하
려는 것이 아니요 오직 너희
기쁨을 돕는 자가 되려 함이
니 이는 너희가 믿음에 섰음
이라

2

내가 다시 근심으로 너희
에게 나아가지 않기로 스
스로 결단하였노니
2 내가 너희를 근심하게 하면
나의 근심하게 한 자밖에 나
를 기쁘게 하는 자가 누구냐
3 내가 이같이 쓴 것은 내가
갈 때에 마땅히 나를 기쁘게
할 자로부터 도리어 근심을
얻을까 염려함이요 또 너희
무리를 대하여 나의 기쁨이
너희 무리의 기쁨인 줄 확신
함이로라
4 내가 큰 환난과 애통한 마음
이 있어 많은 눈물로 너희에
게 썼노니 이는 너희로 근심
하게 하려 한 것이 아니요 오

2

직 내가 너희를 향하여 넘치
는 사랑이 있음을 너희로 알
게 하려 함이라

잘못한 자를 용서하라

5 근심하게 한 자가 있었을지
라도 나를 근심하게 한 것이
아니요 어느 정도 너희 무리
를 근심하게 한 것이니 어느
정도라 함은 내가 너무 심하
게 하지 아니하려 함이라
6 이러한 사람이 많은 사람에
게서 벌받은 것이 족하도다
7 그런즉 너희는 차라리 저를
용서하고 위로할 것이니 저
가 너무 많은 근심에 잠길까
두려워하노라
8 그러므로 너희를 권하노니
사랑을 저희에게 나타내라
9 너희가 범사에 순종하는지
그 증거를 알고자 하여 내가
이것을 너희에게 썼노라
10 너희가 무슨 일이든지 뉘게
용서하면 나도 그리하고 내
가 만일 용서한 일이 있으면
용서한 그것은 너희를 위하
여 그리스도 앞에서 한 것이
니
11 이는 우리로 사단에게 속지
않게 하려 함이라 우리가 그
궤계를 알지 못하는 바가 아
니로라

그리스도의 향기

12 내가 그리스도의 복음을 위
하여 드로아에 이르매 주 안
에서 문이 내게 열렸으되
13 내가 내 형제 디도를 만나지
못하므로 내 심령이 편치 못
하여 저희를 작별하고 마게
도냐로 갔노라
14 항상 우리를 그리스도 안에
서 이기게 하시고 우리로 말
미암아 각처에서 그리스도
를 아는 냄새를 나타내시는
하나님께 감사하노라

15 우리는 구원 얻는 자들에게나
망하는 자들에게나 하나님 앞
에서 그리스도의 향기니
16 이 사람에게는 사망으로 좇
아 사망에 이르는 냄새요 저
사람에게는 생명으로 좇아
생명에 이르는 냄새라 누가
이것을 감당하리요
17 우리는 수다한 사람과 같이
하나님의 말씀을 혼잡하게
하지 아니하고 곧 순전함으
로 하나님께 받은 것같이 하
나님 앞에서와 그리스도 안
에서 말하노라

새 계약의 일꾼

3 우리가 다시 자천하기를
시작하겠느냐 우리가 어
찌 어떤 사람처럼 천거서를
너희에게 부치거나 혹 너희에
게 맡거나 할 필요가 있느냐
2 너희가 우리의 편지라 우리
마음에 썼고 뭇사람이 알고
읽는 바라
3 너희는 우리로 말미암아 나
타난 그리스도의 편지니 이
는 먹으로 쓴 것이 아니요 오
직 살아 계신 하나님의 영으
로 한 것이며 또 돌비에 쓴
것이 아니요 오직 육의 심비
에 한 것이라
4 우리가 그리스도로 말미암
아 하나님을 향하여 이 같은
확신이 있으니
5 우리가 무슨 일이든지 우리
에게서 난 것같이 생각하여
스스로 만족할 것이 아니니
우리의 만족은 오직 하나님
께로서 났느니라
6 저가 또 우리로 새 언약의 일군
되기에 만족케 하셨으니 의문
으로 하지 아니하고 오직 영으
로 함이니 의문은 죽이는 것이
요 영은 살리는 것임이니라
7 돌에 써서 새긴 죽게 하는

3

의문의 직분도 영광이 있어
이스라엘 자손들이 모세의
얼굴의 없어질 영광을 인하
여 그 얼굴을 주목하지 못하
였거든
8 하물며 영의 직분이 더욱 영
광이 있지 아니하겠느냐
9 정죄의 직분도 영광이 있은
즉 의의 직분은 영광이 더욱
넘치리라
10 영광 되었던 것이 더 큰 영광
을 인하여 이에 영광될 것이
없으나
11 없어질 것도 영광으로 말미
암았은즉 길이 있을 것은 더
욱 영광 가운데 있느니라
12 우리가 이 같은 소망이 있으
므로 담대히 말하노니
13 우리는 모세가 이스라엘 자
손들로 장차 없어질 것의 결
국을 주목치 못하게 하려고
수건을 그 얼굴에 쓴 것같이
아니하노라
14 그러나 저희 마음이 완고하
여 오늘까지라도 구약을 읽
을 때에 그 수건이 오히려 벗
어지지 아니하고 있으니 그
수건은 그리스도 안에서 없
어질 것이라
15 오늘까지 모세의 글을 읽을
때에 수건이 오히려 그 마음
을 덮었도다
16 그러나 언제든지 주께로 돌
아가면 그 수건이 벗어지리
라
17 주는 영이시니 주의 영이 계
신 곳에는 자유함이 있느니
라
18 우리가 다 수건을 벗은 얼굴
로 거울을 보는 것같이 주의
영광을 보매 저와 같은 형상
으로 화하여 영광으로 영광
에 이르니 곧 주의 영으로
말미암음이니라

질그릇에 담긴 보물

4 이러하므로 우리가 이 직
분을 받아 긍휼하심을 입
은 대로 낙심하지 아니하고
2 이에 숨은 부끄러움의 일을
버리고 궤휼 가운데 행하지
아니하며 하나님의 말씀을
혼잡케 아니하고 오직 진리
를 나타냄으로 하나님 앞에
서 각 사람의 양심에 대하여
스스로 천거하노라
3 만일 우리 복음이 가리웠으면
망하는 자들에게 가리운 것이라
4 그 중에 이 세상 신이 믿지
아니하는 자들의 마음을 혼
미케 하여 그리스도의 영광
의 복음의 광채가 비취지 못
하게 함이니 그리스도는 하
나님의 형상이니라
5 우리가 우리를 전파하는 것
이 아니라 오직 그리스도 예
수의 주 되신 것과 또 예수
를 위하여 우리가 너희의 종
된 것을 전파함이라
6 어두운 데서 빛이 비취리라
하시던 그 하나님께서 예수
그리스도의 얼굴에 있는 하
나님의 영광을 아는 빛을 우
리 마음에 비취셨느니라
7 우리가 이 보배를 질그릇에 가
졌으니 이는 능력의 심히 큰 것
이 하나님께 있고 우리에게 있
지 아니함을 알게 하려 함이라
8 우리가 사방으로 우겨쌈을
당하여도 싸이지 아니하며
답답한 일을 당하여도 낙심
하지 아니하며
9 핍박을 받아도 버린 바 되지
아니하며 거꾸러뜨림을 당
하여도 망하지 아니하고
10 우리가 항상 예수 죽인 것을
몸에 짊어짐은 예수의 생명
도 우리 몸에 나타나게 하려
함이라

4

11 우리 산 자가 항상 예수를
위하여 죽음에 넘기움은 예
수의 생명이 또한 우리 죽을
육체에 나타나게 하려 함이
니라
12 그런즉 사망은 우리 안에서
역사하고 생명은 너희 안에
서 하느니라
13 기록한바 내가 믿는고로 말
하였다 한 것같이 우리가 같
은 믿음의 마음을 가졌으니
우리도 믿는고로 또한 말하
노라
14 주 예수를 다시 살리신 이가
예수와 함께 우리도 다시 살
리사 너희와 함께 그 앞에 서
게 하실 줄을 아노니
15 모든 것을 너희를 위하여 하
는 것은 은혜가 많은 사람의
감사함으로 말미암아 더하
여 넘쳐서 하나님께 영광을
돌리게 하려 함이라

겉사람과 속사람

16 그러므로 우리가 낙심하지 아
니하노니 겉사람은 후패하나
우리의 속은 날로 새롭도다
17 우리의 잠시 받는 환난의 경
한 것이 지극히 크고 영원한
영광의 중한 것을 우리에게
이루게 함이니
18 우리의 돌아보는 것은 보이
는 것이 아니요 보이지 않는
것이니 보이는 것은 잠간이
요 보이지 않는 것은 영원함
이니라

땅의 장막과 하늘의 집

5 만일 땅에 있는 우리의 장
막집이 무너지면 하나님
께서 지으신 집 곧 손으로 지
은 것이 아니요 하늘에 있는
영원한 집이 우리에게 있는
줄 아나니
2 과연 우리가 여기 있어 탄식
하며 하늘로부터 오는 우리

5

처소로 덧입기를 간절히 사
모하노니
3 이렇게 입음은 벗은 자들로
발견되지 않으려 함이라
4 이 장막에 있는 우리가 짐진
것같이 탄식하는 것은 벗고
자 함이 아니요 오직 덧입고
자 함이니 죽을 것이 생명에
게 삼킨 바 되게 하려 함이
라
5 곧 이것을 우리에게 이루게
하시고 보증으로 성령을 우
리에게 주신 이는 하나님이
시니라
6 이러므로 우리가 항상 담대
하여 몸에 거할 때에는 주와
따로 거하는 줄을 아노니
7 이는 우리가 믿음으로 행하
고 보는 것으로 하지 아니함
이로라
8 우리가 담대하여 원하는 바
는 차라리 몸을 떠나 주와
함께 거하는 그것이라
9 그런즉 우리는 거하든지 떠
나든지 주를 기쁘시게 하는
자 되기를 힘쓰노라
10 이는 우리가 다 반드시 그리
스도의 심판대 앞에 드러나
각각 선악간에 그 몸으로 행
한 것을 따라 받으려 함이라

화해의 임무

11 우리가 주의 두려우심을 알
므로 사람을 권하노니 우리
가 하나님 앞에 알리워졌고
또 너희의 양심에도 알리워
졌기를 바라노라
12 우리가 다시 너희에게 자천
하는 것이 아니요 오직 우리
를 인하여 자랑할 기회를 너
희에게 주어 마음으로 하지
않고 외모로 자랑하는 자들
을 대하게 하려 하는 것이라
13 우리가 만일 미쳤어도 하나님
을 위한 것이요 만일 정신이 온

전하여도 너희를 위한 것이니
14 그리스도의 사랑이 우리를
강권하시는도다 우리가 생각
건대 한 사람이 모든 사람을
대신하여 죽었은즉 모든 사
람이 죽은 것이라
15 저가 모든 사람을 대신하여 죽
으심은 산 자들로 하여금 다
시는 저희 자신을 위하여 살지
않고 오직 저희를 대신하여 죽
었다가 다시 사신 자를 위하
여 살게 하려 함이니라
16 그러므로 우리가 이제부터
는 아무 사람도 육체대로 알
지 아니하노라 비록 우리가
그리스도도 육체대로 알았
으나 이제부터는 이같이 알
지 아니하노라
17 그런즉 누구든지 그리스도
안에 있으면 새로운 피조물
이라 이전 것은 지나갔으니
보라 새것이 되었도다
18 모든 것이 하나님께로 났나
니 저가 그리스도로 말미암
아 우리를 자기와 화목하게
하시고 또 우리에게 화목하
게 하는 직책을 주셨으니
19 이는 하나님께서 그리스도
안에 계시사 세상을 자기와
화목하게 하시며 저희의 죄
를 저희에게 돌리지 아니하
시고 화목하게 하는 말씀을
우리에게 부탁하셨느니라
20 이러므로 우리가 그리스도
를 대신하여 사신이 되어 하
나님이 우리로 너희를 권면
하시는 것같이 그리스도를
대신하여 간구하노니 너희
는 하나님과 화목하라
21 하나님이 죄를 알지도 못하
신 자로 우리를 대신하여 죄
를 삼으신 것은 우리로 하여
금 저의 안에서 하나님의 의
가 되게 하려 하심이니라

6 우리가 하나님과 함께 일
하는 자로서 너희를 권하
노니 하나님의 은혜를 헛되
이 받지 말라
2 가라사대 내가 은혜 베풀 때
에 너를 듣고 구원의 날에 너
를 도왔다 하셨으니 보라 지
금은 은혜 받을 만한 때요
보라 지금은 구원의 날이로
다
3 우리가 이 직책이 훼방을 받
지 않게 하려고 무엇에든지
아무에게도 거리끼지 않게
하고
4 오직 모든 일에 하나님의 일
군으로 자천하여 많이 견디
는 것과 환난과 궁핍과 곤난
과
5 매맞음과 갇힘과 요란한 것
과 수고로움과 자지 못함과
먹지 못함과
6 깨끗함과 지식과 오래 참음
과 자비함과 성령의 감화와
거짓이 없는 사랑과
7 진리의 말씀과 하나님의 능
력 안에 있어 의의 병기로
좌우하고
8 영광과 욕됨으로 말미암으
며 악한 이름과 아름다운 이
름으로 말미암으며 속이는
자 같으나 참되고
9 무명한 자 같으나 유명한 자
요 죽은 자 같으나 보라 우
리가 살고 징계를 받는 자
같으나 죽임을 당하지 아니
하고
10 근심하는 자 같으나 항상 기
뻐하고 가난한 자 같으나 많
은 사람을 부요하게 하고 아
무것도 없는 자 같으나 모든
것을 가진 자로다
11 고린도인들이여 너희를 향
하여 우리의 입이 열리고 우
리의 마음이 넓었으니

6

12 너희가 우리 안에서 좁아진
것이 아니라 오직 너희 심정
에서 좁아진 것이니라
13 내가 자녀에게 말하듯 하노
니 보답하는 양으로 너희도
마음을 넓히라

비신자와 짝짓지 말라

14 너희는 믿지 않는 자와 멍에
를 같이하지 말라 의와 불법
이 어찌 함께 하며 빛과 어
두움이 어찌 사귀며
15 그리스도와 벨리알이 어찌
조화되며 믿는 자와 믿지 않
는 자가 어찌 상관하며
16 하나님의 성전과 우상이 어
찌 일치가 되리요 우리는 살
아 계신 하나님의 성전이라
이와 같이 하나님께서 가라
사대 내가 저희 가운데 거하
며 두루 행하여 나는 저희
하나님이 되고 저희는 나의
백성이 되리라 하셨느니라
17 그러므로 주께서 말씀하시기
를 너희는 저희 중에서 나와서
따로 있고 부정한 것을 만지지
말라 내가 너희를 영접하여
18 너희에게 아버지가 되고 너
희는 내게 자녀가 되리라 전
능하신 주의 말씀이니라 하
셨느니라

7 그런즉 사랑하는 자들아
이 약속을 가진 우리가
하나님을 두려워하는 가운
데서 거룩함을 온전히 이루
어 육과 영의 온갖 더러운 것
에서 자신을 깨끗케 하자

바울의 기쁨

2 마음으로 우리를 영접하라
우리가 아무에게도 불의를
하지 않고 아무에게도 해롭
게 하지 않고 아무에게도 속
여 빼앗은 일이 없노라
3 내가 정죄하려고 이 말을 하
는 것이 아니라 이전에 말하

7

였거니와 너희로 우리 마음
에 있어 함께 죽고 함께 살게
하고자 함이라
4 내가 너희를 향하여 하는 말
이 담대한 것도 많고 너희를
위하여 자랑하는 것도 많으
니 내가 우리의 모든 환난
가운데서도 위로가 가득하
고 기쁨이 넘치는도다
5 우리가 마게도냐에 이르렀을
때에도 우리 육체가 편치 못
하고 사방으로 환난을 당하
여 밖으로는 다툼이요 안으
로는 두려움이라
6 그러나 비천한 자들을 위로
하시는 하나님이 디도의 옴
으로 우리를 위로하셨으니
7 저의 온 것뿐 아니요 오직 저
가 너희에게 받은 그 위로로
위로하고 너희의 사모함과 애
통함과 나를 위하여 열심 있
는 것을 우리에게 고함으로
나로 더욱 기쁘게 하였느니라
8 그러므로 내가 편지로 너희
를 근심하게 한 것을 후회하
였으나 지금은 후회하지 아
니함은 그 편지가 너희로 잠
시만 근심하게 한 줄을 앎이
라
9 내가 지금 기뻐함은 너희로
근심하게 한 까닭이 아니요
도리어 너희가 근심함으로
회개함에 이른 까닭이라 너
희가 하나님의 뜻대로 근심
하게 된 것은 우리에게서 아
무 해도 받지 않게 하려 함
이라
10 하나님의 뜻대로 하는 근심
은 후회할 것이 없는 구원에
이르게 하는 회개를 이루는
것이요 세상 근심은 사망을
이루는 것이니라
11 보라 하나님의 뜻대로 하게
한 이 근심이 너희로 얼마나

간절하게 하며 얼마나 변명
하게 하며 얼마나 분하게 하
며 얼마나 두렵게 하며 얼마
나 사모하게 하며 얼마나 열
심 있게 하며 얼마나 벌하게
하였는가, 너희가 저 일에 대
하여 일절 너희 자신의 깨끗
함을 나타내었느니라
12 그런즉 내가 너희에게 쓴 것
은 그 불의 행한 자를 위한
것도 아니요 그 불의 당한
자를 위한 것도 아니요 오직
우리를 위한 너희의 간절함
이 하나님 앞에서 너희에게
나타나게 하려 함이로라
13 이로 인하여 우리가 위로를
받았고 우리의 받은 위로 위
에 디도의 기쁨으로 우리가
더욱 많이 기뻐함은 그의 마
음이 너희 무리를 인하여 안
심함을 얻었음이니라
14 내가 그에게 너희를 위하여
자랑한 것이 있더라도 부끄
럽지 아니하니 우리가 너희
에게 이른 말이 다 참된 것
같이 디도 앞에서 우리의 자
랑한 것도 참되게 되었도다
15 저가 너희 모든 사람들이 두
려워하고 떪으로 자기를 영
접하여 순종한 것을 생각하
고 너희를 향하여 그의 심정
이 더욱 깊었으니
16 내가 너희를 인하여 범사에
담대한고로 기뻐하노라

마게도냐 교회의 모범

8 형제들아 하나님께서 마게도
냐 교회들에게 주신 은혜를
우리가 너희에게 알게 하노니
2 환난의 많은 시련 가운데서
저희 넘치는 기쁨과 극한 가
난이 저희로 풍성한 연보를
넘치도록 하게 하였느니라
3 내가 증거하노니 저희가 힘
대로 할 뿐 아니라 힘에 지나

8

도록 자원하여
4 이 은혜와 성도 섬기는 일에
참여함에 대하여 우리에게
간절히 구하니
5 우리의 바라던 것뿐 아니라
저희가 먼저 자신을 주께 드
리고 또 하나님 뜻을 좇아
우리에게 주었도다
6 이러므로 우리가 디도를 권
하여 너희 가운데서 시작하
였은즉 이 은혜를 그대로 성
취케 하라 하였노라
7 오직 너희는 믿음과 말과 지
식과 모든 간절함과 우리를
사랑하는 이 모든 일에 풍성
한 것같이 이 은혜에도 풍성
하게 할지니라
8 내가 명령으로 하는 말이 아
니요 오직 다른 이들의 간절
함을 가지고 너희의 사랑의
진실함을 증명코자 함이로라
9 우리 주 예수 그리스도의 은
혜를 너희가 알거니와 부요
하신 자로서 너희를 위하여
가난하게 되심은 그의 가난
함을 인하여 너희로 부요케
하려 하심이니라
10 이 일에 내가 뜻만 보이노니
이것은 너희에게 유익함이라
너희가 일 년 전에 행하기를
먼저 시작할 뿐 아니라 원하
기도 하였은즉
11 이제는 행하기를 성취할지니
마음에 원하던 것과 같이 성
취하되 있는 대로 하라
12 할 마음만 있으면 있는 대로
받으실 터이요 없는 것을 받
지 아니하시리라
13 이는 다른 사람들은 평안하
게 하고 너희는 곤고하게 하
려는 것이 아니요 평균케 하
려 함이니
14 이제 너희의 유여한 것으로
저희 부족한 것을 보충함은

후에 저희 유여한 것으로 너
희 부족한 것을 보충하여 평
균하게 하려 함이라
15 기록한 것같이 많이 거둔 자
도 남지 아니하였고 적게 거
둔 자도 모자라지 아니하였
느니라

디도 일행을 파견함

16 너희를 위하여 같은 간절함
을 디도의 마음에도 주시는
하나님께 감사하노니
17 저가 권함을 받고 더욱 간절
함으로 자원하여 너희에게
나아갔고
18 또 저와 함께 한 형제를 보내
었으니 이 사람은 복음으로
서 모든 교회에서 칭찬을 받
는 자요
19 이뿐 아니라 저는 동일한 주
의 영광과 우리의 원을 나타
내기 위하여 여러 교회의 택
함을 입어 우리의 맡은 은혜
의 일로 우리와 동행하는 자
라
20 이것을 조심함은 우리가 맡
은 이 거액의 연보로 인하여
아무도 우리를 훼방하지 못
하게 하려 함이니
21 이는 우리가 주 앞에서만 아
니라 사람 앞에서도 선한 일
에 조심하려 함이라
22 또 저희와 함께 우리의 한 형
제를 보내었노니 우리가 여
러 가지 일에 그 간절한 것을
여러 번 시험하였거니와 이
제 저가 너희를 크게 믿으므
로 더욱 간절하니라
23 디도로 말하면 나의 동무요
너희를 위한 나의 동역자요
우리 형제들로 말하면 여러
교회의 사자들이요 그리스
도의 영광이니라
24 그러므로 너희는 여러 교회
앞에서 너희의 사랑과 너희

를 대한 우리 자랑의 증거를
저희에게 보이라

가난한 성도들을 위한 연보

9 성도를 섬기는 일에 대하
여 내가 너희에게 쓸 필요
가 없나니
2 이는 내가 너희의 원함을 앎
이라 내가 너희를 위하여 마
게도냐인들에게 아가야에서
는 일 년 전부터 예비하였다
자랑하였는데 과연 너희 열
심이 퍽 많은 사람들을 격동
시켰느니라
3 그런데 이 형제들을 보낸 것
은 이 일에 너희를 위한 우리
의 자랑이 헛되지 않고 내
말한 것같이 준비하게 하려
함이라
4 혹 마게도냐인들이 나와 함
께 가서 너희의 준비치 아니
한 것을 보면 너희는 고사하
고 우리가 이 믿던 것에 부끄
러움을 당할까 두려워하노
라
5 이러므로 내가 이 형제들로
먼저 너희에게 가서 너희의
전에 약속한 연보를 미리 준
비케 하도록 권면하는 것이
필요한 줄 생각하였노니 이
렇게 준비하여야 참 연보답
고 억지가 아니니라
6 이것이 곧 적게 심는 자는 적
게 거두고 많이 심는 자는
많이 거둔다 하는 말이로다
7 각각 그 마음에 정한 대로 할
것이요 인색함으로나 억지로
하지 말지니 하나님은 즐겨
내는 자를 사랑하시느니라
8 하나님이 능히 모든 은혜를
너희에게 넘치게 하시나니
이는 너희로 모든 일에 항상
모든 것이 넉넉하여 모든 착
한 일을 넘치게 하게 하려 하
심이라

9

9 기록한바 저가 흩어 가난한
자들에게 주었으니 그의 의
가 영원토록 있느니라 함과
같으니라
10 심는 자에게 씨와 먹을 양식
을 주시는 이가 너희 심을 것
을 주사 풍성하게 하시고 너
희 의의 열매를 더하게 하시
리니
11 너희가 모든 일에 부요하
여 너그럽게 연보를 함은
저희로 우리로 말미암아
하나님께 감사하게 하는
것이라
12 이 봉사의 직무가 성도들의
부족한 것만 보충할 뿐 아니
라 사람들의 하나님께 드리
는 많은 감사를 인하여 넘쳤
느니라
13 이 직무로 증거를 삼아 너
희의 그리스도의 복음을
진실히 믿고 복종하는 것
과 저희와 모든 사람을 섬
기는 너희의 후한 연보를
인하여 하나님께 영광을
돌리고
14 또 저희가 너희를 위하여 간
구하며 하나님의 너희에게
주신 지극한 은혜를 인하여
너희를 사모하느니라
15 말할 수 없는 그의 은사를
인하여 하나님께 감사하노라

바울의 권위에 대한 진술

10 너희를 대하여 대면하
면 겸비하고 떠나 있으
면 담대한 나 바울은 이제 그
리스도의 온유와 관용으로
친히 너희를 권하고
2 또한 우리를 육체대로 행하는
자로 여기는 자들을 대하여
내가 담대히 대하려는 것같이
너희와 함께 있을 때에 나로
하여금 이 담대한 태도로 대
하지 않게 하기를 구하노라

10

3 우리가 육체에 있어 행하나
육체대로 싸우지 아니하노
니
4 우리의 싸우는 병기는 육체
에 속한 것이 아니요 오직 하
나님 앞에서 견고한 진을 파
하는 강력이라
5 모든 이론을 파하며 하나님
아는 것을 대적하여 높아진
것을 다 파하고 모든 생각을
사로잡아 그리스도에게 복
종케 하니
6 너희의 복종이 온전히 될 때
에 모든 복종치 않는 것을 벌
하려고 예비하는 중에 있노라
7 너희는 외모만 보는도다 만일
사람이 자기가 그리스도에게
속한 줄을 믿을진대 자기가
그리스도에게 속한 것같이
우리도 그러한 줄을 자기 속
으로 다시 생각할 것이라
8 주께서 주신 권세는 너희를
파하려고 하신 것이 아니요
세우려고 하신 것이니 내가
이에 대하여 지나치게 자랑
하여도 부끄럽지 아니하리라
9 이는 내가 편지들로 너희를
놀라게 하려는 것같이 생각
지 않게 함이니
10 저희 말이 그 편지들은 중하
고 힘이 있으나 그 몸으로 대
할 때는 약하고 말이 시원치
않다 하니
11 이런 사람은 우리가 떠나 있
을 때에 편지들로 말하는 자
가 어떠한 자이면 함께 있을
때에 행하는 자도 그와 같은
자인 줄 알라
12 우리가 어떤 자기를 칭찬하
는 자로 더불어 감히 짝하며
비교할 수 없노라 그러나 저
희가 자기로서 자기를 헤아
리고 자기로서 자기를 비교
하니 지혜가 없도다

13 그러나 우리는 분량 밖의 자
랑을 하지 않고 오직 하나님
이 우리에게 분량으로 나눠
주신 그 분량의 한계를 따라
하노니 곧 너희에게까지 이
른 것이라
14 우리가 너희에게 미치지 못
할 자로서 스스로 지나쳐 나
아간 것이 아니요 그리스도
의 복음으로 너희에게까지
이른 것이라
15 우리는 남의 수고를 가지고
분량 밖에 자랑하는 것이 아
니라 오직 너희 믿음이 더할
수록 우리의 한계를 따라 너
희 가운데서 더욱 위대하여
지기를 바라노라
16 이는 남의 한계 안에 예비한
것으로 자랑하지 아니하고
너희 지경을 넘어 복음을 전
하려 함이라
17 자랑하는 자는 주 안에서 자
랑할지니라
18 옳다 인정함을 받는 자는 자
기를 칭찬하는 자가 아니요
오직 주께서 칭찬하시는 자
니라

바울의 자랑

11 원컨대 너희는 나의 좀
어리석은 것을 용납하
라 청컨대 나를 용납하라
2 내가 하나님의 열심으로 너
희를 위하여 열심 내노니 내
가 너희를 정결한 처녀로 한
남편인 그리스도께 드리려고
중매함이로다
3 뱀이 그 간계로 이와를 미혹
케 한 것같이 너희 마음이
그리스도를 향하는 진실함
과 깨끗함에서 떠나 부패할
까 두려워하노라
4 만일 누가 가서 우리의 전파
하지 아니한 다른 예수를 전
파하거나 혹 너희의 받지 아

11

니한 다른 영을 받게 하거나
혹 너희의 받지 아니한 다른
복음을 받게 할 때에는 너희
가 잘 용납하는구나
5 내가 지극히 큰 사도들보다
부족한 것이 조금도 없는 줄
생각하노라
6 내가 비록 말에는 졸하나 지
식에는 그렇지 아니하니 이
것을 우리가 모든 사람 가운
데서 모든 일로 너희에게 나
타내었노라
7 내가 너희를 높이려고 나를
낮추어 하나님의 복음을 값
없이 너희에게 전함으로 죄
를 지었느냐
8 내가 너희를 섬기기 위하여
다른 여러 교회에서 요를 받
은 것이 탈취한 것이라
9 또 내가 너희에게 있어 용도
가 부족하되 아무에게도 누
를 끼치지 아니함은 마게도
냐에서 온 형제들이 나의 부
족한 것을 보충하였음이라
내가 모든 일에 너희에게 폐
를 끼치지 않기 위하여 스스
로 조심하였거니와 또 조심
하리라
10 그리스도의 진리가 내 속에
있으니 아가야 지방에서 나의
이 자랑이 막히지 아니하리라
11 어떠한 연고뇨 내가 너희를
사랑하지 아니함이냐 하나
님이 아시느니라

거짓 사도들

12 내가 하는 것을 또 하리니
기회를 찾는 자들의 그 기회
를 끊어 저희로 하여금 그
자랑하는 일에 대하여 우리
와 같이 되게 하려 함이로라
13 저런 사람들은 거짓 사도요
궤휼의 역군이니 자기를 그
리스도의 사도로 가장하는
자들이니라

14 이것이 이상한 일이 아니라
사단도 자기를 광명의 천사
로 가장하나니
15 그러므로 사단의 일군들도
자기를 의의 일군으로 가장
하는 것이 또한 큰일이 아니
라 저희의 결국은 그 행위대
로 되리라

사도 바울의 수고

16 내가 다시 말하노니 누구든
지 나를 어리석은 자로 여기
지 말라 만일 그러하더라도
나로 조금 자랑하게 어리석
은 자로 받으라
17 내가 말하는 것은 주를 따라
하는 말이 아니요 오직 어리
석은 자와 같이 기탄없이 자
랑하노라
18 여러 사람이 육체를 따라 자
랑하니 나도 자랑하겠노라
19 너희는 지혜로운 자로서 어
리석은 자들을 기쁘게 용납
하는구나
20 누가 너희로 종을 삼거나 잡
아먹거나 사로잡거나 자고하
다 하거나 뺨을 칠지라도 너
희가 용납하는도다
21 우리가 약한 것같이 내가 욕
되게 말하노라 그러나 누가
무슨 일에 담대하면 어리석은
말이나마 나도 담대하리라
22 저희가 히브리인이냐 나도
그러하며 저희가 이스라엘인
이냐 나도 그러하며 저희가
아브라함의 씨냐 나도 그러
하며
23 저희가 그리스도의 일군이
냐 정신 없는 말을 하거니와
나도 더욱 그러하도다 내가
수고를 넘치도록 하고 옥에
갇히기도 더 많이 하고 매도
수없이 맞고 여러 번 죽을 뻔
하였으니
24 유대인들에게 사십에 하나

감한 매를 다섯 번 맞았으며
25 세 번 태장으로 맞고 한 번
돌로 맞고 세 번 파선하는데
일 주야를 깊음에서 지냈으
며
26 여러 번 여행에 강의 위험과
강도의 위험과 동족의 위험
과 이방인의 위험과 시내의
위험과 광야의 위험과 바다
의 위험과 거짓 형제 중의 위
험을 당하고
27 또 수고하며 애쓰고 여러 번
자지 못하고 주리며 목마르
고 여러 번 굶고 춥고 헐벗었
노라
28 이외의 일은 고사하고 오히
려 날마다 내 속에 눌리는
일이 있으니 곧 모든 교회를
위하여 염려하는 것이라
29 누가 약하면 내가 약하지 아
니하며 누가 실족하게 되면
내가 애타하지 않더냐
30 내가 부득불 자랑할진대 나
의 약한 것을 자랑하리라
31 주 예수의 아버지 영원히 찬
송할 하나님이 나의 거짓말
아니하는 줄을 아시느니라
32 다메섹에서 아레다 왕의 방
백이 나를 잡으려고 다메섹
성을 지킬새
33 내가 광주리를 타고 들창문
으로 성벽을 내려가 그 손에
서 벗어났노라

신비로운 영광과 계시

12 무익하나마 내가 부
득불 자랑하노니 주
의 환상과 계시를 말하리라
2 내가 그리스도 안에 있는
한 사람을 아노니 십사 년
전에 그가 셋째 하늘에 이
끌려 간 자라 (그가 몸 안에
있었는지 몸 밖에 있었는지
나는 모르거니와 하나님은
아시느니라)

12

3 내가 이런 사람을 아노니
(그가 몸 안에 있었는지 몸
밖에 있었는지 나는 모르거
니와 하나님은 아시느니라)
4 그가 낙원으로 이끌려 가서
말할 수 없는 말을 들었으니
사람이 가히 이르지 못할 말
이로다
5 내가 이런 사람을 위하여 자
랑하겠으나 나를 위하여는
약한 것들 외에 자랑치 아니
하리라
6 내가 만일 자랑하고자 하여도
어리석은 자가 되지 아니할 것
은 내가 참말을 함이라 그러나
누가 나를 보는 바와 내게 듣
는 바에 지나치게 생각할까 두
려워하여 그만두노라
7 여러 계시를 받은 것이 지극
히 크므로 너무 자고하지 않
게 하시려고 내 육체에 가시
곧 사단의 사자를 주셨으니
이는 나를 쳐서 너무 자고하
지 않게 하려 하심이니라
8 이것이 내게서 떠나기 위하
여 내가 세 번 주께 간구하
였더니
9 내게 이르시기를 내 은혜가
네게 족하도다 이는 내 능력이
약한 데서 온전하여짐이라 하
신지라 이러므로 도리어 크게
기뻐함으로 나의 여러 약한 것
들에 대하여 자랑하리니 이는
그리스도의 능력으로 내게 머
물게 하려 함이라
10 그러므로 내가 그리스도를
위하여 약한 것들과 능욕과
궁핍과 핍박과 곤란을 기뻐
하노니 이는 내가 약할 그 때
에 곧 강함이니라

고린도 교회에 대한 염려

11 내가 어리석은 자가 되었으
나 너희가 억지로 시킨 것이
니 내가 너희에게 칭찬을 받

아야 마땅하도다 내가 아무
것도 아니나 지극히 큰 사도
들보다 조금도 부족하지 아
니하니라
12 사도의 표 된 것은 내가 너희
가운데서 모든 참음과 표적과
기사와 능력을 행한 것이라
13 내 자신이 너희에게 폐를 끼
치지 아니한 일밖에 다른 교
회보다 부족하게 한 것이 무
엇이 있느냐 너희는 나의 이
공평치 못한 것을 용서하라
14 보라 이제 세번째 너희에게
가기를 예비하였으나 너희에
게 폐를 끼치지 아니하리라
나의 구하는 것은 너희 재물
이 아니요 오직 너희니라 어
린아이가 부모를 위하여 재
물을 저축하는 것이 아니요
이에 부모가 어린아이를 위
하여 하느니라
15 내가 너희 영혼을 위하여 크
게 기뻐함으로 재물을 허비
하고 또 내 자신까지 허비하
리니 너희를 더욱 사랑할수
록 나는 덜 사랑을 받겠느냐
16 하여간 어떤 이의 말이 내가
너희에게 짐을 지우지는 아
니하였을지라도 공교한 자가
되어 궤계로 너희를 취하였
다 하니
17 내가 너희에게 보낸 자 중에
누구로 너희의 이를 취하더냐
18 내가 디도를 권하고 함께 한
형제를 보내었으니 디도가
너희의 이를 취하더냐 우리
가 동일한 성령으로 행하지
아니하더냐 동일한 보조로
하지 아니하더냐
19 이 때까지 우리가 우리를 너희
에게 변명하는 줄로 생각하는
구나 우리가 그리스도 안에서
하나님 앞에 말하노라 사랑하
는 자들아 이 모든 것은 너희

의 덕을 세우기 위함이니라
20 내가 갈 때에 너희를 나의 원
하는 것과 같이 보지 못하고
또 내가 너희에게 너희의 원
치 않는 것과 같이 보일까 두
려워하며 또 다툼과 시기와
분냄과 당 짓는 것과 중상함
과 수군수군하는 것과 거만
함과 어지러운 것이 있을까
두려워하고
21 또 내가 다시 갈 때에 내 하나
님이 나를 너희 앞에서 낮추
실까 두려워하고 또 내가 전
에 죄를 지은 여러 사람의 그
행한바 더러움과 음란함과 호
색함을 회개치 아니함을 인
하여 근심할까 두려워하노라

마지막 경고와 인사

13 내가 이제 세번째 너희
에게 갈 터이니 두세
증인의 입으로 말마다 확정
하리라
2 내가 이미 말하였거니와 지
금 떠나 있으나 두번째 대면
하였을 때와 같이 전에 죄지
은 자들과 그 남은 모든 사람
에게 미리 말하노니 내가 다
시 가면 용서하지 아니하리라
3 이는 그리스도께서 내 안에
서 말씀하시는 증거를 너희
가 구함이니 저가 너희를 향
하여 약하지 않고 도리어 너
희 안에서 강하시니라
4 그리스도께서 약하심으로
십자가에 못 박히셨으나 오직
하나님의 능력으로 살으셨으
니 우리도 저의 안에서 약하
나 너희를 향하여 하나님의
능력으로 저와 함께 살리라
5 너희가 믿음에 있는가 너희 자
신을 시험하고 너희 자신을 확
증하라 예수 그리스도께서 너
희 안에 계신 줄을 너희가 스
스로 알지 못하느냐 그렇지 않

13

으면 너희가 버리운 자니라
6 우리가 버리운 자 되지 아니
한 것을 너희가 알기를 내가
바라고
7 우리가 하나님께서 너희로
악을 조금도 행하지 않게 하
시기를 구하노니 이는 우리
가 옳은 자임을 나타내고자
함이 아니라 오직 우리는 버
리운 자 같을지라도 너희로
선을 행하게 하고자 함이라
8 우리는 진리를 거스려 아무
것도 할 수 없고 오직 진리를
위할 뿐이니
9 우리가 약할 때에 너희의 강
한 것을 기뻐하고 또 이것을
위하여 구하니 곧 너희의 온
전하게 되는 것이라
10 이를 인하여 내가 떠나 있을
때에 이렇게 쓰는 것은 대면
할 때에 주께서 너희를 파하
려 하지 않고 세우려 하여
내게 주신 그 권세를 따라 엄
하지 않게 하려 함이니라
11 마지막으로 말하노니 형제
들아 기뻐하라 온전케 되며
위로를 받으며 마음을 같이
하며 평안할지어다 또 사랑
과 평강의 하나님이 너희와
함께 계시리라 거룩하게 입
맞춤으로 서로 문안하라
12 모든 성도가 너희에게 문안
하느니라
13 주 예수 그리스도의 은혜와
하나님의 사랑과 성령의 교
통하심이 너희 무리와 함께
있을지어다

갈라디아서

Galatians

바울은 자신이 갈라디아 지역에 세운 여러 교회들에게 이 편지를 썼는데(행 13:13-14:28), 그들에게 거짓 교사들의 거짓된 가르침에 주의하라고 경고한다. 바울은 오직 믿음에 기초한 구원의 단순한 메시지를 그들에게 상기시킨다. 교회의 다른 지도자들이 가르친 것도 바로 그런 순수한 복음이라는 것을 강조하고, 그리고 어떻게 성령 충만한 삶을 살 것인가에 관한 충고로 편지를 마치고 있다. 이 책을 읽으면서 당신은, 예수 그리스도를 믿는 개인적인 믿음에 의해 당신이 구원을 받는다는 사실을 확실히 하고, 또한 당신이 그리스도인으로서 참된 신앙의 열매를 맺을 수 있도록 성령님께 간구하라.

인 사

1 사람들에게서 난 것도 아
니요 사람으로 말미암은 것
도 아니요 오직 예수 그리스도
와 및 죽은 자 가운데서 그리
스도를 살리신 하나님 아버지
로 말미암아 사도 된 바울은
2 함께 있는 모든 형제로 더불
어 갈라디아 여러 교회들에
게
3 우리 하나님 아버지와 주 예
수 그리스도로 좇아 은혜와
평강이 있기를 원하노라
4 그리스도께서 하나님 곧 우
리 아버지의 뜻을 따라 이
악한 세대에서 우리를 건지
시려고 우리 죄를 위하여 자
기 몸을 드리셨으니
5 영광이 저에게 세세토록 있
을지어다 아멘
6 그리스도의 은혜로 너희를
부르신 이를 이같이 속히 떠
나 다른 복음 좇는 것을 내
가 이상히 여기노라
7 다른 복음은 없나니 다만 어
떤 사람들이 너희를 요란케
하여 그리스도의 복음을 변
하려 함이라
8 그러나 우리나 혹 하늘로부
터 온 천사라도 우리가 너희
에게 전한 복음 외에 다른
복음을 전하면 저주를 받을
지어다
9 우리가 전에 말하였거니와
내가 지금 다시 말하노니 만
일 누구든지 너희의 받은 것
외에 다른 복음을 전하면 저
주를 받을지어다
10 이제 내가 사람들에게 좋게
하랴 하나님께 좋게 하랴 사
람들에게 기쁨을 구하랴 내
가 지금까지 사람의 기쁨을
구하는 것이었더면 그리스
도의 종이 아니니라

1

사도가 된 경위

11 형제들아 내가 너희에게 알
게 하노니 내가 전한 복음이
사람의 뜻을 따라 된 것이
아니라
12 이는 내가 사람에게서 받은
것도 아니요 배운 것도 아니
요 오직 예수 그리스도의 계
시로 말미암은 것이라
13 내가 이전에 유대교에 있
을 때에 행한 일을 너희가
들었거니와 하나님의 교
회를 심히 핍박하여 잔해
하고
14 내가 내 동족 중 여러 연갑자
보다 유대교를 지나치게 믿
어 내 조상의 유전에 대하여
더욱 열심이 있었으나
15 그러나 내 어머니의 태로부
터 나를 택정하시고 은혜로
나를 부르신 이가
16 그 아들을 이방에 전하기
위하여 그를 내 속에 나타
내시기를 기뻐하실 때에 내
가 곧 혈육과 의논하지 아니
하고
17 또 나보다 먼저 사도 된 자
들을 만나려고 예루살렘으
로 가지 아니하고 오직 아라
비아로 갔다가 다시 다메섹
으로 돌아갔노라
18 그 후 삼 년 만에 내가 게바
를 심방하려고 예루살렘에
올라가서 저와 함께 십오 일
을 유할쌔
19 주의 형제 야고보 외에 다른
사도들을 보지 못하였노라
20 보라 내가 너희에게 쓰는 것
은 하나님 앞에서 거짓말이
아니로라
21 그 후에 내가 수리아와 길리
기아 지방에 이르렀으나
22 유대에 그리스도 안에 있는
교회들이 나를 얼굴로 알지

못하고
23 다만 우리를 핍박하던 자가
전에 잔해하던 그 믿음을 지
금 전한다 함을 듣고
24 나로 말미암아 영광을 하나
님께 돌리니라

바울과 다른 사도들

2 십사 년 후에 내가 바나
바와 함께 디도를 데리고
다시 예루살렘에 올라갔노니
2 계시를 인하여 올라가 내가
이방 가운데서 전파하는 복
음을 저희에게 제출하되 유
명한 자들에게 사사로이 한
것은 내가 달음질하는 것이
나 달음질한 것이 헛되지 않
게 하려 함이라
3 그러나 나와 함께 있는 헬라
인 디도라도 억지로 할례를
받게 아니하였으니
4 이는 가만히 들어온 거짓 형
제 까닭이라 저희가 가만히
들어온 것은 그리스도 예수
안에서 우리의 가진 자유를
엿보고 우리를 종으로 삼고
자 함이로되
5 우리가 일시라도 복종치 아
니하였으니 이는 복음의 진
리로 너희 가운데 항상 있게
하려 함이라
6 유명하다는 이들 중에 (본래
어떤 이들이든지 내게 상관
이 없으며 하나님은 사람의
외모를 취하지 아니하시나
니) 저 유명한 이들은 내게
더하여 준 것이 없고
7 도리어 내가 무할례자에게
복음 전함을 맡기를 베드로
가 할례자에게 맡음과 같이
한 것을 보고
8 베드로에게 역사하사 그를 할
례자의 사도로 삼으신 이가 또
한 내게 역사하사 나를 이방
인에게 사도로 삼으셨느니라

2

9 또 내게 주신 은혜를 알므로
기둥같이 여기는 야고보와
게바와 요한도 나와 바나바
에게 교제의 악수를 하였으
니 이는 우리는 이방인에게
로, 저희는 할례자에게로 가
게 하려 함이라
10 다만 우리에게 가난한 자들
생각하는 것을 부탁하였으
니 이것을 나도 본래 힘써 행
하노라

게바에게 면박을 주다

11 게바가 안디옥에 이르렀을
때에 책망할 일이 있기로 내
가 저를 면책하였노라
12 야고보에게서 온 어떤 이들
이 이르기 전에 게바가 이방
인과 함께 먹다가 저희가 오
매 그가 할례자들을 두려워
하여 떠나 물러가매
13 남은 유대인들도 저와 같이
외식하므로 바나바도 저희의
외식에 유혹되었느니라
14 그러므로 나는 저희가 복음의
진리를 따라 바로 행하지 아니
함을 보고 모든 자 앞에서 게
바에게 이르되 네가 유대인으
로서 이방을 좇고 유대인답게
살지 아니하면서 어찌하여 억
지로 이방인을 유대인답게 살
게 하려느냐 하였노라

믿음으로 얻는 구원

15 우리는 본래 유대인이요 이
방 죄인이 아니로되
16 사람이 의롭게 되는 것은 율법
의 행위에서 난 것이 아니요
오직 예수 그리스도를 믿음으
로 말미암는 줄 아는고로 우
리도 그리스도 예수를 믿나니
이는 우리가 율법의 행위에서
아니고 그리스도를 믿음으로
서 의롭다 함을 얻으려 함이
라 율법의 행위로서는 의롭다
함을 얻을 육체가 없느니라

17 만일 우리가 그리스도 안에
서 의롭게 되려 하다가 죄인
으로 나타나면 그리스도께
서 죄를 짓게 하는 자냐 결코
그럴 수 없느니라
18 만일 내가 헐었던 것을 다시
세우면 내가 나를 범법한 자
로 만드는 것이라
19 내가 율법으로 말미암아 율법
을 향하여 죽었나니 이는 하
나님을 향하여 살려 함이니라
20 내가 그리스도와 함께 십자
가에 못 박혔나니 그런즉 이
제는 내가 산 것이 아니요 오
직 내 안에 그리스도께서 사
신 것이라 이제 내가 육체 가
운데 사는 것은 나를 사랑하
사 나를 위하여 자기 몸을
버리신 하나님의 아들을 믿
는 믿음 안에서 사는 것이라
21 내가 하나님의 은혜를 폐하
지 아니하노니 만일 의롭게
되는 것이 율법으로 말미암
으면 그리스도께서 헛되이
죽으셨느니라

율법이냐 믿음이냐

3 어리석도다 갈라디아 사
람들아 예수 그리스도께
서 십자가에 못 박히신 것이
너희 눈앞에 밝히 보이거늘
누가 너희를 꾀더냐
2 내가 너희에게 다만 이것을
알려 하노니 너희가 성령을
받은 것은 율법의 행위로냐
듣고 믿음으로냐
3 너희가 이같이 어리석으냐
성령으로 시작하였다가 이
제는 육체로 마치겠느냐
4 너희가 이같이 많은 괴로움
을 헛되이 받았느냐 과연 헛
되냐
5 너희에게 성령을 주시고 너
희 가운데서 능력을 행하시
는 이의 일이 율법의 행위에

3

서냐 듣고 믿음에서냐
6 아브라함이 하나님을 믿으매
이것을 그에게 의로 정하셨
다 함과 같으니라
7 그런즉 믿음으로 말미암은
자들은 아브라함의 아들인
줄 알지어다
8 또 하나님이 이방을 믿음으
로 말미암아 의로 정하실 것
을 성경이 미리 알고 먼저 아
브라함에게 복음을 전하되
모든 이방이 너를 인하여 복
을 받으리라 하였으니
9 그러므로 믿음으로 말미암
은 자는 믿음이 있는 아브라
함과 함께 복을 받느니라
10 무릇 율법 행위에 속한 자들
은 저주 아래 있나니 기록된
바 누구든지 율법책에 기록
된 대로 온갖 일을 항상 행하
지 아니하는 자는 저주 아래
있는 자라 하였음이라
11 또 하나님 앞에서 아무나 율
법으로 말미암아 의롭게 되
지 못할 것이 분명하니 이는
의인이 믿음으로 살리라 하
였음이니라
12 율법은 믿음에서 난 것이 아
니라 이를 행하는 자는 그
가운데서 살리라 하였느니
라
13 그리스도께서 우리를 위하
여 저주를 받은 바 되사 율
법의 저주에서 우리를 속량
하셨으니 기록된바 나무에
달린 자마다 저주 아래 있는
자라 하였음이라
14 이는 그리스도 예수 안에서
아브라함의 복이 이방인에게
미치게 하고 또 우리로 하여
금 믿음으로 말미암아 성령
의 약속을 받게 하려 함이니
라

율법과 약속

15 형제들아 사람의 예대로 말
하노니 사람의 언약이라도
정한 후에는 아무나 폐하거
나 더하거나 하지 못하느니
라
16 이 약속들은 아브라함과 그
자손에게 말씀하신 것인데
여럿을 가리켜 그 자손들이
라 하지 아니하시고 오직 하
나를 가리켜 네 자손이라 하
셨으니 곧 그리스도라
17 내가 이것을 말하노니 하나
님의 미리 정하신 언약을 사
백삼십 년 후에 생긴 율법이
없이하지 못하여 그 약속을
헛되게 하지 못하리라
18 만일 그 유업이 율법에서 난
것이면 약속에서 난 것이 아
니리라 그러나 하나님이 약
속으로 말미암아 아브라함
에게 은혜로 주신 것이라

율법의 목적

19 그런즉 율법은 무엇이냐 범
법함을 인하여 더한 것이라
천사들로 말미암아 중보의
손을 빌어 베푸신 것인데 약
속하신 자손이 오시기까지
있을 것이라
20 중보는 한편만 위한 자가 아
니나 오직 하나님은 하나이
시니라
21 그러면 율법이 하나님의 약속
들을 거스리느냐 결코 그럴 수
없느니라 만일 능히 살게 하는
율법을 주셨더면 의가 반드시
율법으로 말미암았으리라
22 그러나 성경이 모든 것을 죄
아래 가두었으니 이는 예수
그리스도를 믿음으로 말미
암은 약속을 믿는 자들에게
주려 함이니라
23 믿음이 오기 전에 우리가 율
법 아래 매인 바 되고 계시될
믿음의 때까지 갇혔느니라

24 이같이 율법이 우리를 그리
스도에게로 인도하는 몽학
선생이 되어 우리로 하여금
믿음으로 말미암아 의롭다
함을 얻게 하려 함이니라
25 믿음이 온 후로는 우리가 몽
학 선생 아래 있지 아니하도
다
26 너희가 다 믿음으로 말미암
아 그리스도 예수 안에서 하
나님의 아들이 되었으니
27 누구든지 그리스도와 합하
여 세례를 받은 자는 그리스
도로 옷 입었느니라
28 너희는 유대인이나 헬라인이
나 종이나 자주자나 남자나
여자 없이 다 그리스도 예수
안에서 하나이니라
29 너희가 그리스도께 속한 자
면 곧 아브라함의 자손이요
약속대로 유업을 이을 자니
라

4 내가 또 말하노니 유업을
이을 자가 모든 것의 주
인이나 어렸을 동안에는 종
과 다름이 없어서
2 그 아버지의 정한 때까지 후
견인과 청지기 아래 있나니
3 이와 같이 우리도 어렸을 때
에 이 세상 초등 학문 아래
있어서 종노릇 하였더니
4 때가 차매 하나님이 그 아들
을 보내사 여자에게서 나게
하시고 율법 아래 나게 하신
것은
5 율법 아래 있는 자들을 속량
하시고 우리로 아들의 명분
을 얻게 하려 하심이라
6 너희가 아들인고로 하나님
이 그 아들의 영을 우리 마
음 가운데 보내사 아바 아버
지라 부르게 하셨느니라
7 그러므로 네가 이후로는 종
이 아니요 아들이니 아들이

4

면 하나님으로 말미암아 유
업을 이을 자니라

갈라디아인들을 걱정함

8 그러나 너희가 그 때에는 하
나님을 알지 못하여 본질상
하나님이 아닌 자들에게 종
노릇 하였더니
9 이제는 너희가 하나님을 알
뿐더러 하나님의 아신 바 되
었거늘 어찌하여 다시 약하
고 천한 초등 학문으로 돌아
가서 다시 저희에게 종노릇
하려 하느냐
10 너희가 날과 달과 절기와 해
를 삼가 지키니
11 내가 너희를 위하여 수고한
것이 헛될까 두려워하노라
12 형제들아 내가 너희와 같이
되었은즉 너희도 나와 같이
되기를 구하노라 너희가 내
게 해롭게 하지 아니하였느
니라
13 내가 처음에 육체의 약함을
인하여 너희에게 복음을 전
한 것을 너희가 아는 바라
14 너희를 시험하는 것이 내 육
체에 있으되 이것을 너희가
업신여기지도 아니하며 버리
지도 아니하고 오직 나를 하
나님의 천사와 같이 또는 그
리스도 예수와 같이 영접하
였도다
15 너희의 복이 지금 어디 있느
냐 내가 너희에게 증거하노
니 너희가 할 수만 있었더면
너희의 눈이라도 빼어 나를
주었으리라
16 그런즉 내가 너희에게 참된
말을 하므로 원수가 되었느냐
17 저희가 너희를 대하여 열심
내는 것이 좋은 뜻이 아니요
오직 너희를 이간 붙여 너희
로 저희를 대하여 열심 내게
하려 함이라

18 좋은 일에 대하여 열심으로
사모함을 받음은 내가 너희
를 대하였을 때뿐 아니라 언
제든지 좋으니라
19 나의 자녀들아 너희 속에 그
리스도의 형상이 이루기까
지 다시 너희를 위하여 해산
하는 수고를 하노니
20 내가 이제라도 너희와 함께
있어 내 음성을 변하려 함은
너희를 대하여 의심이 있음
이라
21 내게 말하라 율법 아래 있고
자 하는 자들아 율법을 듣지
못하였느냐
22 기록된바 아브라함이 두 아
들이 있으니 하나는 계집종
에게서, 하나는 자유하는 여
자에게서 났다 하였으나
23 계집종에게서는 육체를 따
라 났고 자유하는 여자에게
서는 약속으로 말미암았느
니라
24 이것은 비유니 이 여자들은
두 언약이라 하나는 시내산
으로부터 종을 낳은 자니 곧
하가라
25 이 하가는 아라비아에 있는
시내산으로 지금 있는 예루
살렘과 같은 데니 저가 그
자녀들로 더불어 종노릇 하
고
26 오직 위에 있는 예루살렘은
자유자니 곧 우리 어머니라
27 기록된바 잉태치 못한 자여
즐거워하라 구로치 못한 자
여 소리 질러 외치라 이는 홀
로 사는 자의 자녀가 남편
있는 자의 자녀보다 많음이
라 하였으니
28 형제들아 너희는 이삭과 같
이 약속의 자녀라
29 그러나 그 때에 육체를 따라
난 자가 성령을 따라 난 자를

핍박한 것같이 이제도 그러
하도다
30 그러나 성경이 무엇을 말하
느뇨 계집종과 그 아들을 내
어 쫓으라 계집종의 아들이
자유하는 여자의 아들로 더
불어 유업을 얻지 못하리라
하였느니라
31 그런즉 형제들아 우리는 계
집종의 자녀가 아니요 자유
하는 여자의 자녀니라

그리스도인의 자유

5 그리스도께서 우리로 자
유케 하려고 자유를 주
셨으니 그러므로 굳세게 서
서 다시는 종의 멍에를 메지
말라
2 보라 나 바울은 너희에게 말
하노니 너희가 만일 할례를
받으면 그리스도께서 너희에
게 아무 유익이 없으리라
3 내가 할례를 받는 각 사람에
게 다시 증거하노니 그는 율
법 전체를 행할 의무를 가진
자라
4 율법 안에서 의롭다 함을 얻
으려 하는 너희는 그리스도
에게서 끊어지고 은혜에서
떨어진 자로다
5 우리가 성령으로 믿음을 좇
아 의의 소망을 기다리노니
6 그리스도 예수 안에서는 할
례나 무할례가 효력이 없되
사랑으로써 역사하는 믿음
뿐이니라
7 너희가 달음질을 잘 하더니
누가 너희를 막아 진리를 순
종치 않게 하더냐
8 그 권면이 너희를 부르신 이
에게서 난 것이 아니라
9 적은 누룩이 온 덩이에 퍼지
느니라
10 나는 너희가 아무 다른 마음
도 품지 아니할 줄을 주 안

5

에서 확신하노라 그러나 너
희를 요동케 하는 자는 누구
든지 심판을 받으리라
11 형제들아 내가 지금까지 할
례를 전하면 어찌하여 지금
까지 핍박을 받으리요 그리
하였으면 십자가의 거치는
것이 그쳤으리니
12 너희를 어지럽게 하는 자들
이 스스로 베어 버리기를 원
하노라
13 형제들아 너희가 자유를 위
하여 부르심을 입었으나 그
러나 그 자유로 육체의 기회
를 삼지 말고 오직 사랑으로
서로 종노릇 하라
14 온 율법은 네 이웃 사랑하기
를 네 몸같이 하라 하신 한
말씀에 이루었나니
15 만일 서로 물고 먹으면 피차
멸망할까 조심하라

성령의 열매와 육정의 열매

16 내가 이르노니 너희는 성령
을 좇아 행하라 그리하면 육
체의 욕심을 이루지 아니하
리라
17 육체의 소욕은 성령을 거스리
고 성령의 소욕은 육체를 거
스리나니 이 둘이 서로 대적
함으로 너희의 원하는 것을
하지 못하게 하려 함이니라
18 너희가 만일 성령의 인도하
시는 바가 되면 율법 아래 있
지 아니하리라
19 육체의 일은 현저하니 곧 음
행과 더러운 것과 호색과
20 우상 숭배와 술수와 원수를
맺는 것과 분쟁과 시기와 분
냄과 당짓는 것과 분리함과
이단과
21 투기와 술 취함과 방탕함
과 또 그와 같은 것들이라
전에 너희에게 경계한 것같
이 경계하노니 이런 일을

하는 자들은 하나님의 나
라를 유업으로 받지 못할
것이요
22 오직 성령의 열매는 사랑과
희락과 화평과 오래 참음과
자비와 양선과 충성과
23 온유와 절제니 이 같은 것을
금지할 법이 없느니라
24 그리스도 예수의 사람들은
육체와 함께 그 정과 욕심을
십자가에 못 박았느니라
25 만일 우리가 성령으로 살면
또한 성령으로 행할지니
26 헛된 영광을 구하여 서로 격
동하고 서로 투기하지 말지
니라

6 형제들아 사람이 만일
무슨 범죄한 일이 드러나
거든 신령한 너희는 온유한
심령으로 그러한 자를 바로
잡고 네 자신을 돌아보아 너
도 시험을 받을까 두려워하
라
2 너희가 짐을 서로 지라 그리
하여 그리스도의 법을 성취
하라
3 만일 누가 아무것도 되지 못
하고 된 줄로 생각하면 스스
로 속임이니라
4 각각 자기의 일을 살피라 그
리하면 자랑할 것이 자기에
게만 있고 남에게는 있지 아
니하리니
5 각각 자기의 짐을 질 것임이
니라
6 가르침을 받는 자는 말씀을
가르치는 자와 모든 좋은 것
을 함께 하라
7 스스로 속이지 말라 하나님
은 만홀히 여김을 받지 아니
하시나니 사람이 무엇으로
심든지 그대로 거두리라
8 자기의 육체를 위하여 심는
자는 육체로부터 썩어진 것

6

을 거두고 성령을 위하여 심
는 자는 성령으로부터 영생
을 거두리라
9 우리가 선을 행하되 낙심하
지 말지니 피곤하지 아니하
면 때가 이르매 거두리라
10 그러므로 우리는 기회 있는
대로 모든 이에게 착한 일을
하되 더욱 믿음의 가정들에
게 할지니라

마지막 권고와 인사

11 내 손으로 너희에게 이렇게
큰 글자로 쓴 것을 보라
12 무릇 육체의 모양을 내려 하
는 자들이 억지로 너희로 할
례받게 함은 저희가 그리스
도의 십자가를 인하여 핍박
을 면하려 함뿐이라
13 할례받은 저희라도 스스로 율
법은 지키지 아니하고 너희로
할례받게 하려 하는 것은 너희
의 육체로 자랑하려 함이니라
14 그러나 내게는 우리 주 예수
그리스도의 십자가 외에 결
코 자랑할 것이 없으니 그리
스도로 말미암아 세상이 나
를 대하여 십자가에 못 박히
고 내가 또한 세상을 대하여
그러하니라
15 할례나 무할례가 아무것도
아니로되 오직 새로 지으심
을 받은 자뿐이니라
16 무릇 이 규례를 행하는 자에
게와 하나님의 이스라엘에게
평강과 긍휼이 있을지어다
17 이후로는 누구든지 나를 괴
롭게 말라 내가 내 몸에 예
수의 흔적을 가졌노라
18 형제들아 우리 주 예수 그리
스도의 은혜가 너희 심령에
있을지어다 아멘

에베소서

Ephesians

바울은 로마 감옥으로부터 그가 에베소에 세운 교회에게 이 편지를 쓴다. 편지의 전반부에서 바울은, 하나님께서 예수 그리스도를 통해 세상을 구원하시려는 위대한 계획을 설명하고 있는데, 그것이 그리스도인 개인과 온 세상의 교회를 위해 무엇을 의미하는 지를 보여준다. 편지의 나머지 절반에서 바울은 어떻게 그리스도인의 삶을 살아갈 것인가에 관해 실제적인 충고를 하고 있다. 이 책을 읽으면서 당신은, 먼저 당신 자신을 스스로 살펴보아 구원받았는지를 확인하라. 그런 후에 그리스도의 군사로서 사탄의 세력과 대항하여 힘써 싸우고, 나아가 당신의 가족 및 교회, 그리고 당신의 지역 사회에 주님의 사랑을 나타내 보여주라.

1 하나님의 뜻으로 말미암
아 그리스도 예수의 사도
된 바울은 에베소에 있는 성
도들과 그리스도 예수 안의
신실한 자들에게 편지하노니
2 하나님 우리 아버지와 주 예
수 그리스도로 좇아 은혜와
평강이 너희에게 있을지어다

그리스도를 통해 받는 복

3 찬송하리로다 하나님 곧 우
리 주 예수 그리스도의 아버
지께서 그리스도 안에서 하
늘에 속한 모든 신령한 복으
로 우리에게 복 주시되
4 곧 창세 전에 그리스도 안에
서 우리를 택하사 우리로 사
랑 안에서 그 앞에 거룩하고
흠이 없게 하시려고
5 그 기쁘신 뜻대로 우리를 예
정하사 예수 그리스도로 말
미암아 자기의 아들들이 되
게 하셨으니
6 이는 그의 사랑하시는 자 안
에서 우리에게 거저 주시는
바 그의 은혜의 영광을 찬미
하게 하려는 것이라
7 우리가 그리스도 안에서
그의 은혜의 풍성함을 따
라 그의 피로 말미암아
구속 곧 죄 사함을 받았
으니
8 이는 그가 모든 지혜와 총명
으로 우리에게 넘치게 하사
9 그 뜻의 비밀을 우리에게 알
리셨으니 곧 그 기쁘심을 따
라 그리스도 안에서 때가 찬
경륜을 위하여 예정하신 것
이니
10 하늘에 있는 것이나 땅에 있
는 것이 다 그리스도 안에서
통일되게 하려 하심이라
11 모든 일을 그 마음의 원대로
역사하시는 자의 뜻을 따라
우리가 예정을 입어 그 안에

1

서 기업이 되었으니
12 이는 그리스도 안에서 전부
터 바라던 우리로 그의 영광
의 찬송이 되게 하려 하심이
라
13 그 안에서 너희도 진리의 말
씀 곧 너희의 구원의 복음을
듣고 그 안에서 또한 믿어 약
속의 성령으로 인치심을 받
았으니
14 이는 우리의 기업에 보증이
되사 그 얻으신 것을 구속하
시고 그의 영광을 찬미하게
하려 하심이라

그리스도는 교회의 머리

15 이를 인하여 주 예수 안에서
너희 믿음과 모든 성도를 향
한 사랑을 나도 듣고
16 너희를 인하여 감사하기를
마지 아니하고 내가 기도할
때에 너희를 말하노라
17 우리 주 예수 그리스도의 하
나님, 영광의 아버지께서 지
혜와 계시의 정신을 너희에
게 주사 하나님을 알게 하시
고
18 너희 마음 눈을 밝히사 그의
부르심의 소망이 무엇이며
성도 안에서 그 기업의 영광
의 풍성이 무엇이며
19 그의 힘의 강력으로 역사하
심을 따라 믿는 우리에게 베
푸신 능력의 지극히 크심이
어떤 것을 너희로 알게 하시
기를 구하노라
20 그 능력이 그리스도 안에서
역사하사 죽은 자들 가운데
서 다시 살리시고 하늘에서
자기의 오른편에 앉히사
21 모든 정사와 권세와 능력과
주관하는 자와 이 세상뿐 아
니라 오는 세상에 일컫는 모든
이름 위에 뛰어나게 하시고
22 또 만물을 그 발 아래 복종

하게 하시고 그를 만물 위에
교회의 머리로 주셨느니라
23 교회는 그의 몸이니 만물 안
에서 만물을 충만케 하시는
자의 충만이니라

죽음으로부터 생명으로

2 너희의 허물과 죄로 죽었
던 너희를 살리셨도다
2 그 때에 너희가 그 가운데서
행하여 이 세상 풍속을 좇고
공중의 권세 잡은 자를 따랐
으니 곧 지금 불순종의 아들
들 가운데서 역사하는 영이라
3 전에는 우리도 다 그 가운데
서 우리 육체의 욕심을 따라
지내며 육체와 마음의 원하
는 것을 하여 다른 이들과
같이 본질상 진노의 자녀이
었더니
4 긍휼에 풍성하신 하나님이
우리를 사랑하신 그 큰 사랑
을 인하여
5 허물로 죽은 우리를 그리스
도와 함께 살리셨고 (너희가
은혜로 구원을 얻은 것이라)
6 또 함께 일으키사 그리스도
예수 안에서 함께 하늘에 앉
히시니
7 이는 그리스도 예수 안에서
우리에게 자비하심으로써
그 은혜의 지극히 풍성함을
오는 여러 세대에 나타내려
하심이니라
8 너희가 그 은혜를 인하여 믿
음으로 말미암아 구원을 얻
었나니 이것이 너희에게서
난 것이 아니요 하나님의 선
물이라
9 행위에서 난 것이 아니니 이
는 누구든지 자랑치 못하게
함이니라
10 우리는 그의 만드신 바라 그
리스도 예수 안에서 선한 일
을 위하여 지으심을 받은 자

2

니 이 일은 하나님이 전에 예
비하사 우리로 그 가운데서
행하게 하려 하심이니라

그리스도 안에서 하나가 되라

11 그러므로 생각하라 너희는
그 때에 육체로 이방인이요
손으로 육체에 행한 할례당
이라 칭하는 자들에게 무할
례당이라 칭함을 받는 자들
이라
12 그 때에 너희는 그리스도 밖
에 있었고 이스라엘 나라 밖
의 사람이라 약속의 언약들
에 대하여 외인이요 세상에
서 소망이 없고 하나님도 없
는 자이더니
13 이제는 전에 멀리 있던 너희
가 그리스도 예수 안에서 그
리스도의 피로 가까와졌느
니라
14 그는 우리의 화평이신지라
둘로 하나를 만드사 중간에
막힌 담을 허시고
15 원수 된 것 곧 의문에 속한
계명의 율법을 자기 육체로
폐하셨으니 이는 이 둘로 자
기의 안에서 한 새사람을 지
어 화평하게 하시고
16 또 십자가로 이 둘을 한 몸
으로 하나님과 화목하게 하
려 하심이라 원수 된 것을 십
자가로 소멸하시고
17 또 오셔서 먼 데 있는 너희에
게 평안을 전하고 가까운 데
있는 자들에게 평안을 전하
셨으니
18 이는 저로 말미암아 우리 둘
이 한 성령 안에서 아버지께
나아감을 얻게 하려 하심이라
19 그러므로 이제부터 너희가
외인도 아니요 손도 아니요
오직 성도들과 동일한 시민
이요 하나님의 권속이라
20 너희는 사도들과 선지자들의

터 위에 세우심을 입은 자라
그리스도 예수께서 친히 모
퉁이돌이 되셨느니라
21 그의 안에서 건물마다 서로
연결하여 주 안에서 성전이
되어가고
22 너희도 성령 안에서 하나님
의 거하실 처소가 되기 위하
여 예수 안에서 함께 지어져
가느니라

이방인들을 위한 바울의 사도직

3 이러하므로 그리스도 예
수의 일로 너희 이방을
위하여 갇힌 자 된 나 바울
은……
2 너희를 위하여 내게 주신 하
나님의 그 은혜의 경륜을 너
희가 들었을 터이라
3 곧 계시로 내게 비밀을 알게
하신 것은 내가 이미 대강 기
록함과 같으니
4 이것을 읽으면 그리스도의
비밀을 내가 깨달은 것을 너
희가 알 수 있으리라
5 이제 그의 거룩한 사도들과
선지자들에게 성령으로 나
타내신 것같이 다른 세대에
서는 사람의 아들들에게 알
게 하지 아니하셨으니
6 이는 이방인들이 복음으로
말미암아 그리스도 예수 안
에서 함께 후사가 되고 함께
지체가 되고 함께 약속에 참
예하는 자가 됨이라
7 이 복음을 위하여 그의 능력
이 역사하시는 대로 내게 주
신 하나님의 은혜의 선물을
따라 내가 일군이 되었노라
8 모든 성도 중에 지극히 작은
자보다 더 작은 나에게 이 은
혜를 주신 것은 측량할 수
없는 그리스도의 풍성을 이
방인에게 전하게 하시고
9 영원부터 만물을 창조하신

3

하나님 속에 감취었던 비밀
의 경륜이 어떠한 것을 드러
내게 하려 하심이라
10 이는 이제 교회로 말미암아
하늘에서 정사와 권세들에
게 하나님의 각종 지혜를 알
게 하려 하심이니
11 곧 영원부터 우리 주 그리스
도 예수 안에서 예정하신 뜻
대로 하신 것이라
12 우리가 그 안에서 그를 믿음
으로 말미암아 담대함과 하
나님께 당당히 나아감을 얻
느니라
13 그러므로 너희에게 구하노니
너희를 위한 나의 여러 환난
에 대하여 낙심치 말라 이는
너희의 영광이니라

바울의 기도

14 이러하므로 내가 하늘과 땅
에 있는 각 족속에게
15 이름을 주신 아버지 앞에 무
릎을 꿇고 비노니
16 그 영광의 풍성을 따라 그의
성령으로 말미암아 너희 속
사람을 능력으로 강건하게
하옵시며
17 믿음으로 말미암아 그리스도
께서 너희 마음에 계시게 하
옵시고 너희가 사랑 가운데서
뿌리가 박히고 터가 굳어져서
18 능히 모든 성도와 함께 지식
에 넘치는 그리스도의 사랑
을 알아
19 그 넓이와 길이와 높이와 깊
이가 어떠함을 깨달아 하나
님의 모든 충만하신 것으로
너희에게 충만하게 하시기를
구하노라
20 우리 가운데서 역사하시는
능력대로 우리의 온갖 구하
는 것이나 생각하는 것에 더
넘치도록 능히 하실 이에게
21 교회 안에서와 그리스도 예

수 안에서 영광이 대대로 영
원 무궁하기를 원하노라 아
멘

일치를 호소하다

4 그러므로 주 안에서 갇
힌 내가 너희를 권하노니
너희가 부르심을 입은 부름
에 합당하게 행하여
2 모든 겸손과 온유로 하고 오
래 참음으로 사랑 가운데서
서로 용납하고
3 평안의 매는 줄로 성령의 하
나 되게 하신 것을 힘써 지키
라
4 몸이 하나이요 성령이 하나
이니 이와 같이 너희가 부르
심의 한 소망 안에서 부르심
을 입었느니라
5 주도 하나이요 믿음도 하나
이요 세례도 하나이요
6 하나님도 하나이시니 곧 만
유의 아버지시라 만유 위에
계시고 만유를 통일하시고
만유 가운데 계시도다
7 우리 각 사람에게 그리스도
의 선물의 분량대로 은혜를
주셨나니
8 그러므로 이르기를 그가 위
로 올라가실 때에 사로잡힌
자를 사로잡고 사람들에게
선물을 주셨다 하였도다
9 올라가셨다 하였은즉 땅 아
랫곳으로 내리셨던 것이 아
니면 무엇이냐
10 내리셨던 그가 곧 모든 하늘
위에 오르신 자니 이는 만물
을 충만케 하려 하심이니라
11 그가 혹은 사도로, 혹은 선
지자로, 혹은 복음 전하는
자로, 혹은 목사와 교사로
주셨으니
12 이는 성도를 온전케 하며 봉
사의 일을 하게 하며 그리스
도의 몸을 세우려 하심이라

4

13 우리가 다 하나님의 아들을
믿는 것과 아는 일에 하나가
되어 온전한 사람을 이루어
그리스도의 장성한 분량이
충만한 데까지 이르리니
14 이는 우리가 이제부터 어린
아이가 되지 아니하여 사람
의 궤술과 간사한 유혹에 빠
져 모든 교훈의 풍조에 밀려
요동치 않게 하려 함이라
15 오직 사랑 안에서 참된 것을
하여 범사에 그에게까지 자
랄지라 그는 머리니 곧 그리
스도라
16 그에게서 온몸이 각 마디를
통하여 도움을 입음으로 연
락하고 상합하여 각 지체의
분량대로 역사하여 그 몸을
자라게 하며 사랑 안에서 스
스로 세우느니라

그리스도 안에서의 새 생활

17 그러므로 내가 이것을 말하
며 주 안에서 증거하노니 이
제부터는 이방인이 그 마음
의 허망한 것으로 행함같이
너희는 행하지 말라
18 저희 총명이 어두워지고 저
희 가운데 있는 무지함과 저
희 마음이 굳어짐으로 말미
암아 하나님의 생명에서 떠
나 있도다
19 저희가 감각 없는 자 되어 자
신을 방탕에 방임하여 모든
더러운 것을 욕심으로 행하
되
20 오직 너희는 그리스도를 이
같이 배우지 아니하였느니라
21 진리가 예수 안에 있는 것같
이 너희가 과연 그에게서 듣
고 또한 그 안에서 가르침을
받았을진대
22 너희는 유혹의 욕심을 따라
썩어져 가는 구습을 좇는 옛
사람을 벗어 버리고

23 오직 심령으로 새롭게 되어
24 하나님을 따라 의와 진리의
거룩함으로 지으심을 받은
새 사람을 입으라
25 그런즉 거짓을 버리고 각각
그 이웃으로 더불어 참된 것
을 말하라 이는 우리가 서로
지체가 됨이니라
26 분을 내어도 죄를 짓지 말며
해가 지도록 분을 품지 말고
27 마귀로 틈을 타지 못하게 하
라
28 도적질하는 자는 다시 도적
질하지 말고 돌이켜 빈궁한
자에게 구제할 것이 있기 위
하여 제 손으로 수고하여 선
한 일을 하라
29 무릇 더러운 말은 너희 입 밖
에도 내지 말고 오직 덕을 세
우는 데 소용되는 대로 선한
말을 하여 듣는 자들에게 은
혜를 끼치게 하라
30 하나님의 성령을 근심하게
하지 말라 그 안에서 너희가
구속의 날까지 인치심을 받
았느니라
31 너희는 모든 악독과 노함과 분
냄과 떠드는 것과 훼방하는
것을 모든 악의와 함께 버리고
32 서로 인자하게 하며 불쌍히
여기며 서로 용서하기를 하
나님이 그리스도 안에서 너
희를 용서하심과 같이 하라

5 그러므로 사랑을 입은 자
녀같이 너희는 하나님을
본받는 자가 되고
2 그리스도께서 너희를 사랑
하신 것같이 너희도 사랑 가
운데서 행하라 그는 우리를
위하여 자신을 버리사 향기
로운 제물과 생축으로 하나
님께 드리셨느니라
3 음행과 온갖 더러운 것과 탐
욕은 너희 중에서 그 이름이

5

라도 부르지 말라 이는 성도
의 마땅한 바니라
4 누추함과 어리석은 말이나
희롱의 말이 마땅치 아니하
니 돌이켜 감사하는 말을 하
라
5 너희도 이것을 정녕히 알거
니와 음행하는 자나 더러운
자나 탐하는 자 곧 우상 숭
배자는 다 그리스도와 하나
님 나라에서 기업을 얻지 못
하리니

빛의 자녀

6 누구든지 헛된 말로 너희를
속이지 못하게 하라 이를
인하여 하나님의 진노가
불순종의 아들들에게 임하
나니
7 그러므로 저희와 함께 참예
하는 자 되지 말라
8 너희가 전에는 어두움이더
니 이제는 주 안에서 빛이라
빛의 자녀들처럼 행하라
9 빛의 열매는 모든 착함과 의
로움과 진실함에 있느니라
10 주께 기쁘시게 할 것이 무엇
인가 시험하여 보라
11 너희는 열매 없는 어두움의
일에 참예하지 말고 도리어
책망하라
12 저희의 은밀히 행하는 것
들은 말하기도 부끄러움이
라
13 그러나 책망을 받는 모든 것
이 빛으로 나타나나니 나타
나지는 것마다 빛이니라
14 그러므로 이르시기를 잠자
는 자여 깨어서 죽은 자들
가운데서 일어나라 그리스
도께서 네게 비취시리라 하
셨느니라
15 그런즉 너희가 어떻게 행할
것을 자세히 주의하여 지혜
없는 자같이 말고 오직 지혜

있는 자같이 하여
16 세월을 아끼라 때가 악하니
라
17 그러므로 어리석은 자가 되
지 말고 오직 주의 뜻이 무엇
인가 이해하라
18 술 취하지 말라 이는 방탕한
것이니 오직 성령의 충만을
받으라
19 시와 찬미와 신령한 노래들로
서로 화답하며 너희의 마음으
로 주께 노래하며 찬송하며
20 범사에 우리 주 예수 그리스
도의 이름으로 항상 아버지
하나님께 감사하며

남편과 아내

21 그리스도를 경외함으로 피차
복종하라
22 아내들이여 자기 남편에게
복종하기를 주께 하듯 하라
23 이는 남편이 아내의 머리 됨
이 그리스도께서 교회의 머
리 됨과 같음이니 그가 친히
몸의 구주시니라
24 그러나 교회가 그리스도에게
하듯 아내들도 범사에 그 남
편에게 복종할지니라
25 남편들아 아내 사랑하기를
그리스도께서 교회를 사랑
하시고 위하여 자신을 주심
같이 하라
26 이는 곧 물로 씻어 말씀으로
깨끗하게 하사 거룩하게 하
시고
27 자기 앞에 영광스러운 교회
로 세우사 티나 주름 잡힌
것이나 이런 것들이 없이 거
룩하고 흠이 없게 하려 하심
이니라
28 이와 같이 남편들도 자기 아
내 사랑하기를 제 몸같이 할
지니 자기 아내를 사랑하는
자는 자기를 사랑하는 것이
라

29 누구든지 언제든지 제 육체를
미워하지 않고 오직 양육하여
보호하기를 그리스도께서 교
회를 보양함과 같이 하나니
30 우리는 그 몸의 지체임이니
라
31 이러므로 사람이 부모를 떠
나 그 아내와 합하여 그 둘
이 한 육체가 될지니
32 이 비밀이 크도다 내가 그리
스도와 교회에 대하여 말하
노라
33 그러나 너희도 각각 자기의 아
내 사랑하기를 자기같이 하고
아내도 그 남편을 경외하라

자녀와 부모

6 자녀들아 너희 부모를 주
안에서 순종하라 이것이
옳으니라
2 네 아버지와 어머니를 공경
하라 이것이 약속 있는 첫 계
명이니
3 이는 네가 잘 되고 땅에서
장수하리라
4 또 아비들아 너희 자녀를 노
엽게 하지 말고 오직 주의 교
양과 훈계로 양육하라
5 종들아 두려워하고 떨며 성
실한 마음으로 육체의 상전
에게 순종하기를 그리스도
께 하듯 하여
6 눈가림만 하여 사람을 기쁘
게 하는 자처럼 하지 말고 그
리스도의 종들처럼 마음으
로 하나님의 뜻을 행하여
7 단 마음으로 섬기기를 주께
하듯 하고 사람들에게 하듯
하지 말라
8 이는 각 사람이 무슨 선을
행하든지 종이나 자유하는
자나 주에게 그대로 받을 줄
을 앎이니라
9 상전들아 너희도 저희에게
이와 같이 하고 공갈을 그치

6

라 이는 저희와 너희의 상전
이 하늘에 계시고 그에게는
외모로 사람을 취하는 일이
없는 줄 너희가 앎이니라

영적 투쟁

10 종말로 너희가 주 안에서와
그 힘의 능력으로 강건하여
지고
11 마귀의 궤계를 능히 대적하
기 위하여 하나님의 전신갑
주를 입으라
12 우리의 씨름은 혈과 육에 대
한 것이 아니요 정사와 권세
와 이 어두움의 세상 주관자
들과 하늘에 있는 악의 영들
에게 대함이라
13 그러므로 하나님의 전신갑
주를 취하라 이는 악한 날에
너희가 능히 대적하고 모든
일을 행한 후에 서기 위함이
라
14 그런즉 서서 진리로 너희 허
리띠를 띠고 의의 흉배를 붙
이고
15 평안의 복음의 예비한 것으
로 신을 신고
16 모든 것 위에 믿음의 방패를
가지고 이로써 능히 악한 자
의 모든 화전을 소멸하고
17 구원의 투구와 성령의 검 곧
하나님의 말씀을 가지라
18 모든 기도와 간구로 하되 무
시로 성령 안에서 기도하고
이를 위하여 깨어 구하기를
항상 힘쓰며 여러 성도를 위
하여 구하고
19 또 나를 위하여 구할 것은
내게 말씀을 주사 나로 입을
벌려 복음의 비밀을 담대히
알리게 하옵소서 할 것이니
20 이 일을 위하여 내가 쇠사슬
에 매인 사신이 된 것은 나로
이 일에 당연히 할 말을 담대
히 하게 하려 하심이니라

21 나의 사정 곧 내가 무엇을
하는지 너희에게도 알게 하
려 하노니 사랑을 받은 형제
요 주 안에서 진실한 일군인
두기고가 모든 일을 너희에
게 알게 하리라
22 우리 사정을 알게 하고 또 너
희 마음을 위로하게 하기 위
하여 내가 특별히 저를 너희
에게 보내었노라
23 아버지 하나님과 주 예수 그
리스도에게로부터 평안과 믿
음을 겸한 사랑이 형제들에
게 있을지어다
24 우리 주 예수 그리스도를 변
함없이 사랑하는 모든 자에
게 은혜가 있을지어다

빌립보서

Philippians

바울은 자신이 빌립보에 세운 교회에게 이 편지를 쓴다(행 16:11–40). 이 편지를 쓸 때, 바울은 비록 감옥에 있었지만, 그리스도가 그에게 의미하는 것이 무엇인지를 생각할 때, 그리고 빌립보 교인들이 그를 위해 행하는 선한 일들을 생각할 때, 그는 기쁨과 감사를 느낀다. 이 편지를 통해 바울은 빌립보 교인들에게 어떻게 그리스도인의 삶을 살아야 할 것인지에 관해 매우 실제적인 조언을 제공해 주고 있다. 이 책을 읽으면서 당신은, 상황이 어떠하든지 항상 주 안에서 기뻐하고 만족하는 삶을 살아가도록 하라.

1 그리스도 예수의 종 바울
과 디모데는 그리스도 예
수 안에서 빌립보에 사는 모
든 성도와 또는 감독들과 집
사들에게 편지하노니
2 하나님 우리 아버지와 주 예
수 그리스도에게로서 은혜
와 평강이 너희에게 있을지
어다

빌립보인들을 위한 기도

3 내가 너희를 생각할 때마다
나의 하나님께 감사하며
4 간구할 때마다 너희 무리를
위하여 기쁨으로 항상 간구
함은
5 첫날부터 이제까지 복음에
서 너희가 교제함을 인함이
라
6 너희 속에 착한 일을 시작하
신 이가 그리스도 예수의 날
까지 이루실 줄을 우리가 확
신하노라
7 내가 너희 무리를 위하여 이
와 같이 생각하는 것이 마땅
하니 이는 너희가 내 마음에
있음이며 나의 매임과 복음
을 변명함과 확정함에 너희
가 다 나와 함께 은혜에 참
예한 자가 됨이라
8 내가 예수 그리스도의 심장
으로 너희 무리를 어떻게 사
모하는지 하나님이 내 증인
이시니라
9 내가 기도하노라 너희 사랑
을 지식과 모든 총명으로 점
점 더 풍성하게 하사
10 너희로 지극히 선한 것을 분
별하며 또 진실하여 허물 없
이 그리스도의 날까지 이르
고
11 예수 그리스도로 말미암아
의의 열매가 가득하여 하나
님의 영광과 찬송이 되게 하
시기를 구하노라

1

살든지 죽든지 주의 영광을

12 형제들아 나의 당한 일이 도
리어 복음의 진보가 된 줄을
너희가 알기를 원하노라
13 이러므로 나의 매임이 그리
스도 안에서 온 시위대 안과
기타 모든 사람에게 나타났
으니
14 형제 중 다수가 나의 매임을
인하여 주 안에서 신뢰하므로
겁없이 하나님의 말씀을 더욱
담대히 말하게 되었느니라
15 어떤 이들은 투기와 분쟁으
로, 어떤 이들은 착한 뜻으
로 그리스도를 전파하나니
16 이들은 내가 복음을 변명하
기 위하여 세우심을 받은 줄
알고 사랑으로 하나
17 저들은 나의 매임에 괴로움
을 더하게 할 줄로 생각하여
순전치 못하게 다툼으로 그
리스도를 전파하느니라
18 그러면 무엇이뇨 외모로 하
나 참으로 하나 무슨 방도로
하든지 전파되는 것은 그리
스도니 이로써 내가 기뻐하
고 또한 기뻐하리라
19 이것이 너희 간구와 예수 그
리스도의 성령의 도우심으
로 내 구원에 이르게 할 줄
아는고로
20 나의 간절한 기대와 소망을 따
라 아무 일에든지 부끄럽지 아
니하고 오직 전과 같이 이제도
온전히 담대하여 살든지 죽든
지 내 몸에서 그리스도가 존
귀히 되게 하려 하나니
21 이는 내게 사는 것이 그리스
도니 죽는 것도 유익함이니
라
22 그러나 만일 육신으로 사는
이것이 내 일의 열매일진대
무엇을 가릴는지 나는 알지
못하노라

23 내가 그 두 사이에 끼였으니
떠나서 그리스도와 함께 있
을 욕망을 가진 이것이 더욱
좋으나
24 그러나 내가 육신에 거하는
것이 너희를 위하여 더 유익
하리라
25 내가 살 것과 너희 믿음의 진
보와 기쁨을 위하여 너희 무
리와 함께 거할 이것을 확실
히 아노니
26 내가 다시 너희와 같이 있음
으로 그리스도 예수 안에서
너희 자랑이 나를 인하여 풍
성하게 하려 함이라
27 오직 너희는 그리스도 복음
에 합당하게 생활하라 이는
내가 너희를 가 보나 떠나 있
으나 너희가 일심으로 서서
한 뜻으로 복음의 신앙을 위
하여 협력하는 것과
28 아무 일에든지 대적하는 자
를 인하여 두려워하지 아니
하는 이 일을 듣고자 함이라
이것이 저희에게는 멸망의
빙거요 너희에게는 구원의
빙거니 이는 하나님께로부터
난 것이니라
29 그리스도를 위하여 너희에게
은혜를 주신 것은 다만 그를
믿을 뿐 아니라 또한 그를 위
하여 고난도 받게 하심이라
30 너희에게도 같은 싸움이 있
으니 너희가 내 안에서 본 바
요 이제도 내 안에서 듣는
바니라

그리스도의 겸손한 마음

2 그러므로 그리스도 안에
무슨 권면이나 사랑에 무
슨 위로나 성령의 무슨 교제
나 긍휼이나 자비가 있거든
2 마음을 같이하여 같은 사랑
을 가지고 뜻을 합하여 한
마음을 품어

2

3 아무 일에든지 다툼이나 허
영으로 하지 말고 오직 겸손
한 마음으로 각각 자기보다
남을 낫게 여기고
4 각각 자기 일을 돌아볼뿐더
러 또한 각각 다른 사람들의
일을 돌아보아 나의 기쁨을
충만케 하라
5 너희 안에 이 마음을 품으라
곧 그리스도 예수의 마음이
니
6 그는 근본 하나님의 본체시
나 하나님과 동등됨을 취할
것으로 여기지 아니하시고
7 오히려 자기를 비어 종의 형
체를 가져 사람들과 같이 되
었고
8 사람의 모양으로 나타나셨
으매 자기를 낮추시고 죽기
까지 복종하셨으니 곧 십자
가에 죽으심이라
9 이러므로 하나님이 그를 지
극히 높여 모든 이름 위에 뛰
어난 이름을 주사
10 하늘에 있는 자들과 땅에 있
는 자들과 땅 아래 있는 자
들로 모든 무릎을 예수의 이
름에 꿇게 하시고
11 모든 입으로 예수 그리스도
를 주라 시인하여 하나님 아
버지께 영광을 돌리게 하셨
느니라
12 그러므로 나의 사랑하는 자
들아 너희가 나 있을 때뿐
아니라 더욱 지금 나 없을 때
에도 항상 복종하여 두렵고
떨림으로 너희 구원을 이루
라
13 너희 안에서 행하시는 이는
하나님이시니 자기의 기쁘신
뜻을 위하여 너희로 소원을
두고 행하게 하시나니
14 모든 일을 원망과 시비가 없
이 하라

15 이는 너희가 흠이 없고 순전
하여 어그러지고 거스리는
세대 가운데서 하나님의 흠
없는 자녀로 세상에서 그들
가운데 빛들로 나타내며
16 생명의 말씀을 밝혀 나의 달
음질도 헛되지 아니하고 수
고도 헛되지 아니함으로 그
리스도의 날에 나로 자랑할
것이 있게 하려 함이라
17 만일 너희 믿음의 제물과 봉
사 위에 내가 나를 관제로 드
릴지라도 나는 기뻐하고 너
희 무리와 함께 기뻐하리니
18 이와 같이 너희도 기뻐하고
나와 함께 기뻐하라

디모데와 에바브로디도

19 내가 디모데를 속히 너희에
게 보내기를 주 안에서 바람
은 너희 사정을 앎으로 안위
를 받으려 함이니
20 이는 뜻을 같이하여 너희 사
정을 진실히 생각할 자가 이
밖에 내게 없음이라
21 저희가 다 자기 일을 구하고
그리스도 예수의 일을 구하
지 아니하되
22 디모데의 연단을 너희가 아
나니 자식이 아비에게 함같
이 나와 함께 복음을 위하여
수고하였느니라
23 그러므로 내가 내 일이 어떻
게 될 것을 보아서 곧 이 사
람을 보내기를 바라고
24 나도 속히 가기를 주 안에서
확신하노라
25 그러나 에바브로디도를 너희
에게 보내는 것이 필요한 줄
로 생각하노니 그는 나의 형
제요 함께 수고하고 함께 군
사 된 자요 너희 사자로 나의
쓸 것을 돕는 자라
26 그가 너희 무리를 간절히 사
모하고 자기 병든 것을 너희

가 들은 줄을 알고 심히 근
심한지라
27 저가 병들어 죽게 되었으나
하나님이 저를 긍휼히 여기
셨고 저뿐 아니라 또 나를
긍휼히 여기사 내 근심 위
에 근심을 면하게 하셨느니
라
28 그러므로 내가 더욱 급히 저
를 보낸 것은 너희로 저를 다
시 보고 기뻐하게 하며 내 근
심도 덜려 함이니
29 이러므로 너희가 주 안에서
모든 기쁨으로 저를 영접하
고 또 이와 같은 자들을 존
귀히 여기라
30 저가 그리스도의 일을 위하
여 죽기에 이르러도 자기 목
숨을 돌아보지 아니한 것은
나를 섬기는 너희의 일에 부
족함을 채우려 함이니라

진정한 구원의 길

3 종말로 나의 형제들아 주
안에서 기뻐하라 너희에
게 같은 말을 쓰는 것이 내
게는 수고로움이 없고 너희
에게는 안전하니라
2 개들을 삼가고 행악하는 자
들을 삼가고 손할례당을 삼
가라
3 하나님의 성령으로 봉사하
며 그리스도 예수로 자랑하
고 육체를 신뢰하지 아니하
는 우리가 곧 할례당이라
4 그러나 나도 육체를 신뢰할
만하니 만일 누구든지 다른
이가 육체를 신뢰할 것이 있
는 줄로 생각하면 나는 더욱
그러하리니
5 내가 팔 일 만에 할례를 받
고 이스라엘의 족속이요 베
냐민의 지파요 히브리인 중
의 히브리인이요 율법으로는
바리새인이요

3

6 열심으로는 교회를 핍박하
고 율법의 의로는 흠이 없는
자로라
7 그러나 무엇이든지 내게 유익
하던 것을 내가 그리스도를
위하여 다 해로 여길뿐더러
8 또한 모든 것을 해로 여김은
내 주 그리스도 예수를 아는
지식이 가장 고상함을 인함
이라 내가 그를 위하여 모든
것을 잃어버리고 배설물로
여김은 그리스도를 얻고
9 그 안에서 발견되려 함이니
내가 가진 의는 율법에서 난
것이 아니요 오직 그리스도
를 믿음으로 말미암은 것이
니 곧 믿음으로 하나님께로
서 난 의라
10 내가 그리스도와 그 부활의
권능과 그 고난에 참예함을
알려 하여 그의 죽으심을 본
받아
11 어찌하든지 죽은 자 가운데
서 부활에 이르려 하노니

목표를 향한 달음질

12 내가 이미 얻었다 함도 아니
요 온전히 이루었다 함도 아
니라 오직 내가 그리스도 예
수께 잡힌 바 된 그것을 잡으
려고 좇아가노라
13 형제들아 나는 아직 내가 잡
은 줄로 여기지 아니하고 오
직 한 일 즉 뒤에 있는 것은
잊어버리고 앞에 있는 것을
잡으려고
14 푯대를 향하여 그리스도 예
수 안에서 하나님이 위에서
부르신 부름의 상을 위하여
좇아가노라
15 그러므로 누구든지 우리 온전
히 이룬 자들은 이렇게 생각할
찌니 만일 무슨 일에 너희가
달리 생각하면 하나님이 이것
도 너희에게 나타내시리라

16 오직 우리가 어디까지 이르
렀든지 그대로 행할 것이라
17 형제들아 너희는 함께 나를
본받으라 또 우리로 본을 삼
은 것같이 그대로 행하는 자
들을 보이라
18 내가 여러 번 너희에게 말하
였거니와 이제도 눈물을 흘
리며 말하노니 여러 사람들
이 그리스도 십자가의 원수
로 행하느니라
19 저희의 마침은 멸망이요 저
희의 신은 배요 그 영광은 저
희의 부끄러움에 있고 땅의
일을 생각하는 자라
20 오직 우리의 시민권은 하늘
에 있는지라 거기로서 구원
하는 자 곧 주 예수 그리스
도를 기다리노니
21 그가 만물을 자기에게 복종케
하실 수 있는 자의 역사로 우리
의 낮은 몸을 자기 영광의 몸의
형체와 같이 변케 하시리라
4 그러므로 나의 사랑하고
사모하는 형제들, 나의
기쁨이요 면류관인 사랑하
는 자들아 이와 같이 주 안
에 서라

마지막 충고

2 내가 유오디아를 권하고 순
두게를 권하노니 주 안에서
같은 마음을 품으라
3 또 참으로 나와 멍에를 같이
한 자 네게 구하노니 복음에
나와 함께 힘쓰던 저 부녀들
을 돕고 또한 글레멘드와 그
외에 나의 동역자들을 도우
라 그 이름들이 생명책에 있
느니라
4 주 안에서 항상 기뻐하라 내
가 다시 말하노니 기뻐하라
5 너희 관용을 모든 사람에게
알게 하라 주께서 가까우시
니라

4

6 아무것도 염려하지 말고 오
직 모든 일에 기도와 간구로,
너희 구할 것을 감사함으로
하나님께 아뢰라
7 그리하면 모든 지각에 뛰어
난 하나님의 평강이 그리스
도 예수 안에서 너희 마음과
생각을 지키시리라
8 종말로 형제들아 무엇에든
지 참되며 무엇에든지 경건
하며 무엇에든지 옳으며 무
엇에든지 정결하며 무엇에든
지 사랑할 만하며 무엇에든
지 칭찬할 만하며 무슨 덕이
있든지 무슨 기림이 있든지
이것들을 생각하라
9 너희는 내게 배우고 받고 듣
고 본 바를 행하라 그리하면
평강의 하나님이 너희와 함
께 계시리라

빌립보인들의 선물에 대한 감사

10 내가 주 안에서 크게 기뻐함
은 너희가 나를 생각하던 것
이 이제 다시 싹이 남이니
너희가 또한 이를 위하여 생
각은 하였으나 기회가 없었
느니라
11 내가 궁핍하므로 말하는 것
이 아니라 어떠한 형편에든지
내가 자족하기를 배웠노니
12 내가 비천에 처할 줄도 알고
풍부에 처할 줄도 알아 모든
일에 배부르며 배고픔과 풍
부와 궁핍에도 일체의 비결
을 배웠노라
13 내게 능력 주시는 자 안에서
내가 모든 것을 할 수 있느니
라
14 그러나 너희가 내 괴로움에
함께 참예하였으니 잘하였
도다
15 빌립보 사람들아 너희도 알
거니와 복음의 시초에 내가
마게도냐를 떠날 때에 주고받

는 내 일에 참예한 교회가 너
희 외에 아무도 없었느니라
16 데살로니가에 있을 때에도
너희가 한 번 두 번 나의 쓸
것을 보내었도다
17 내가 선물을 구함이 아니요
오직 너희에게 유익하도록
과실이 번성하기를 구함이라
18 내게는 모든 것이 있고 또 풍
부한지라 에바브로디도 편에
너희의 준 것을 받으므로 내
가 풍족하니 이는 받으실 만
한 향기로운 제물이요 하나
님을 기쁘시게 한 것이라
19 나의 하나님이 그리스도 예
수 안에서 영광 가운데 그
풍성한 대로 너희 모든 쓸 것
을 채우시리라
20 하나님 곧 우리 아버지께 세
세 무궁토록 영광을 돌릴지
어다 아멘
21 그리스도 예수 안에 있는 성
도에게 각각 문안하라 나와
함께 있는 형제들이 너희에
게 문안하고
22 모든 성도들이 너희에게 문
안하되 특별히 가이사 집 사
람 중 몇이니라
23 주 예수 그리스도의 은혜가
너희 심령에 있을지어다

골로새서

Colossians

바울은, 그가 에베소 교회에 편지를 쓰던 같은 시기에 골로새 교회에 이 편지를 써 보낸다. 당시 거짓 교사들이 골로새 교인들의 일부를 속이고 있었다(골 2:4). 따라서 바울은 그리스도의 능력과 영광을 강조하면서, 그리스도인으로서 어떻게 살아가야 할 것인지를 골로새 교인들에게 충고해 주고 있다. 이 책을 읽으면서 당신은, 당신을 위해 죽으신 영광스런 구세주 안에 당신의 믿음을 굳게 두라. 그리고 다른 이들에게 그리스도인의 사랑과 자비를 나타내 보일 것을 그분께 약속하라.

인 사

1 하나님의 뜻으로 말미암
아 그리스도 예수의 사도
된 바울과 형제 디모데는
2 골로새에 있는 성도들 곧 그
리스도 안에서 신실한 형제
들에게 편지하노니 우리 아
버지 하나님으로부터 은혜
와 평강이 너희에게 있을지
어다

바울의 감사

3 우리가 너희를 위하여 기도
할 때마다 하나님 곧 우리
주 예수 그리스도의 아버지
께 감사하노라
4 이는 그리스도 예수 안에 너
희의 믿음과 모든 성도에 대
한 사랑을 들음이요
5 너희를 위하여 하늘에 쌓아
둔 소망을 인함이니 곧 너희
가 전에 복음 진리의 말씀을
들은 것이라
6 이 복음이 이미 너희에게 이
르매 너희가 듣고 참으로 하
나님의 은혜를 깨달은 날부
터 너희 중에서와 같이 또한
온 천하에서도 열매를 맺어
자라는도다
7 이와 같이 우리와 함께 종
된 사랑하는 에바브라에게
너희가 배웠나니 그는 너희
를 위하여 그리스도의 신실
한 일군이요
8 성령 안에서 너희 사랑을 우
리에게 고한 자니라

만물의 으뜸이신 그리스도

9 이로써 우리도 듣던 날부터
너희를 위하여 기도하기를 그
치지 아니하고 구하노니 너희
로 하여금 모든 신령한 지혜
와 총명에 하나님의 뜻을 아
는 것으로 채우게 하시고
10 주께 합당히 행하여 범사에
기쁘시게 하고 모든 선한 일

1

에 열매를 맺게 하시며 하나
님을 아는 것에 자라게 하시
고
11 그 영광의 힘을 좇아 모든 능
력으로 능하게 하시며 기쁨
으로 모든 견딤과 오래 참음
에 이르게 하시고
12 우리로 하여금 빛 가운데서
성도의 기업의 부분을 얻기
에 합당하게 하신 아버지께
감사하게 하시기를 원하노
라
13 그가 우리를 흑암의 권세
에서 건져 내사 그의 사랑
의 아들의 나라로 옮기셨
으니
14 그 아들 안에서 우리가 구속
곧 죄 사함을 얻었도다
15 그는 보이지 아니하시는 하
나님의 형상이요 모든 창조
물보다 먼저 나신 자니
16 만물이 그에게 창조되되 하
늘과 땅에서 보이는 것들과
보이지 않는 것들과 혹은 보
좌들이나 주관들이나 정사
들이나 권세들이나 만물이
다 그로 말미암고 그를 위하
여 창조되었고
17 또한 그가 만물보다 먼저 계
시고 만물이 그 안에 함께
섰느니라
18 그는 몸인 교회의 머리라 그
가 근본이요 죽은 자들 가운
데서 먼저 나신 자니 이는 친
히 만물의 으뜸이 되려 하심
이요
19 아버지께서는 모든 충만으
로 예수 안에 거하게 하시고
20 그의 십자가의 피로 화평을
이루사 만물 곧 땅에 있는
것들이나 하늘에 있는 것들
을 그로 말미암아 자기와
화목케 되기를 기뻐하심이
라

21 전에 악한 행실로 멀리 떠나
마음으로 원수가 되었던 너
희를
22 이제는 그의 육체의 죽음으
로 말미암아 화목케 하사 너
희를 거룩하고 흠 없고 책망
할 것이 없는 자로 그 앞에
세우고자 하셨으니
23 만일 너희가 믿음에 거하고
터 위에 굳게 서서 너희 들은
바 복음의 소망에서 흔들리
지 아니하면 그리하리라 이
복음은 천하 만민에게 전파
된 바요 나 바울은 이 복음
의 일군이 되었노라

교회의 일꾼 바울

24 내가 이제 너희를 위하여 받
는 괴로움을 기뻐하고 그리
스도의 남은 고난을 그의 몸
된 교회를 위하여 내 육체에
채우노라
25 내가 교회 일군 된 것은 하
나님이 너희를 위하여 내게
주신 경륜을 따라 하나님의
말씀을 이루려 함이니라
26 이 비밀은 만세와 만대로부
터 옴으로 감취었던 것인데
이제는 그의 성도들에게 나
타났고
27 하나님이 그들로 하여금 이
비밀의 영광이 이방인 가운
데 어떻게 풍성한 것을 알게
하려 하심이라 이 비밀은 너
희 안에 계신 그리스도시니
곧 영광의 소망이니라
28 우리가 그를 전파하여 각 사
람을 권하고 모든 지혜로 각
사람을 가르침은 각 사람을
그리스도 안에서 완전한 자
로 세우려 함이니
29 이를 위하여 나도 내 속에서
능력으로 역사하시는 이의
역사를 따라 힘을 다하여 수
고하노라

2 내가 너희와 라오디게아
에 있는 자들과 무릇 내
육신의 얼굴을 보지 못한 자
들을 위하여 어떻게 힘쓰는
것을 너희가 알기를 원하노니
2 이는 저희로 마음에 위안을
받고 사랑 안에서 연합하여
원만한 이해의 모든 부요에
이르러 하나님의 비밀인 그리
스도를 깨닫게 하려 함이라
3 그 안에는 지혜와 지식의 모
든 보화가 감취어 있느니라
4 내가 이것을 말함은 아무도
공교한 말로 너희를 속이지
못하게 하려 함이니
5 이는 내가 육신으로는 떠나
있으나 심령으로는 너희와
함께 있어 너희의 규모와 그
리스도를 믿는 너희 믿음의
굳은 것을 기쁘게 봄이라

세속의 가르침에 대한 경계

6 그러므로 너희가 그리스도
예수를 주로 받았으니 그 안
에서 행하되
7 그 안에 뿌리를 박으며 세움
을 입어 교훈을 받은 대로 믿
음에 굳게 서서 감사함을 넘
치게 하라
8 누가 철학과 헛된 속임수로
너희를 노략할까 주의하라
이것이 사람의 유전과 세상
의 초등 학문을 좇음이요 그
리스도를 좇음이 아니니라
9 그 안에는 신성의 모든 충만
이 육체로 거하시고
10 너희도 그 안에서 충만하여
졌으니 그는 모든 정사와 권
세의 머리시라
11 또 그 안에서 너희가 손으로
하지 아니한 할례를 받았으
니 곧 육적 몸을 벗는 것이
요 그리스도의 할례니라
12 너희가 세례로 그리스도와
함께 장사한 바 되고 또 죽

2

은 자들 가운데서 그를 일으
키신 하나님의 역사를 믿음
으로 말미암아 그 안에서 함
께 일으키심을 받았느니라
13 또 너희의 범죄와 육체의 무
할례로 죽었던 너희를 하나
님이 그와 함께 살리시고
우리에게 모든 죄를 사하시
고
14 우리를 거스리고 우리를 대
적하는 의문에 쓴 증서를 도
말하시고 제하여 버리사 십
자가에 못 박으시고
15 정사와 권세를 벗어 버려 밝
히 드러내시고 십자가로 승
리하셨느니라
16 그러므로 먹고 마시는 것과
절기나 월삭이나 안식일을
인하여 누구든지 너희를 폄
론하지 못하게 하라
17 이것들은 장래 일의 그림자
이나 몸은 그리스도의 것이
니라
18 누구든지 일부러 겸손함과
천사 숭배함을 인하여 너희
상을 빼앗지 못하게 하라 저
가 그 본 것을 의지하여 그
육체의 마음을 좇아 헛되이
과장하고
19 머리를 붙들지 아니하는지
라 온몸이 머리로 말미암
아 마디와 힘줄로 공급함
을 얻고 연합하여 하나님이
자라게 하심으로 자라느니
라

그리스도를 통한 새 생활

20 너희가 세상의 초등 학문에
서 그리스도와 함께 죽었거
든 어찌하여 세상에 사는
것과 같이 의문에 순종하느
냐
21 곧 붙잡지도 말고 맛보지도
말고 만지지도 말라 하는 것
이니

22 (이 모든 것은 쓰는 대로 부
패에 돌아가리라) 사람의 명
과 가르침을 좇느냐
23 이런 것들은 자의적 숭배와
겸손과 몸을 괴롭게 하는 데
지혜 있는 모양이나 오직 육
체 좇는 것을 금하는 데는
유익이 조금도 없느니라
3 그러므로 너희가 그리스
도와 함께 다시 살리심을
받았으면 위엣것을 찾으라
거기는 그리스도께서 하나
님 우편에 앉아 계시느니라
2 위엣것을 생각하고 땅엣것을
생각지 말라
3 이는 너희가 죽었고 너희 생
명이 그리스도와 함께 하나
님 안에 감취었음이니라
4 우리 생명이신 그리스도께
서 나타나실 그 때에 너희도
그와 함께 영광 중에 나타나
리라

그리스도인의 생활 원칙

5 그러므로 땅에 있는 지체를
죽이라 곧 음란과 부정과 사
욕과 악한 정욕과 탐심이니
탐심은 우상 숭배니라
6 이것들을 인하여 하나님의
진노가 임하느니라
7 너희도 전에 그 가운데 살 때
에는 그 가운데서 행하였으나
8 이제는 너희가 이 모든 것을
벗어 버리라 곧 분과 악의와
훼방과 너희 입의 부끄러운
말이라
9 너희가 서로 거짓말을 말라
옛 사람과 그 행위를 벗어 버
리고
10 새 사람을 입었으니 이는 자
기를 창조하신 자의 형상을
좇아 지식에까지 새롭게 하
심을 받는 자니라
11 거기는 헬라인과 유대인이나
할례당과 무할례당이나 야

3

인이나 스구디아인이나 종
이나 자유인이 분별이 있을
수 없나니 오직 그리스도는
만유시요 만유 안에 계시니
라
12 그러므로 너희는 하나님의
택하신 거룩하고 사랑하신
자처럼 긍휼과 자비와 겸손
과 온유와 오래 참음을 옷
입고
13 누가 뉘게 혐의가 있거든 서
로 용납하여 피차 용서하되
주께서 너희를 용서하신 것
과 같이 너희도 그리하고
14 이 모든 것 위에 사랑을 더하
라 이는 온전하게 매는 띠니
라
15 그리스도의 평강이 너희
마음을 주장하게 하라 평
강을 위하여 너희가 한몸
으로 부르심을 받았나니 또
한 너희는 감사하는 자가
되라
16 그리스도의 말씀이 너희 속
에 풍성히 거하여 모든 지혜
로 피차 가르치며 권면하고
시와 찬미와 신령한 노래를
부르며 마음에 감사함으로
하나님을 찬양하고
17 또 무엇을 하든지 말에나 일
에나 다 주 예수의 이름으로
하고 그를 힘입어 하나님 아
버지께 감사하라

새로운 인간 관계

18 아내들아 남편에게 복종하
라 이는 주 안에서 마땅하니
라
19 남편들아 아내를 사랑하며
괴롭게 하지 말라
20 자녀들아 모든 일에 부모에
게 순종하라 이는 주 안에서
기쁘게 하는 것이니라
21 아비들아 너희 자녀를 격노
케 말지니 낙심할까 함이라

22 종들아 모든 일에 육신의 상
전들에게 순종하되 사람을
기쁘게 하는 자와 같이 눈가
림만 하지 말고 오직 주를 두
려워하여 성실한 마음으로
하라
23 무슨 일을 하든지 마음을 다
하여 주께 하듯 하고 사람에
게 하듯 하지 말라
24 이는 유업의 상을 주께 받을
줄 앎이니 너희는 주 그리스
도를 섬기느니라
25 불의를 행하는 자는 불의의
보응을 받으리니 주는 외모
로 사람을 취하심이 없느니
라
4 상전들아 의와 공평을 종
들에게 베풀지니 너희에
게도 하늘에 상전이 계심을
알지어다

권 고

2 기도를 항상 힘쓰고 기도에
감사함으로 깨어 있으라
3 또한 우리를 위하여 기도
하되 하나님이 전도할 문
을 우리에게 열어 주사 그
리스도의 비밀을 말하게
하시기를 구하라 내가 이
것을 인하여 매임을 당하
였노라
4 그리하면 내가 마땅히 할 말
로써 이 비밀을 나타내리라
5 외인을 향하여서는 지혜로
행하여 세월을 아끼라
6 너희 말을 항상 은혜 가운데
서 소금으로 고루게 함같이
하라 그리하면 각 사람에게
마땅히 대답할 것을 알리라

작별 인사

7 두기고가 내 사정을 다 너희
에게 알게 하리니 그는 사랑
을 받는 형제요 신실한 일군
이요 주 안에서 함께 된 종
이라

4

8 내가 저를 특별히 너희에게
보낸 것은 너희로 우리 사정
을 알게 하고 너희 마음을
위로하게 하려 함이라
9 신실하고 사랑을 받는 형제
오네시모를 함께 보내노니
그는 너희에게서 온 사람이
라 저희가 여기 일을 다 너희
에게 알게 하리라
10 나와 함께 갇힌 아리스다고
와 바나바의 생질 마가와
(이 마가에 대하여 너희가
명을 받았으매 그가 이르거
든 영접하라)
11 유스도라 하는 예수도 너희
에게 문안하니 저희는 할례
당이라 이들만 하나님 나라
를 위하여 함께 역사하는 자
들이니 이런 사람들이 나의
위로가 되었느니라
12 그리스도 예수의 종인 너희
에게서 온 에바브라가 너희
에게 문안하니 저가 항상 너
희를 위하여 애써 기도하여
너희로 하나님의 모든 뜻 가
운데서 완전하고 확신 있게
서기를 구하나니
13 그가 너희와 라오디게아에 있
는 자들과 히에라볼리에 있
는 자들을 위하여 많이 수고
하는 것을 내가 증거하노라
14 사랑을 받는 의원 누가와 또
데마가 너희에게 문안하느니
라
15 라오디게아에 있는 형제들과
눔바와 그 여자의 집에 있는
교회에 문안하고
16 이 편지를 너희에게서 읽은 후
에 라오디게아인의 교회에서
도 읽게 하고 또 라오디게아로
서 오는 편지를 너희도 읽으라
17 아킵보에게 이르기를 주 안
에서 받은 직분을 삼가 이루
라고 하라

18 나 바울은 친필로 문안하노
니 나의 매인 것을 생각하라
은혜가 너희에게 있을지어다

데살로니가전서

1 Thessalonians

바울은 자신이 데살로니가 지역에 설립한 교회의 교인들에게 이 편지를 써 보내는데(행 17:1–9), 그때 바울은 그들을 떠난 지 얼마 되지 않았기에, 그들에게 다시 돌아갈 형편이 되지 못했다(살전 2:17–18). 이 편지에서, 바울은 그들의 신앙에 관해 기뻐하고 있으며, 그들에 대한 자신의 사랑을 상기시키고, 나아가 그리스도인에게 있어 죽음이 무엇을 의미하는가에 관한 그들의 질문에 대답한다. 이 책을 읽으면서 당신은, 당신이 죽을 때에도 믿는 자로서 여전히 하나님의 돌보심 아래 있을 것이며, "주님과 함께 영원히 있을 것"이라는 사실에 위로를 받으라(살전 4:17).

1 바울과 실루아노와 디모
데는 하나님 아버지와 주
예수 그리스도 안에 있는 데
살로니가인의 교회에 편지하
노니 은혜와 평강이 너희에
게 있을지어다

데살로니가 교인들의 믿음

2 우리가 너희 무리를 인하여
항상 하나님께 감사하고 기
도할 때에 너희를 말함은
3 너희의 믿음의 역사와 사랑
의 수고와 우리 주 예수 그리
스도에 대한 소망의 인내를
우리 하나님 아버지 앞에서
쉬지 않고 기억함이니
4 하나님의 사랑하심을 받은
형제들아 너희를 택하심을
아노라
5 이는 우리 복음이 말로만 너
희에게 이른 것이 아니라 오
직 능력과 성령과 큰 확신으
로 된 것이니 우리가 너희 가
운데서 너희를 위하여 어떠
한 사람이 된 것은 너희 아
는 바와 같으니라
6 또 너희는 많은 환난 가운데
서 성령의 기쁨으로 도를 받
아 우리와 주를 본받은 자가
되었으니
7 그러므로 너희가 마게도냐
와 아가야 모든 믿는 자의
본이 되었는지라
8 주의 말씀이 너희에게로부
터 마게도냐와 아가야에만
들릴 뿐 아니라 하나님을 향
하는 너희 믿음의 소문이 각
처에 퍼진고로 우리는 아무
말도 할 것이 없노라
9 저희가 우리에 대하여 스스
로 고하기를 우리가 어떻게
너희 가운데 들어간 것과 너
희가 어떻게 우상을 버리고
하나님께로 돌아와서 사시
고 참되신 하나님을 섬기며

1

10 또 죽은 자들 가운데서 다시
살리신 그의 아들이 하늘로
부터 강림하심을 기다린다고
말하니 이는 장래 노하심에
서 우리를 건지시는 예수시
니라

데살로니가 전도

2 형제들아 우리가 너희 가
운데 들어감이 헛되지 않
은 줄을 너희가 친히 아나니
2 너희 아는 바와 같이 우리가
먼저 빌립보에서 고난과 능
욕을 당하였으나 우리 하나
님을 힘입어 많은 싸움 중에
하나님의 복음을 너희에게
말하였노라
3 우리의 권면은 간사에서나
부정에서 난 것도 아니요 궤
계에 있는 것도 아니라
4 오직 하나님의 옳게 여기심
을 입어 복음 전할 부탁을
받았으니 우리가 이와 같이
말함은 사람을 기쁘게 하려
함이 아니요 오직 우리 마음
을 감찰하시는 하나님을 기
쁘시게 하려 함이라
5 너희도 알거니와 우리가 아
무 때에도 아첨의 말이나 탐
심의 탈을 쓰지 아니한 것을
하나님이 증거하시느니라
6 우리가 그리스도의 사도로
능히 존중할 터이나 그러나
너희에게든지 다른 이에게든
지 사람에게는 영광을 구치
아니하고
7 오직 우리가 너희 가운데서
유순한 자 되어 유모가 자기
자녀를 기름과 같이 하였으니
8 우리가 이같이 너희를 사모
하여 하나님의 복음으로만
아니라 우리 목숨까지 너희
에게 주기를 즐겨 함은 너희
가 우리의 사랑하는 자 됨이
니라

2

9 형제들아 우리의 수고와 애
쓴 것을 너희가 기억하리니
너희 아무에게도 누를 끼치
지 아니하려고 밤과 낮으로
일하면서 너희에게 하나님의
복음을 전파하였노라
10 우리가 너희 믿는 자들을 향
하여 어떻게 거룩하고 옳고
흠 없이 행한 것에 대하여 너
희가 증인이요 하나님도 그
러하시도다
11 너희도 아는 바와 같이 우리
가 너희 각 사람에게 아비가
자기 자녀에게 하듯 권면하
고 위로하고 경계하노니
12 이는 너희를 부르사 자기 나
라와 영광에 이르게 하시는
하나님께 합당히 행하게 하
려 함이니라
13 이러므로 우리가 하나님께
쉬지 않고 감사함은 너희가
우리에게 들은바 하나님의
말씀을 받을 때에 사람의 말
로 아니 하고 하나님의 말씀
으로 받음이니 진실로 그러
하다 이 말씀이 또한 너희 믿
는 자 속에서 역사하느니라
14 형제들아 너희가 그리스도
예수 안에서 유대에 있는 하
나님의 교회들을 본받은 자
되었으니 저희가 유대인들에
게 고난을 받음과 같이 너희
도 너희 나라 사람들에게 동
일한 것을 받았느니라
15 유대인은 주 예수와 선지자
들을 죽이고 우리를 쫓아 내
고 하나님을 기쁘시게 아니
하고 모든 사람에게 대적이
되어
16 우리가 이방인에게 말하여
구원 얻게 함을 저희가 금하
여 자기 죄를 항상 채우매 노
하심이 끝까지 저희에게 임
하였느니라

17 형제들아 우리가 잠시 너희
를 떠난 것은 얼굴이요 마음
은 아니니 너희 얼굴 보기를
열정으로 더욱 힘썼노라
18 그러므로 나 바울은 한 번
두 번 너희에게 가고자 하였
으나 사탄이 우리를 막았도
다
19 우리의 소망이나 기쁨이나
자랑의 면류관이 무엇이냐
그의 강림하실 때 우리 주
예수 앞에 너희가 아니냐
20 너희는 우리의 영광이요 기
쁨이니라

3 이러므로 우리가 참다 못
하여 우리만 아덴에 머물
기를 좋게 여겨
2 우리 형제 곧 그리스도 복음
의 하나님의 일군인 디모데
를 보내노니 이는 너희를 굳
게 하고 너희 믿음에 대하여
위로함으로
3 누구든지 이 여러 환난 중에
요동치 않게 하려 함이라 우
리로 이것을 당하게 세우신
줄을 너희가 친히 알리라
4 우리가 너희와 함께 있을 때
에 장차 받을 환난을 너희에
게 미리 말하였더니 과연 그
렇게 된 것을 너희가 아느니
라
5 이러므로 나도 참다 못하여
너희 믿음을 알기 위하여 보
내었노니 이는 혹 시험하는
자가 너희를 시험하여 우리
수고를 헛되게 할까 함일러니
6 지금은 디모데가 너희에게로
부터 와서 너희 믿음과 사랑
의 기쁜 소식을 우리에게 전
하고 또 너희가 항상 우리를
잘 생각하여 우리가 너희를
간절히 보고자 함과 같이 너
희도 우리를 간절히 보고자
한다 하니

3

7 이러므로 형제들아 우리가
모든 궁핍과 환난 가운데서
너희 믿음으로 말미암아 너
희에게 위로를 받았노라
8 그러므로 너희가 주 안에 굳
게 선즉 우리가 이제는 살리
라
9 우리가 우리 하나님 앞에서
너희를 인하여 모든 기쁨으
로 기뻐하니 너희를 위하여
능히 어떠한 감사함으로 하
나님께 보답할꼬
10 주야로 심히 간구함은 너희
얼굴을 보고 너희 믿음의 부
족함을 온전케 하려 함이라
11 하나님 우리 아버지와 우리
주 예수는 우리 길을 너희에
게로 직행하게 하옵시며
12 또 주께서 우리가 너희를
사랑함과 같이 너희도 피차
간과 모든 사람에 대한 사
랑이 더욱 많아 넘치게 하
사
13 너희 마음을 굳게 하시고 우
리 주 예수께서 그의 모든 성
도와 함께 강림하실 때에 하
나님 우리 아버지 앞에서 거
룩함에 흠이 없게 하시기를
원하노라

4 종말로 형제들아 우리가
주 예수 안에서 너희에게
구하고 권면하노니 너희가
마땅히 어떻게 행하며 하나
님께 기쁘시게 할 것을 우리
에게 받았으니 곧 너희 행하
는 바라 더욱 많이 힘쓰라
2 우리가 주 예수로 말미암아
너희에게 무슨 명령으로 준
것을 너희가 아느니라
3 하나님의 뜻은 이것이니 너
희의 거룩함이라 곧 음란을
버리고
4 각각 거룩함과 존귀함으로
자기의 아내 취할 줄을 알고

4

5 하나님을 모르는 이방인과
같이 색욕을 좇지 말고
6 이 일에 분수를 넘어서 형제
를 해하지 말라 이는 우리가
너희에게 미리 말하고 증거
한 것과 같이 이 모든 일에
주께서 신원하여 주심이니
라
7 하나님이 우리를 부르심은
부정케 하심이 아니요 거룩
케 하심이니
8 그러므로 저버리는 자는 사
람을 저버림이 아니요 너희
에게 그의 성령을 주신 하나
님을 저버림이니라
9 형제 사랑에 관하여는 너희
에게 쓸 것이 없음은 너희가
친히 하나님의 가르치심을
받아 서로 사랑함이라
10 너희가 온 마게도냐 모든 형
제를 대하여 과연 이것을 행
하도다 형제들아 권하노니
더 많이 하고
11 또 너희에게 명한 것같이 종
용하여 자기 일을 하고 너희
손으로 일하기를 힘쓰라
12 이는 외인을 대하여 단정히
행하고 또한 아무 궁핍함이
없게 하려 함이라
13 형제들아 자는 자들에 관하
여는 너희가 알지 못함을 우
리가 원치 아니하노니 이는
소망 없는 다른 이와 같이 슬
퍼하지 않게 하려 함이라
14 우리가 예수의 죽었다가 다
시 사심을 믿을진대 이와 같
이 예수 안에서 자는 자들도
하나님이 저와 함께 데리고
오시리라
15 우리가 주의 말씀으로 너희
에게 이것을 말하노니 주 강
림하실 때까지 우리 살아남
아 있는 자도 자는 자보다 결
단코 앞서지 못하리라

16 주께서 호령과 천사장의 소
리와 하나님의 나팔로 친히
하늘로 좇아 강림하시리니
그리스도 안에서 죽은 자들
이 먼저 일어나고
17 그 후에 우리 살아 남은 자도
저희와 함께 구름 속으로 끌
어올려 공중에서 주를 영접
하게 하시리니 그리하여 우리
가 항상 주와 함께 있으리라
18 그러므로 이 여러 말로 서로
위로하라

5 형제들아 때와 시기에 관
하여는 너희에게 쓸 것이
없음은
2 주의 날이 밤에 도적같이 이
를 줄을 너희 자신이 자세히
앎이라
3 저희가 평안하다, 안전하다
할 그 때에 잉태된 여자에게
해산 고통이 이름과 같이 멸
망이 홀연히 저희에게 이르리
니 결단코 피하지 못하리라
4 형제들아 너희는 어두움에
있지 아니하매 그 날이 도적
같이 너희에게 임하지 못하
리니
5 너희는 다 빛의 아들이요 낮
의 아들이라 우리가 밤이나
어두움에 속하지 아니하나니
6 그러므로 우리는 다른 이들
과 같이 자지 말고 오직 깨어
근신할지라
7 자는 자들은 밤에 자고 취하
는 자들은 밤에 취하되
8 우리는 낮에 속하였으니 근
신하여 믿음과 사랑의 흉배
를 붙이고 구원의 소망의 투
구를 쓰자
9 하나님이 우리를 세우심은
노하심에 이르게 하심이 아
니요 오직 우리 주 예수 그리
스도로 말미암아 구원을 얻
게 하신 것이라

5

10 예수께서 우리를 위하여 죽
으사 우리로 하여금 깨든지
자든지 자기와 함께 살게 하
려 하셨느니라
11 그러므로 피차 권면하고 피
차 덕을 세우기를 너희가 하
는 것같이 하라

권면과 마지막 인사

12 형제들아 우리가 너희에게
구하노니 너희 가운데서 수
고하고 주 안에서 너희를 다
스리며 권하는 자들을 너희
가 알고
13 저의 역사로 말미암아 사랑
안에서 가장 귀히 여기며 너
희끼리 화목하라
14 또 형제들아 너희를 권면하
노니 규모 없는 자들을 권계
하며 마음이 약한 자들을
안위하고 힘이 없는 자들을
붙들어 주며 모든 사람을 대
하여 오래 참으라
15 삼가 누가 누구에게든지 악
으로 악을 갚지 말게 하고
오직 피차 대하든지 모든 사
람을 대하든지 항상 선을 좇
으라
16 항상 기뻐하라
17 쉬지 말고 기도하라
18 범사에 감사하라 이는 그리
스도 예수 안에서 너희를 향
하신 하나님의 뜻이니라
19 성령을 소멸치 말며
20 예언을 멸시치 말고
21 범사에 헤아려 좋은 것을 취
하고
22 악은 모든 모양이라도 버리
라
23 평강의 하나님이 친히 너희
로 온전히 거룩하게 하시고
또 너희 온 영과 혼과 몸이
우리 주 예수 그리스도 강림
하실 때에 흠 없게 보전되기
를 원하노라

24 너희를 부르시는 이는 미쁘
시니 그가 또한 이루시리라
25 형제들아 우리를 위하여 기
도하라
26 거룩하게 입맞춤으로 모든
형제에게 문안하라
27 내가 주를 힘입어 너희를 명
하노니 모든 형제에게 이 편
지를 읽어 들리라
28 우리 주 예수 그리스도의 은
혜가 너희에게 있을지어다

데살로니가후서

2 Thessalonians

데살로니가 교회에 첫 번째 편지(데살로니가전서)를 보낸 직후, 바울은 데살로니가 교인들이 첫 번째 편지 가운데 어떤 부분을 오해하고 있다고 판단하고, 그 부분을 분명하게 이해시켜 주려고 이 서신을 쓴다. 바울은 그리스도의 재림 전에 적그리스도가 출현할 것이라는 것, 그렇지만 신자들은 그리스도께서 재림하실 때까지 흔들리지 말고, 자신들의 정규적인 일상생활을 계속 해 나가야 된다는 것을 교훈한다. 이 책을 읽으면서 당신은, 하나님께서는 당신이 그리스도의 재림을 소망 중에 기다리길 원하시며, 동시에 당신이 흔들림 없이 매일의 일상을 신실하게 계속해 나가길 원하신다는 사실을 기억하라.

인사와 주의 심판

1 바울과 실루아노와 디모
데는 하나님 우리 아버지
와 주 예수 그리스도 안에
있는 데살로니가인의 교회에
편지하노니
2 하나님 아버지와 주 예수 그
리스도로부터 은혜와 평강
이 너희에게 있을지어다
3 형제들아 우리가 너희를 위하
여 항상 하나님께 감사할지니
이것이 당연함은 너희 믿음이
더욱 자라고 너희가 다 각기
서로 사랑함이 풍성함이며
4 그러므로 너희의 참는 모든 핍
박과 환난 중에서 너희 인내
와 믿음을 인하여 하나님의
여러 교회에서 우리가 친히
자랑함이라
5 이는 하나님의 공의로운 심
판의 표요 너희로 하여금 하
나님 나라에 합당한 자로 여
기심을 얻게 하려 함이니 그
나라를 위하여 너희가 또한
고난을 받느니라
6 너희로 환난받게 하는 자들
에게는 환난으로 갚으시고
7 환난받는 너희에게는 우리
와 함께 안식으로 갚으시는
것이 하나님의 공의시니 주
예수께서 저의 능력의 천사
들과 함께 하늘로부터 불꽃
중에 나타나실 때에
8 하나님을 모르는 자들과 우리
주 예수의 복음을 복종치 않
는 자들에게 형벌을 주시리니
9 이런 자들이 주의 얼굴과 그
의 힘의 영광을 떠나 영원한
멸망의 형벌을 받으리로다
10 그 날에 강림하사 그의 성도
들에게서 영광을 얻으시고
모든 믿는 자에게서 기이히 여
김을 얻으시리라 (우리의 증거
가 너희에게 믿어졌음이라)

1

11 이러므로 우리도 항상 너희
를 위하여 기도함은 우리 하
나님이 너희를 그 부르심에
합당한 자로 여기시고 모든
선을 기뻐함과 믿음의 역사
를 능력으로 이루게 하시고
12 우리 하나님과 주 예수 그리
스도의 은혜대로 우리 주 예
수의 이름이 너희 가운데서
영광을 얻으시고 너희도 그
안에서 영광을 얻게 하려 함
이니라

거짓 그리스도의 출현

2 형제들아 우리가 너희에
게 구하는 것은 우리 주
예수 그리스도의 강림하심
과 우리가 그 앞에 모임에 관
하여
2 혹 영으로나 혹 말로나 혹 우
리에게서 받았다 하는 편지
로나 주의 날이 이르렀다고
쉬 동심하거나 두려워하거나
하지 아니할 그것이라
3 누가 아무렇게 하여도 너희가
미혹하지 말라 먼저 배도하는
일이 있고 저 불법의 사람 곧
멸망의 아들이 나타나기 전에
는 이르지 아니하리니
4 저는 대적하는 자라 범사에
일컫는 하나님이나 숭배함을
받는 자 위에 뛰어나 자존하
여 하나님 성전에 앉아 자기
를 보여 하나님이라 하느니라
5 내가 너희와 함께 있을 때에
이 일을 너희에게 말한 것을
기억하지 못하느냐
6 저로 하여금 저의 때에 나타
나게 하려 하여 막는 것을 지
금도 너희가 아나니
7 불법의 비밀이 이미 활동하였
으나 지금 막는 자가 있어 그
중에서 옮길 때까지 하리라
8 그 때에 불법한 자가 나타나
리니 주 예수께서 그 입의 기

2

운으로 저를 죽이시고 강림
하여 나타나심으로 폐하시
리라
9 악한 자의 임함은 사단의 역
사를 따라 모든 능력과 표적
과 거짓 기적과
10 불의의 모든 속임으로 멸망
하는 자들에게 임하리니 이
는 저희가 진리의 사랑을 받
지 아니하여 구원함을 얻지
못함이니라
11 이러므로 하나님이 유혹을
저의 가운데 역사하게 하사
거짓 것을 믿게 하심은
12 진리를 믿지 않고 불의를 좋
아하는 모든 자로 심판을 받
게 하려 하심이니라

구원에 대한 감사

13 주의 사랑하시는 형제들아
우리가 항상 너희를 위하여
마땅히 하나님께 감사할 것
은 하나님이 처음부터 너희
를 택하사 성령의 거룩하게
하심과 진리를 믿음으로 구
원을 얻게 하심이니
14 이를 위하여 우리 복음으로
너희를 부르사 우리 주 예수
그리스도의 영광을 얻게 하
려 하심이니라
15 이러므로 형제들아 굳게 서
서 말로나 우리 편지로 가르
침을 받은 유전을 지키라
16 우리 주 예수 그리스도와 우
리를 사랑하시고 영원한 위
로와 좋은 소망을 은혜로 주
신 하나님 우리 아버지께서
17 너희 마음을 위로하시고 모
든 선한 일과 말에 굳게 하시
기를 원하노라

기도의 부탁

3 종말로 형제들아 너희는
우리를 위하여 기도하기
를 주의 말씀이 너희 가운데
서와 같이 달음질하여 영광

3

스럽게 되고
2 또한 우리를 무리하고 악한
사람들에게서 건지옵소서
하라 믿음은 모든 사람의 것
이 아님이라
3 주는 미쁘사 너희를 굳게 하
시고 악한 자에게서 지키시
리라
4 너희에게 대하여는 우리의
명한 것을 너희가 행하고 또
행할 줄을 우리가 주 안에서
확신하노니
5 주께서 너희 마음을 인도하
여 하나님의 사랑과 그리스
도의 인내에 들어가게 하시
기를 원하노라

게으름에 대한 경고

6 형제들아 우리 주 예수 그리
스도의 이름으로 너희를 명
하노니 규모 없이 행하고 우
리에게 받은 유전대로 행하
지 아니하는 모든 형제에게
서 떠나라
7 어떻게 우리를 본받아야 할
것을 너희가 스스로 아나니
우리가 너희 가운데서 규모
없이 행하지 아니하며
8 누구에게서든지 양식을 값
없이 먹지 않고 오직 수고하
고 애써 주야로 일함은 너희
아무에게도 누를 끼치지 아
니하려 함이니
9 우리에게 권리가 없는 것이
아니요 오직 스스로 너희에
게 본을 주어 우리를 본받게
하려 함이니라
10 우리가 너희와 함께 있을 때
에도 너희에게 명하기를 누
구든지 일하기 싫어하거든
먹지도 말게 하라 하였더니
11 우리가 들은즉 너희 가운데
규모 없이 행하여 도무지 일
하지 아니하고 일만 만드는
자들이 있다 하니

12 이런 자들에게 우리가 명하
고 주 예수 그리스도 안에서
권하기를 종용히 일하여 자
기 양식을 먹으라 하노라
13 형제들아 너희는 선을 행하
다가 낙심치 말라
14 누가 이 편지에 한 우리 말을
순종치 아니하거든 그 사람
을 지목하여 사귀지 말고 저
로 하여금 부끄럽게 하라
15 그러나 원수와 같이 생각지
말고 형제같이 권하라
16 평강의 주께서 친히 때마다
일마다 너희에게 평강을 주
시기를 원하노라 주는 너희
모든 사람과 함께 하실지어
다
17 나 바울은 친필로 문안하노
니 이는 편지마다 표적이기
로 이렇게 쓰노라
18 우리 주 예수 그리스도의 은
혜가 너희 무리에게 있을지
어다

디모데전서

1 Timothy

바울은 믿음 안에서 참 아들 된 디모데에게 이 편지를 보내는데, 당시 디모데는 에베소에서 목회자로서 교회를 섬기고 있다. 바울은 젊은 목회자 디모데에게 어떻게 교회를 조직하고 운영할 것인지, 그리고 어떻게 거짓 교사들의 거짓된 가르침에 대처해야 할 것인지를 교훈한다. 이 책을 읽으면서 당신은, 결코 거짓 가르침에 미혹되지 않을 것이며, 어떠한 경우에도 참된 믿음에서 벗어나지 않을 것이라고 하나님께 약속하라.

거짓 교훈에 대한 경고

1 우리 구주 하나님과 우
리 소망이신 그리스도 예
수의 명령을 따라 그리스도
예수의 사도 된 바울은
2 믿음 안에서 참아들 된 디모
데에게 편지하노니 하나님
아버지와 그리스도 예수 우
리 주께로부터 은혜와 긍휼
과 평강이 네게 있을지어다
3 내가 마게도냐로 갈 때에 너를
권하여 에베소에 머물라 한
것은 어떤 사람들을 명하여
다른 교훈을 가르치지 말며
4 신화와 끝없는 족보에 착념
치 말게 하려 함이라 이런 것
은 믿음 안에 있는 하나님의
경륜을 이룸보다 도리어 변
론을 내는 것이라
5 경계의 목적은 청결한 마음
과 선한 양심과 거짓이 없는
믿음으로 나는 사랑이거늘
6 사람들이 이에서 벗어나 헛
된 말에 빠져
7 율법의 선생이 되려 하나 자
기의 말하는 것이나 자기의
확증하는 것도 깨닫지 못하
는도다
8 그러나 사람이 율법을 법 있
게 쓰면 율법은 선한 것인 줄
우리는 아노라
9 알 것은 이것이니 법은 옳은
사람을 위하여 세운 것이 아
니요 오직 불법한 자와 복종
치 아니하는 자며 경건치 아
니한 자와 죄인이며 거룩하
지 아니한 자와 망령된 자며
아비를 치는 자와 어미를 치
는 자며 살인하는 자며
10 음행하는 자며 남색하는 자
며 사람을 탈취하는 자며 거
짓말하는 자며 거짓 맹세하
는 자와 기타 바른 교훈을
거스리는 자를 위함이니

1

11 이 교훈은 내게 맡기신바 복
되신 하나님의 영광의 복음
을 좇음이니라

자비에 대한 감사

12 나를 능하게 하신 그리스도
예수 우리 주께 내가 감사함
은 나를 충성되이 여겨 내게
직분을 맡기심이니
13 내가 전에는 훼방자요 핍박
자요 포행자이었으나 도리어
긍휼을 입은 것은 내가 믿지
아니할 때에 알지 못하고 행
하였음이라
14 우리 주의 은혜가 그리스도
예수 안에 있는 믿음과 사랑
과 함께 넘치도록 풍성하였
도다
15 미쁘다 모든 사람이 받을 만
한 이 말이여 그리스도 예수
께서 죄인을 구원하시려고
세상에 임하셨다 하였도다
죄인 중에 내가 괴수니라
16 그러나 내가 긍휼을 입은 까
닭은 예수 그리스도께서 내
게 먼저 일절 오래 참으심을
보이사 후에 주를 믿어 영생
얻는 자들에게 본이 되게 하
려 하심이니라
17 만세의 왕 곧 썩지 아니하고
보이지 아니하고 홀로 하나이
신 하나님께 존귀와 영광이
세세토록 있어지이다 아멘
18 아들 디모데야 내가 네게 이
경계로써 명하노니 전에 너
를 지도한 예언을 따라 그것
으로 선한 싸움을 싸우며
19 믿음과 착한 양심을 가지라
어떤 이들이 이 양심을 버렸
고 그 믿음에 관하여는 파선
하였느니라
20 그 가운데 후메내오와 알렉산
더가 있으니 내가 사단에게 내
어 준 것은 저희로 징계를 받아
훼방하지 말게 하려 함이니라

공식 예배에 대한 교훈

2 그러므로 내가 첫째로 권
하노니 모든 사람을 위하
여 간구와 기도와 도고와 감
사를 하되
2 임금들과 높은 지위에 있는
모든 사람을 위하여 하라 이
는 우리가 모든 경건과 단정
한 중에 고요하고 평안한 생
활을 하려 함이니라
3 이것이 우리 구주 하나님 앞
에 선하고 받으실 만한 것이니
4 하나님은 모든 사람이 구원
을 받으며 진리를 아는 데 이
르기를 원하시느니라
5 하나님은 한 분이시요 또 하
나님과 사람 사이에 중보도
한 분이시니 곧 사람이신 그
리스도 예수라
6 그가 모든 사람을 위하여 자
기를 속전으로 주셨으니 기
약이 이르면 증거할 것이라
7 이를 위하여 내가 전파하는
자와 사도로 세움을 입은 것
은 참말이요 거짓말이 아니
니 믿음과 진리 안에서 내가
이방인의 스승이 되었노라
8 그러므로 각처에서 남자들이
분노와 다툼이 없이 거룩한 손
을 들어 기도하기를 원하노라
9 또 이와 같이 여자들도 아담
한 옷을 입으며 염치와 정절
로 자기를 단장하고 땋은 머
리와 금이나 진주나 값진 옷
으로 하지 말고
10 오직 선행으로 하기를 원하
라 이것이 하나님을 공경한
다 하는 자들에게 마땅한 것
이니라
11 여자는 일절 순종함으로 종
용히 배우라
12 여자의 가르치는 것과 남자
를 주관하는 것을 허락지 아
니하노니 오직 종용할지니라

2

13 이는 아담이 먼저 지음을 받
고 이와가 그 후며
14 아담이 꾀임을 보지 아니하
고 여자가 꾀임을 보아 죄에
빠졌음이니라
15 그러나 여자들이 만일 정절
로써 믿음과 사랑과 거룩함
에 거하면 그 해산함으로 구
원을 얻으리라

교회 감독의 자격

3 미쁘다 이 말이여, 사람
이 감독의 직분을 얻으려
하면 선한 일을 사모한다 함
이로다
2 그러므로 감독은 책망할 것
이 없으며 한 아내의 남편이
되며 절제하며 근신하며 아
담하며 나그네를 대접하며
가르치기를 잘하며
3 술을 즐기지 아니하며 구타
하지 아니하며 오직 관용하
며 다투지 아니하며 돈을 사
랑치 아니하며
4 자기 집을 잘 다스려 자녀들
로 모든 단정함으로 복종케
하는 자라야 할지며
5 (사람이 자기 집을 다스릴
줄 알지 못하면 어찌 하나님
의 교회를 돌아보리요)
6 새로 입교한 자도 말지니 교
만하여져서 마귀를 정죄하
는 그 정죄에 빠질까 함이요
7 또한 외인에게서도 선한 증
거를 얻은 자라야 할지니 비
방과 마귀의 올무에 빠질까
염려하라

보조자의 자격

8 이와 같이 집사들도 단정하
고 일구이언을 하지 아니하
고 술에 인박이지 아니하고
더러운 이를 탐하지 아니하
고
9 깨끗한 양심에 믿음의 비밀
을 가진 자라야 할지니

3

10 이에 이 사람들을 먼저 시험
하여 보고 그 후에 책망할
것이 없으면 집사의 직분을
하게 할 것이요
11 여자들도 이와 같이 단정하
고 참소하지 말며 절제하며
모든 일에 충성된 자라야 할
지니라
12 집사들은 한 아내의 남편이
되어 자녀와 자기 집을 잘 다
스리는 자일지니
13 집사의 직분을 잘한 자들은
아름다운 지위와 그리스도
예수 안에 있는 믿음에 큰
담력을 얻느니라
14 내가 속히 네게 가기를 바라
나 이것을 네게 쓰는 것은
15 만일 내가 지체하면 너로 하나
님의 집에서 어떻게 행하여야
할 것을 알게 하려 함이니 이
집은 살아 계신 하나님의 교회
요 진리의 기둥과 터이니라
16 크도다 경건의 비밀이여, 그
렇지 않다 하는 이 없도다
그는 육신으로 나타난 바 되
시고 영으로 의롭다 하심을
입으시고 천사들에게 보이시
고 만국에서 전파되시고 세
상에서 믿은 바 되시고 영광
가운데서 올리우셨음이니라

거짓 교사들

4 그러나 성령이 밝히 말씀
하시기를 후일에 어떤 사
람들이 믿음에서 떠나 미혹
케 하는 영과 귀신의 가르침
을 좇으리라 하셨으니
2 자기 양심이 화인 맞아서 외
식함으로 거짓말하는 자들
이라
3 혼인을 금하고 식물을 폐하
라 할 터이나 식물은 하나님
이 지으신 바니 믿는 자들과
진리를 아는 자들이 감사함
으로 받을 것이니라

4

4 하나님의 지으신 모든 것이
선하매 감사함으로 받으면
버릴 것이 없나니
5 하나님의 말씀과 기도로 거
룩하여짐이니라

그리스도의 훌륭한 일꾼

6 네가 이것으로 형제를 깨우
치면 그리스도 예수의 선한
일꾼이 되어 믿음의 말씀과
네가 좇은 선한 교훈으로 양
육을 받으리라
7 망령되고 허탄한 신화를 버
리고 오직 경건에 이르기를
연습하라
8 육체의 연습은 약간의 유익
이 있으나 경건은 범사에 유
익하니 금생과 내생에 약속
이 있느니라
9 미쁘다 이 말이여 모든 사람
들이 받을 만하도다
10 이를 위하여 우리가 수고하
고 진력하는 것은 우리 소망
을 살아 계신 하나님께 둠이
니 곧 모든 사람 특히 믿는
자들의 구주시라
11 네가 이것들을 명하고 가르
치라
12 누구든지 네 연소함을 업신여
기지 못하게 하고 오직 말과 행
실과 사랑과 믿음과 정절에 대
하여 믿는 자에게 본이 되어
13 내가 이를 때까지 읽는 것과
권하는 것과 가르치는 것에
착념하라
14 네 속에 있는 은사 곧 장로
의 회에서 안수받을 때에 예
언으로 말미암아 받은 것을
조심 없이 말며
15 이 모든 일에 전심 전력하여
너의 진보를 모든 사람에게
나타나게 하라
16 네가 네 자신과 가르침을 삼
가 이 일을 계속하라 이것을
행함으로 네 자신과 네게 듣

는 자를 구원하리라

신도들을 대하는 태도

5 늙은이를 꾸짖지 말고 권
하되 아비에게 하듯 하며
젊은이를 형제에게 하듯 하
고
2 늙은 여자를 어미에게 하듯
하며 젊은 여자를 일절 깨끗
함으로 자매에게 하듯 하라
3 참과부인 과부를 경대하라
4 만일 어떤 과부에게 자녀나
손자들이 있거든 저희로 먼
저 자기 집에서 효를 행하여
부모에게 보답하기를 배우게
하라 이것이 하나님 앞에 받
으실 만한 것이니라
5 참과부로서 외로운 자는 하
나님께 소망을 두어 주야로
항상 간구와 기도를 하거니와
6 일락을 좋아하는 이는 살았
으나 죽었느니라
7 네가 또한 이것을 명하여 그
들로 책망받을 것이 없게 하
라
8 누구든지 자기 친족 특히 자
기 가족을 돌아보지 아니하
면 믿음을 배반한 자요 불신
자보다 더 악한 자니라
9 과부로 명부에 올릴 자는 나
이 육십이 덜 되지 아니하고
한 남편의 아내이었던 자로
서
10 선한 행실의 증거가 있어 혹
은 자녀를 양육하며 혹은 나
그네를 대접하며 혹은 성도
들의 발을 씻기며 혹은 환난
당한 자들을 구제하며 혹은
모든 선한 일을 좇은 자라야
할 것이요
11 젊은 과부는 거절하라 이는
정욕으로 그리스도를 배반
할 때에 시집 가고자 함이니
12 처음 믿음을 저버렸으므로
심판을 받느니라

5

13 또 저희가 게으름을 익혀 집
집에 돌아다니고 게으를 뿐
아니라 망령된 폄론을 하며
일을 만들며 마땅히 아니 할
말을 하나니
14 그러므로 젊은이는 시집 가
서 아이를 낳고 집을 다스리
고 대적에게 훼방할 기회를
조금도 주지 말기를 원하노라
15 이미 사단에게 돌아간 자들
도 있도다
16 만일 믿는 여자에게 과부 친
척이 있거든 자기가 도와 주
고 교회로 짐 지지 말게 하
라 이는 참과부를 도와 주게
하려 함이니라

장로들을 대하는 태도

17 잘 다스리는 장로들을 배나
존경할 자로 알되 말씀과 가
르침에 수고하는 이들을 더
할 것이니라
18 성경에 일렀으되 곡식을 밟
아 떠는 소의 입에 망을 씌우
지 말라 하였고 또 일군이
그 삯을 받는 것이 마땅하다
하였느니라
19 장로에 대한 송사는 두세 증
인이 없으면 받지 말 것이요
20 범죄한 자들을 모든 사람 앞
에 꾸짖어 나머지 사람으로
두려워하게 하라
21 하나님과 그리스도 예수와 택
하심을 받은 천사들 앞에서
내가 엄히 명하노니 너는 편견
이 없이 이것들을 지켜 아무
일도 편벽되이 하지 말며
22 아무에게나 경솔히 안수하
지 말고 다른 사람의 죄에 간
섭지 말고 네 자신을 지켜 정
결케 하라
23 이제부터는 물만 마시지 말
고 네 비위와 자주 나는 병
을 인하여 포도주를 조금씩
쓰라

24 어떤 사람들의 죄는 밝히 드
러나 먼저 심판에 나아가고
어떤 사람들의 죄는 그 뒤를
좇나니
25 이와 같이 선행도 밝히 드러
나고 그렇지 아니한 것도 숨
길 수 없느니라
6 무릇 멍에 아래 있는 종
들은 자기 상전들을 범사
에 마땅히 공경할 자로 알지
니 이는 하나님의 이름과 교
훈으로 훼방을 받지 않게 하
려 함이라
2 믿는 상전이 있는 자들은 그
상전을 형제라고 경히 여기
지 말고 더 잘 섬기게 하라
이는 유익을 받는 자들이 믿
는 자요 사랑을 받는 자임이
니라 너는 이것들을 가르치
고 권하라

만족할 줄 아는 신앙 생활

3 누구든지 다른 교훈을 하며
바른말 곧 우리 주 예수 그
리스도의 말씀과 경건에 관
한 교훈에 착념치 아니하면
4 저는 교만하여 아무것도 알
지 못하고 변론과 언쟁을 좋
아하는 자니 이로써 투기와
분쟁과 훼방과 악한 생각이
나며
5 마음이 부패하여지고 진리
를 잃어버려 경건을 이익의
재료로 생각하는 자들의 다
툼이 일어나느니라
6 그러나 지족하는 마음이 있
으면 경건이 큰 이익이 되느
니라
7 우리가 세상에 아무것도 가
지고 온 것이 없으매 또한 아
무것도 가지고 가지 못하리
니
8 우리가 먹을 것과 입을 것이
있은즉 족한 줄로 알 것이니
라

6

9 부하려 하는 자들은 시험과
올무와 여러 가지 어리석고
해로운 정욕에 떨어지나니
곧 사람으로 침륜과 멸망에
빠지게 하는 것이라
10 돈을 사랑함이 일만 악의 뿌
리가 되나니 이것을 사모하
는 자들이 미혹을 받아 믿음
에서 떠나 많은 근심으로써
자기를 찔렀도다

믿음의 선한 싸움

11 오직 너 하나님의 사람아 이
것들을 피하고 의와 경건과
믿음과 사랑과 인내와 온유
를 좇으며
12 믿음의 선한 싸움을 싸우라
영생을 취하라 이를 위하여
네가 부르심을 입었고 많은
증인 앞에서 선한 증거를 증
거하였도다
13 만물을 살게 하신 하나님 앞과
본디오 빌라도를 향하여 선한
증거로 증거하신 그리스도 예
수앞에서 내가 너를 명하노니
14 우리 주 예수 그리스도 나타나
실 때까지 점도 없고 책망받을
것도 없이 이 명령을 지키라
15 기약이 이르면 하나님이 그
의 나타나심을 보이시리니
하나님은 복되시고 홀로 한
분이신 능하신 자이며 만왕
의 왕이시며 만주의 주시요
16 오직 그에게만 죽지 아니함
이 있고 가까이 가지 못할 빛
에 거하시고 아무 사람도 보
지 못하였고 또 볼 수 없는
자시니 그에게 존귀와 영원
한 능력을 돌릴지어다 아멘
17 네가 이 세대에 부한 자들을
명하여 마음을 높이지 말고
정함이 없는 재물에 소망을
두지 말고 오직 우리에게 모
든 것을 후히 주사 누리게 하
시는 하나님께 두며

18 선한 일을 행하고 선한 사업에
부하고 나눠 주기를 좋아하
며 동정하는 자가 되게 하라
19 이것이 장래에 자기를 위하
여 좋은 터를 쌓아 참된 생
명을 취하는 것이니라
20 디모데야 네게 부탁한 것을
지키고 거짓되이 일컫는 지
식의 망령되고 허한 말과 변
론을 피하라
21 이것을 좇는 사람들이 있어
믿음에서 벗어났느니라 은혜
가 너희와 함께 있을지어다

디모데후서

2 Timothy

바울이 디모데에게 보내는 이 두 번째 편지는, 바울이 죽기 직전에 기록되었다(딤후 4:6-8). 당시는 기독교가 크게 핍박받던 시기로 교회 안팎으로 모두 어려운 시기였는데, 이때에 바울은 흔들림 없이 그리스도인의 믿음과 삶을 신실하게 지키도록 디모데를 격려한다. 이 책을 읽으면서 당신은, 예수 그리스도 안에서 그리고 하나님의 영감 된 말씀 안에서, 매일의 힘을 얻어 승리하는 신앙의 삶을 살아가도록 힘써라.

인사와 격려

1 하나님의 뜻으로 말미암
아 그리스도 예수 안에
있는 생명의 약속대로 그리
스도 예수의 사도 된 바울은
2 사랑하는 아들 디모데에게
편지하노니 하나님 아버지와
그리스도 예수 우리 주께로
부터 은혜와 긍휼과 평강이
네게 있을지어다
3 나의 밤낮 간구하는 가운데
쉬지 않고 너를 생각하여 청
결한 양심으로 조상 적부터
섬겨 오는 하나님께 감사하고
4 네 눈물을 생각하여 너 보기
를 원함은 내 기쁨이 가득하
게 하려 함이니
5 이는 네 속에 거짓이 없는 믿
음을 생각함이라 이 믿음은
먼저 네 외조모 로이스와 네
어머니 유니게 속에 있더니
네 속에도 있는 줄을 확신하
노라
6 그러므로 내가 나의 안수함
으로 네 속에 있는 하나님의
은사를 다시 불일듯 하게 하
기 위하여 너로 생각하게 하
노니
7 하나님이 우리에게 주신 것
은 두려워하는 마음이 아니
요 오직 능력과 사랑과 근신
하는 마음이니
8 그러므로 네가 우리 주의 증
거와 또는 주를 위하여 갇힌
자 된 나를 부끄러워 말고 오
직 하나님의 능력을 좇아 복
음과 함께 고난을 받으라
9 하나님이 우리를 구원하사
거룩하신 부르심으로 부르심
은 우리의 행위대로 하심이
아니요 오직 자기 뜻과 영원
한 때 전부터 그리스도 예수
안에서 우리에게 주신 은혜
대로 하심이라

1

10 이제는 우리 구주 그리스도
예수의 나타나심으로 말미
암아 나타났으니 저는 사망
을 폐하시고 복음으로써 생
명과 썩지 아니할 것을 드러
내신지라
11 내가 이 복음을 위하여 반포
자와 사도와 교사로 세우심
을 입었노라
12 이를 인하여 내가 또 이 고
난을 받되 부끄러워하지 아
니함은 나의 의뢰한 자를 내
가 알고 또한 나의 의탁한 것
을 그 날까지 저가 능히 지키
실 줄을 확신함이라
13 너는 그리스도 예수 안에 있
는 믿음과 사랑으로써 내게
들은바 바른말을 본받아 지
키고
14 우리 안에 거하시는 성령으
로 말미암아 네게 부탁한 아
름다운 것을 지키라
15 아시아에 있는 모든 사람이
나를 버린 이 일을 네가 아나
니 그 중에 부겔로와 허모게
네가 있느니라
16 원컨대 주께서 오네시보로
의 집에 긍휼을 베푸시옵소
서 저가 나를 자주 유쾌케
하고 나의 사슬에 매인 것을
부끄러워 아니하여
17 로마에 있을 때에 나를 부지
런히 찾아 만났느니라
18 (원컨대 주께서 저로 하여금
그 날에 주의 긍휼을 얻게
하여 주옵소서) 또 저가 에
베소에서 얼마큼 나를 섬긴
것을 네가 잘 아느니라

그리스도의 충성된 군사

2 내 아들아 그러므로 네
가 그리스도 예수 안에
있는 은혜 속에서 강하고
2 또 네가 많은 증인 앞에서
내게 들은 바를 충성된 사람

2

들에게 부탁하라 저희가 또
다른 사람들을 가르칠 수 있
으리라
3 네가 그리스도 예수의 좋은
군사로 나와 함께 고난을 받
을지니
4 군사로 다니는 자는 자기 생
활에 얽매이는 자가 하나도
없나니 이는 군사로 모집한
자를 기쁘게 하려 함이라
5 경기하는 자가 법대로 경기
하지 아니하면 면류관을 얻
지 못할 것이며
6 수고하는 농부가 곡식을 먼
저 받는 것이 마땅하니라
7 내 말하는 것을 생각하라 주
께서 범사에 네게 총명을 주
시리라
8 나의 복음과 같이 다윗의 씨
로 죽은 자 가운데서 다시
살으신 예수 그리스도를 기
억하라
9 복음을 인하여 내가 죄인과
같이 매이는 데까지 고난을
받았으나 하나님의 말씀은
매이지 아니하니라
10 그러므로 내가 택하신 자를
위하여 모든 것을 참음은 저
희로도 그리스도 예수 안에
있는 구원을 영원한 영광과
함께 얻게 하려 함이로라
11 미쁘다 이 말이여, 우리가 주
와 함께 죽었으면 또한 함께
살 것이요
12 참으면 또한 함께 왕노릇 할
것이요 우리가 주를 부인하
면 주도 우리를 부인하실 것
이라
13 우리는 미쁨이 없을지라도
주는 일향 미쁘시니 자기를
부인하실 수 없으시리라
14 너는 저희로 이 일을 기억하
게 하여 말다툼을 하지 말라
고 하나님 앞에서 엄히 명하

라 이는 유익이 하나도 없고
도리어 듣는 자들을 망하게
함이니라
15 네가 진리의 말씀을 옳게 분
변하며 부끄러울 것이 없는
일군으로 인정된 자로 자신을
하나님 앞에 드리기를 힘쓰라
16 망령되고 헛된 말을 버리라
저희는 경건치 아니함에 점
점 나아가나니
17 저희 말은 독한 창질의 썩어
져 감과 같은데 그 중에 후메
내오와 빌레도가 있느니라
18 진리에 관하여는 저희가 그
릇되었도다 부활이 이미 지
나갔다 하므로 어떤 사람들
의 믿음을 무너뜨리느니라
19 그러나 하나님의 견고한 터
는 섰으니 인침이 있어 일렀
으되 주께서 자기 백성을 아
신다 하며 또 주의 이름을
부르는 자마다 불의에서 떠
날지어다 하였느니라
20 큰 집에는 금과 은의 그릇이
있을 뿐 아니요 나무와 질그
릇도 있어 귀히 쓰는 것도 있
고 천히 쓰는 것도 있나니
21 그러므로 누구든지 이런 것
에서 자기를 깨끗하게 하면
귀히 쓰는 그릇이 되어 거룩
하고 주인의 쓰심에 합당하
며 모든 선한 일에 예비함이
되리라
22 또한 네가 청년의 정욕을 피
하고 주를 깨끗한 마음으로
부르는 자들과 함께 의와 믿
음과 사랑과 화평을 좇으라
23 어리석고 무식한 변론을 버
리라 이에서 다툼이 나는 줄
앎이라
24 마땅히 주의 종은 다투지 아
니하고 모든 사람을 대하여
온유하며 가르치기를 잘하
며 참으며

25 거역하는 자를 온유함으로
징계할지니 혹 하나님이 저
희에게 회개함을 주사 진리
를 알게 하실까 하며
26 저희로 깨어 마귀의 올무에
서 벗어나 하나님께 사로잡
힌 바 되어 그 뜻을 좇게 하
실까 함이라

마지막 날

3 네가 이것을 알라 말세에
고통하는 때가 이르리니
2 사람들은 자기를 사랑하며
돈을 사랑하며 자긍하며 교
만하며 훼방하며 부모를 거
역하며 감사치 아니하며 거
룩하지 아니하며
3 무정하며 원통함을 풀지 아
니하며 참소하며 절제하지
못하며 사나우며 선한 것을
좋아 아니 하며
4 배반하여 팔며 조급하며 자
고하며 쾌락을 사랑하기를
하나님 사랑하는 것보다 더
하며
5 경건의 모양은 있으나 경건
의 능력은 부인하는 자니 이
같은 자들에게서 네가 돌아
서라
6 저희 중에 남의 집에 가만히
들어가 어리석은 여자를 유
인하는 자들이 있으니 그 여
자는 죄를 중히 지고 여러 가
지 욕심에 끌린 바 되어
7 항상 배우나 마침내 진리의
지식에 이를 수 없느니라
8 얀네와 얌브레가 모세를 대
적한 것같이 저희도 진리를
대적하니 이 사람들은 그 마
음이 부패한 자요 믿음에 관
하여는 버리운 자들이라
9 그러나 저희가 더 나가지 못
할 것은 저 두 사람의 된 것
과 같이 저희 어리석음이 드
러날 것임이니라

3

마지막 명령

10 나의 교훈과 행실과 의향과
믿음과 오래 참음과 사랑과
인내와
11 핍박과 고난과 또한 안디옥
과 이고니온과 루스드라에
서 당한 일과 어떠한 핍박받
은 것을 네가 과연 보고 알
았거니와 주께서 이 모든 것
가운데서 나를 건지셨느니
라
12 무릇 그리스도 예수 안에서
경건하게 살고자 하는 자는
핍박을 받으리라
13 악한 사람들과 속이는 자들
은 더욱 악하여져서 속이기
도 하고 속기도 하나니
14 그러나 너는 배우고 확신한
일에 거하라 네가 뉘게서 배
운 것을 알며
15 또 네가 어려서부터 성경을
알았나니 성경은 능히 너로
하여금 그리스도 예수 안에
있는 믿음으로 말미암아 구
원에 이르는 지혜가 있게 하
느니라
16 모든 성경은 하나님의 감동
으로 된 것으로 교훈과 책망
과 바르게 함과 의로 교육하
기에 유익하니
17 이는 하나님의 사람으로 온
전케 하며 모든 선한 일을 행
하기에 온전케 하려 함이니
라

4 하나님 앞과 산 자와 죽
은 자를 심판하실 그리
스도 예수 앞에서 그의 나타
나실 것과 그의 나라를 두고
엄히 명하노니
2 너는 말씀을 전파하라 때를
얻든지 못 얻든지 항상 힘쓰
라 범사에 오래 참음과 가르
침으로 경책하며 경계하며
권하라

4

3 때가 이르리니 사람이 바른
교훈을 받지 아니하며 귀가
가려워서 자기의 사욕을 좇
을 스승을 많이 두고
4 또 그 귀를 진리에서 돌이켜
허탄한 이야기를 좇으리라
5 그러나 너는 모든 일에 근신
하여 고난을 받으며 전도인
의 일을 하며 네 직무를 다
하라
6 관제와 같이 벌써 내가 부음
이 되고 나의 떠날 기약이 가
까왔도다
7 내가 선한 싸움을 싸우고 나
의 달려갈 길을 마치고 믿음
을 지켰으니
8 이제 후로는 나를 위하여 의
의 면류관이 예비되었으므로
주 곧 의로우신 재판장이 그
날에 내게 주실 것이니 내게
만 아니라 주의 나타나심을
사모하는 모든 자에게니라

개인적인 부탁

9 너는 어서 속히 내게로 오라
10 데마는 이 세상을 사랑하여
나를 버리고 데살로니가로
갔고 그레스게는 갈라디아
로, 디도는 달마디아로 갔고
11 누가만 나와 함께 있느니라
네가 올 때에 마가를 데리고
오라 저가 나의 일에 유익하
니라
12 두기고는 에베소로 보내었노
라
13 네가 올 때에 내가 드로아 가
보의 집에 둔 겉옷을 가지고
오고 또 책은 특별히 가죽
종이에 쓴 것을 가져오라
14 구리 장색 알렉산더가 내게
해를 많이 보였으매 주께서
그 행한 대로 저에게 갚으시
리니
15 너도 저를 주의하라 저가 우
리 말을 심히 대적하였느니

라
16 내가 처음 변명할 때에 나와
함께 한 자가 하나도 없고 다
나를 버렸으나 저희에게 허
물을 돌리지 않기를 원하노
라
17 주께서 내 곁에 서서 나를 강
건케 하심은 나로 말미암아
전도의 말씀이 온전히 전파
되어 이방인으로 듣게 하려
하심이니 내가 사자의 입에
서 건지웠느니라
18 주께서 나를 모든 악한 일에
서 건져 내시고 또 그의 천
국에 들어가도록 구원하시리
니 그에게 영광이 세세 무궁
토록 있을지어다 아멘

작별 인사

19 브리스가와 아굴라와 및
오네시보로의 집에 문안하
라
20 에라스도는 고린도에 머물렀
고 드로비모는 병듦으로 밀
레도에 두었노니
21 겨울 전에 너는 어서 오라
으불로와 부데와 리노와 글
라우디아와 모든 형제가 다
네게 문안하느니라
22 나는 주께서 네 심령에 함께
계시기를 바라노니 은혜가
너희와 함께 있을지어다

디도서

Titus

바울은 그레데(Crete)에서 목회자로 교회를 섬기고 있는 디도에게 이 서신을 써 보낸다. 교회에서 무엇을 가르칠 것인가? 그리고 교인들을 어떻게 체계적으로 조직할 것인가 – 이런 것들에 관해 적절한 조언을 주고, 특별히 주변에 있는 거짓 교사들을 주의하라고 충고한다. 이 책을 읽으면서 당신은, 하나님께서는 교회에서 적절한 질서 및 체계가 세워지고, 또한 예수 그리스도에 관한 참된 가르침이 베풀어지고 있는 데 관심을 갖고 계심을 주목하라.

장로와 감독의 자격

1 하나님의 종이요 예수 그
리스도의 사도인 바울 곧
나의 사도 된 것은 하나님의
택하신 자들의 믿음과 경건
함에 속한 진리의 지식과
2 영생의 소망을 인함이라 이
영생은 거짓이 없으신 하나
님이 영원한 때 전부터 약속
하신 것인데
3 자기 때에 자기의 말씀을 전
도로 나타내셨으니 이 전도
는 우리 구주 하나님의 명대
로 내게 맡기신 것이라
4 같은 믿음을 따라 된 나의
참아들 디도에게 편지하노니
하나님 아버지와 그리스도
예수 우리 구주로 좇아 은혜
와 평강이 네게 있을지어다

그레데에서 해야 할 디도의 사역

5 내가 너를 그레데에 떨어뜨
려 둔 이유는 부족한 일을
바로잡고 나의 명한 대로 각
성에 장로들을 세우게 하려
함이니
6 책망할 것이 없고 한 아내의
남편이며 방탕하다 하는 비
방이나 불순종하는 일이 없
는 믿는 자녀를 둔 자라야
할지라
7 감독은 하나님의 청지기로서
책망할 것이 없고 제 고집대
로 하지 아니하며 급히 분내
지 아니하며 술을 즐기지 아
니하며 구타하지 아니하며 더
러운 이를 탐하지 아니하며
8 오직 나그네를 대접하며 선
을 좋아하며 근신하며 의로
우며 거룩하며 절제하며
9 미쁜 말씀의 가르침을 그대
로 지켜야 하리니 이는 능히
바른 교훈으로 권면하고 거
스려 말하는 자들을 책망하
게 하려 함이라

1

10 복종치 아니하고 헛된 말을
하며 속이는 자가 많은 중 특
별히 할례당 가운데 심하니
11 저희의 입을 막을 것이라 이
런 자들이 더러운 이를 취하
려고 마땅치 아니한 것을 가
르쳐 집들을 온통 엎드러치
는도다
12 그레데인 중에 어떤 선지자
가 말하되 그레데인들은 항
상 거짓말장이며 악한 짐승
이며 배만 위하는 게으름장
이라 하니
13 이 증거가 참되도다 그러므
로 네가 저희를 엄히 꾸짖으
라 이는 저희로 하여금 믿음
을 온전케 하고
14 유대인의 허탄한 이야기와 진
리를 배반하는 사람들의 명
령을 좇지 않게 하려 함이라
15 깨끗한 자들에게는 모든 것
이 깨끗하나 더럽고 믿지 아
니하는 자들에게는 아무것
도 깨끗한 것이 없고 오직 저
희 마음과 양심이 더러운지
라
16 저희가 하나님을 시인하나 행
위로는 부인하니 가증한 자
요 복종치 아니하는 자요 모
든 선한 일을 버리는 자니라

바른 교훈

2 오직 너는 바른 교훈에
합한 것을 말하여
2 늙은 남자로는 절제하며 경
건하며 근신하며 믿음과 사
랑과 인내함에 온전케 하고
3 늙은 여자로는 이와 같이 행
실이 거룩하며 참소치 말며
많은 술의 종이 되지 말며
선한 것을 가르치는 자들이
되고
4 저들로 젊은 여자들을 교훈
하되 그 남편과 자녀를 사랑
하며

2

5 근신하며 순전하며 집안일을
하며 선하며 자기 남편에게
복종하게 하라 이는 하나님
의 말씀이 훼방을 받지 않게
하려 함이니라
6 너는 이와 같이 젊은 남자들
을 권면하여 근신하게 하되
7 범사에 네 자신으로 선한 일
의 본을 보여 교훈의 부패치
아니함과 경건함과
8 책망할 것이 없는 바른말을
하게 하라 이는 대적하는 자
로 하여금 부끄러워 우리를
악하다 할 것이 없게 하려
함이라
9 종들로는 자기 상전들에게
범사에 순종하여 기쁘게 하
고 거스려 말하지 말며
10 떼어 먹지 말고 오직 선한 충
성을 다하게 하라 이는 범사
에 우리 구주 하나님의 교훈
을 빛나게 하려 함이라
11 모든 사람에게 구원을 주
시는 하나님의 은혜가 나
타나
12 우리를 양육하시되 경건치
않은 것과 이 세상 정욕을
다 버리고 근신함과 의로움
과 경건함으로 이 세상에 살
고
13 복스러운 소망과 우리의 크
신 하나님 구주 예수 그리스
도의 영광이 나타나심을 기
다리게 하셨으니
14 그가 우리를 대신하여 자신
을 주심은 모든 불법에서 우
리를 구속하시고 우리를 깨
끗하게 하사 선한 일에 열심
하는 친백성이 되게 하려 하
심이니라
15 너는 이것을 말하고 권면하
며 모든 권위로 책망하여 누
구에게든지 업신여김을 받지
말라

3 너는 저희로 하여금 정사
와 권세 잡은 자들에게
복종하며 순종하며 모든 선
한 일 행하기를 예비하게 하
며
2 아무도 훼방하지 말며 다투
지 말며 관용하며 범사에 온
유함을 모든 사람에게 나타
낼 것을 기억하게 하라
3 우리도 전에는 어리석은 자
요 순종치 아니한 자요 속은
자요 각색 정욕과 행락에 종
노릇 한 자요 악독과 투기로
지낸 자요 가증스러운 자요
피차 미워한 자이었으나
4 우리 구주 하나님의 자비와
사람 사랑하심을 나타내실
때에
5 우리를 구원하시되 우리의
행한 바 의로운 행위로 말미
암지 아니하고 오직 그의 긍
휼하심을 좇아 중생의 씻음
과 성령의 새롭게 하심으로
하셨나니
6 성령을 우리 구주 예수 그리
스도로 말미암아 우리에게
풍성히 부어 주사
7 우리로 저의 은혜를 힘입어
의롭다 하심을 얻어 영생의
소망을 따라 후사가 되게 하
려 하심이라
8 이 말이 미쁘도다 원컨대 네
가 이 여러 것에 대하여 굳세
게 말하라 이는 하나님을 믿
는 자들로 하여금 조심하여
선한 일을 힘쓰게 하려 함이
라 이것은 아름다우며 사람
들에게 유익하니라
9 그러나 어리석은 변론과 족보
이야기와 분쟁과 율법에 대한
다툼을 피하라 이것은 무익
한 것이요 헛된 것이니라
10 이단에 속한 사람을 한두 번
훈계한 후에 멀리하라

3

11 이러한 사람은 네가 아는 바
와 같이 부패하여서 스스로
정죄한 자로서 죄를 짓느니
라

권고와 작별 인사

12 내가 아데마나 두기고를 네
게 보내리니 그 때에 네가 급
히 니고볼리로 내게 오라 내
가 거기서 과동하기로 작정
하였노라
13 교법사 세나와 및 아볼로를
급히 먼저 보내어 저희로 궁
핍함이 없게 하고
14 또 우리 사람들도 열매 없는
자가 되지 않게 하기 위하여
필요한 것을 예비하는 좋은
일에 힘쓰기를 배우게 하라
15 나와 함께 있는 자가 다 네게
문안하니 믿음 안에서 우리
를 사랑하는 자들에게 너도
문안하라 은혜가 너희 무리
에게 있을지어다

빌레몬서

Philemon

바울은 이 짧은 편지를 골로새에 살고 있는 그리스도인 형제 빌레몬에게 써 보낸다. 이 편지에서 바울은 빌레몬에게 한 가지 정중한 부탁을 하는데, 그것은 도망친 노예 오네시모를 용서하고 그를 다시 받아들이라는 것이다. 당시 도망친 노예 오네시모는 회개하고 그리스도인이 되어 감옥에 있는 바울을 돕고 있었다. 이 서신을 읽으면서 당신은, 다른 사람들이 당신에게 지은 죄에 대하여 그들을 용서하려는 마음을 품도록 하라.

인 사

1 그리스도 예수를 위하여 갇힌 자 된 바울과 및 형제 디모데는 우리의 사랑을 받는 자요 동역자인 빌레몬과

2 및 자매 압비아와 및 우리와 함께 군사 된 아킵보와 네 집에 있는 교회에게 편지하노니

3 하나님 우리 아버지와 주 예수 그리스도로 좇아 은혜와 평강이 너희에게 있을지어다

빌레몬의 사랑과 믿음

4 내가 항상 내 하나님께 감사하고 기도할 때에 너를 말함은

5 주 예수와 및 모든 성도에 대한 네 사랑과 믿음이 있음을 들음이니

6 이로써 네 믿음의 교제가 우리 가운데 있는 선을 알게 하고 그리스도께 미치도록 역사하느니라

7 형제여 성도들의 마음이 너로 말미암아 평안함을 얻었으니 내가 너의 사랑으로 많은 기쁨과 위로를 얻었노라

오네시모를 위한 호소

8 이러므로 내가 그리스도 안에서 많은 담력을 가지고 네게 마땅한 일로 명할 수 있으나

9 사랑을 인하여 도리어 간구하노니 나이 많은 나 바울은 지금 또 예수 그리스도를 위하여 갇힌 자 되어

10 갇힌 중에서 낳은 아들 오네시모를 위하여 네게 간구하노라

11 저가 전에는 네게 무익하였으나 이제는 나와 네게 유익하므로

12 네게 저를 돌려 보내노니 저는 내 심복이라

1

13 저를 내게 머물러 두어 내
복음을 위하여 갇힌 중에서
네 대신 나를 섬기게 하고자
하나
14 다만 네 승낙이 없이는 내가
아무것도 하기를 원치 아니
하노니 이는 너의 선한 일이
억지같이 되지 아니하고 자
의로 되게 하려 함이로라
15 저가 잠시 떠나게 된 것은 이
를 인하여 저를 영원히 두게
함이니
16 이후로는 종과 같이 아니하
고 종에서 뛰어나 곧 사랑
받는 형제로 둘 자라 내게
특별히 그러하거든 하물며
육신과 주 안에서 상관된
네게랴
17 그러므로 네가 나를 동무로
알진대 저를 영접하기를 내
게 하듯 하고
18 저가 만일 네게 불의를 하였
거나 네게 진 것이 있거든 이
것을 내게로 회계하라
19 나 바울이 친필로 쓰노니
내가 갚으려니와 너는 이외
에 네 자신으로 내게 빚진
것을 내가 말하지 아니하노
라
20 오 형제여! 나로 주 안에서
너를 인하여 기쁨을 얻게 하
고 내 마음이 그리스도 안에
서 평안하게 하라
21 나는 네가 순종함을 확신
하므로 네게 썼노니 네가
나의 말보다 더 행할 줄을
아노라
22 오직 너는 나를 위하여 처소
를 예비하라 너희 기도로 내
가 너희에게 나아가게 하여
주시기를 바라노라

마지막 인사

23 그리스도 예수 안에서 나와
함께 갇힌 자 에바브라와

24 또한 나의 동역자 마가, 아리
스다고, 데마, 누가가 문안하
느니라
25 우리 주 예수 그리스도의 은
혜가 너희 심령과 함께 할지
어다

히브리서

Hebrews

이 서신의 저자는 신앙 때문에 박해를 받고 있는 그리스도인들에게, 우리를 위해 인간이 되신 하나님 아들 그리스도의 위대하심을 강조함으로써 그들을 격려한다. 그리스도는 하나님 계시의 완전하신 표현이신데, 구약의 어느 누구보다도 더욱 뛰어나신 분이시다. 그래서 저자는 독자들에게 오직 그리스도만을 의지하도록 주의를 준다. 이 서신을 읽으면서 당신은, 당신의 유일한 중보자이신 예수님께 당신 자신을 확고하게 헌신하고, 또 그리스도인으로서 당신의 믿음과 삶을 신실하게 지켜나가는 가운데 매일 영적인 성장을 이루도록 하라.

하나님 아들의 위대함

1 옛적에 선지자들로 여러 부
분과 여러 모양으로 우리 조
상들에게 말씀하신 하나님이
2 이 모든 날 마지막에 아들로
우리에게 말씀하셨으니 이
아들을 만유의 후사로 세우
시고 또 저로 말미암아 모든
세계를 지으셨느니라
3 이는 하나님의 영광의 광채시
요 그 본체의 형상이시라 그의
능력의 말씀으로 만물을 붙드
시며 죄를 정결케 하는 일을
하시고 높은 곳에 계신 위엄의
우편에 앉으셨느니라

천사보다 뛰어난 아들

4 저가 천사보다 얼마큼 뛰어
남은 저희보다 더욱 아름다
운 이름을 기업으로 얻으심
이니
5 하나님께서 어느 때에 천사
중 누구에게 네가 내 아들이
라 오늘날 내가 너를 낳았다
하셨으며 또다시 나는 그에
게 아버지가 되고 그는 내게
아들이 되리라 하셨느뇨
6 또 맏아들을 이끌어 세상에
다시 들어오게 하실 때에 하
나님의 모든 천사가 저에게
경배할지어다 말씀하시며
7 또 천사들에 관하여는 그는
그의 천사들을 바람으로, 그
의 사역자들을 불꽃으로 삼
으시느니라 하셨으되
8 아들에 관하여는 하나님이
여 주의 보좌가 영영하며 주
의 나라의 홀은 공평한 홀이
니이다
9 네가 의를 사랑하고 불법을
미워하였으니 그러므로 하
나님 곧 너의 하나님이 즐
거움의 기름을 네게 부어
네 동류들보다 승하게 하셨
도다 하였고

1

10 또 주여 태초에 주께서 땅의
기초를 두셨으며 하늘도 주
의 손으로 지으신 바라
11 그것들은 멸망할 것이나 오
직 주는 영존할 것이요 그것
들은 다 옷과 같이 낡아지리
니
12 의복처럼 갈아 입을 것이요
그것들이 옷과 같이 변할 것
이나 주는 여전하여 연대가
다함이 없으리라 하였으나
13 어느 때에 천사 중 누구에게
내가 네 원수로 네 발등상 되
게 하기까지 너는 내 우편에
앉았으라 하셨느냐
14 모든 천사들은 부리는 영으
로서 구원 얻을 후사들을 위
하여 섬기라고 보내심이 아
니냐

고귀한 구원

2 그러므로 모든 들은 것을
우리가 더욱 간절히 삼갈
지니 혹 흘러 떠내려갈까 염
려하노라
2 천사들로 하신 말씀이 견고
하게 되어 모든 범죄함과 순
종치 아니함이 공변된 보응
을 받았거든
3 우리가 이같이 큰 구원을 등
한히 여기면 어찌 피하리요
이 구원은 처음에 주로 말씀
하신 바요 들은 자들이 우리
에게 확증한 바니
4 하나님도 표적들과 기사들
과 여러 가지 능력과 및 자기
뜻을 따라 성령의 나눠 주신
것으로써 저희와 함께 증거
하셨느니라

구원의 창시자

5 하나님이 우리의 말한 바 장
차 오는 세상을 천사들에게
는 복종케 하심이 아니라
6 오직 누가 어디 증거하여 가
로되 사람이 무엇이관대 주

2

께서 저를 생각하시며 인자
가 무엇이관대 주께서 저를
권고하시나이까
7 저를 잠간 동안 천사보다 못
하게 하시며 영광과 존귀로
관 씌우시며
8 만물을 그 발 아래 복종케
하셨느니라 하였으니 만물로
저에게 복종케 하셨은즉 복
종치 않은 것이 하나도 없으
나 지금 우리가 만물이 아직
저에게 복종한 것을 보지 못
하고
9 오직 우리가 천사들보다 잠
간 동안 못하게 하심을 입은
자 곧 죽음의 고난받으심을
인하여 영광과 존귀로 관 쓰
신 예수를 보니 이를 행하심
은 하나님의 은혜로 말미암
아 모든 사람을 위하여 죽음
을 맛보려 하심이라
10 만물이 인하고 만물이 말미
암은 자에게는 많은 아들을
이끌어 영광에 들어가게 하
시는 일에 저희 구원의 주를
고난으로 말미암아 온전케
하심이 합당하도다
11 거룩하게 하시는 자와 거룩
하게 함을 입은 자들이 다
하나에서 난지라 그러므로
형제라 부르시기를 부끄러워
아니하시고
12 이르시되 내가 주의 이름을
내 형제들에게 선포하고 내
가 주를 교회 중에서 찬송하
리라 하셨으며
13 또다시 내가 그를 의지하리
라 하시고 또다시 볼지어다
나와 및 하나님께서 내게 주
신 자녀라 하셨으니
14 자녀들은 혈육에 함께 속하
였으매 그도 또한 한 모양으
로 혈육에 함께 속하심은 사
망으로 말미암아 사망의 세

력을 잡은 자 곧 마귀를 없
이 하시며
15 또 죽기를 무서워하므로 일
생에 매여 종노릇 하는 모
든 자들을 놓아 주려 하심
이니
16 이는 실로 천사들을 붙들어
주려 하심이 아니요 오직 아
브라함의 자손을 붙들어 주
려 하심이라
17 그러므로 저가 범사에 형제
들과 같이 되심이 마땅하도
다 이는 하나님의 일에 자비
하고 충성된 대제사장이 되
어 백성의 죄를 구속하려 하
심이라
18 자기가 시험을 받아 고난을
당하셨은즉 시험받는 자들
을 능히 도우시느니라

모세보다 위대하신 예수

3 그러므로 함께 하늘의 부
르심을 입은 거룩한 형제
들아 우리의 믿는 도리의 사
도시며 대제사장이신 예수
를 깊이 생각하라
2 저가 자기를 세우신 이에게
충성하시기를 모세가 하나님
의 온 집에서 한 것과 같으니
3 저는 모세보다 더욱 영광을
받을 만한 것이 마치 집 지은
자가 그 집보다 더욱 존귀함
같으니라
4 집마다 지은 이가 있으니 만
물을 지으신 이는 하나님이
시라
5 또한 모세는 장래에 말할 것
을 증거하기 위하여 하나님
의 온 집에서 사환으로 충성
하였고
6 그리스도는 그의 집 맡은 아
들로 충성하였으니 우리가
소망의 담대함과 자랑을 끝
까지 견고히 잡으면 그의 집
이라

3

하나님이 주시는 안식

7 그러므로 성령이 이르신 바
와 같이 오늘날 너희가 그의
음성을 듣거든
8 노하심을 격동하여 광야에
서 시험하던 때와 같이 너희
마음을 강퍅케 하지 말라
9 거기서 너희 열조가 나를 시
험하여 증험하고 사십 년 동
안에 나의 행사를 보았느니
라
10 그러므로 내가 이 세대를 노
하여 가로되 저희가 항상 마
음이 미혹되어 내 길을 알지
못하는도다 하였고
11 내가 노하여 맹세한 바와 같
이 저희는 내 안식에 들어오
지 못하리라 하셨다 하였으
니
12 형제들아 너희가 삼가 혹 너
희 중에 누가 믿지 아니하는
악심을 품고 살아 계신 하나
님에게서 떨어질까 염려할
것이요
13 오직 오늘이라 일컫는 동안
에 매일 피차 권면하여 너희
중에 누구든지 죄의 유혹으
로 강퍅케 됨을 면하라
14 우리가 시작할 때에 확실한
것을 끝까지 견고히 잡으면
그리스도와 함께 참예한 자
가 되리라
15 성경에 일렀으되 오늘날 너
희가 그의 음성을 듣거든 노
하심을 격동할 때와 같이 너
희 마음을 강퍅케 하지 말라
하였으니
16 듣고 격노케 하던 자가 누구
뇨 모세를 좇아 애굽에서 나
온 모든 이가 아니냐
17 또 하나님이 사십 년 동안에
누구에게 노하셨느뇨 범죄
하여 그 시체가 광야에 엎드
러진 자에게가 아니냐

18 또 하나님이 누구에게 맹세
하사 그의 안식에 들어오지
못하리라 하셨느뇨 곧 순종
치 아니하던 자에게가 아니
냐
19 이로 보건대 저희가 믿지 아
니하므로 능히 들어가지 못
한 것이라

4 그러므로 우리는 두려워
할지니 그의 안식에 들어
갈 약속이 남아 있을지라도
너희 중에 혹 미치지 못할 자
가 있을까 함이라
2 저희와 같이 우리도 복음 전
함을 받은 자이나 그러나 그
들은바 말씀이 저희에게 유
익되지 못한 것은 듣는 자가
믿음을 화합지 아니함이라
3 이미 믿는 우리들은 저 안식
에 들어가는도다 그 말씀하
신 바와 같으니 내가 노하여
맹세한 바와 같이 저희가 내
안식에 들어오지 못하리라
하셨다 하였으나 세상을 창
조할 때부터 그 일이 이루었
느니라
4 제칠일에 관하여는 어디 이
렇게 일렀으되 하나님은 제
칠일에 그의 모든 일을 쉬셨
다 하였으며
5 또다시 거기 저희가 내 안식
에 들어오지 못하리라 하였
으니
6 그러면 거기 들어갈 자들이
남아 있거니와 복음 전함을
먼저 받은 자들은 순종치 아
니함을 인하여 들어가지 못
하였으므로
7 오랜 후에 다윗의 글에 다시
어느 날을 정하여 오늘날이
라고 미리 이같이 일렀으되
오늘날 너희가 그의 음성을
듣거든 너희 마음을 강퍅케
말라 하였나니

4

8 만일 여호수아가 저희에게
안식을 주었더면 그 후에 다
른 날을 말씀하지 아니하셨
으리라
9 그런즉 안식할 때가 하나님
의 백성에게 남아 있도다
10 이미 그의 안식에 들어간 자
는 하나님이 자기 일을 쉬심
과 같이 자기 일을 쉬느니라
11 그러므로 우리가 저 안식에
들어가기를 힘쓸지니 이는
누구든지 저 순종치 아니하
는 본에 빠지지 않게 하려
함이라
12 하나님의 말씀은 살았고 운
동력이 있어 좌우에 날선 어
떤 검보다도 예리하여 혼과
영과 및 관절과 골수를 찔러
쪼개기까지 하며 또 마음의
생각과 뜻을 감찰하나니
13 지으신 것이 하나라도 그 앞
에 나타나지 않음이 없고 오
직 만물이 우리를 상관하시
는 자의 눈앞에 벌거벗은 것
같이 드러나느니라

대제사장이신 예수

14 그러므로 우리에게 큰 대제
사장이 있으니 승천하신 자
곧 하나님 아들 예수시라 우
리가 믿는 도리를 굳게 잡을
지어다
15 우리에게 있는 대제사장은 우
리 연약함을 체휼하지 아니하
는 자가 아니요 모든 일에 우
리와 한결같이 시험을 받은 자
로되 죄는 없으시니라
16 그러므로 우리가 긍휼하심
을 받고 때를 따라 돕는 은
혜를 얻기 위하여 은혜의 보
좌 앞에 담대히 나아갈 것이
니라

5 대제사장마다 사람 가운
데서 취한 자이므로 하나
님께 속한 일에 사람을 위하

5

여 예물과 속죄하는 제사를
드리게 하나니
2 저가 무식하고 미혹한 자를
능히 용납할 수 있는 것은 자
기도 연약에 싸여 있음이니라
3 이러므로 백성을 위하여 속
죄제를 드림과 같이 또한 자
기를 위하여 드리는 것이 마
땅하니라
4 이 존귀는 아무나 스스로 취
하지 못하고 오직 아론과 같
이 하나님의 부르심을 입은
자라야 할 것이니라
5 또한 이와 같이 그리스도께서
대제사장 되심도 스스로 영광
을 취하심이 아니요 오직 말씀
하신 이가 저더러 이르시되 너
는 내 아들이니 내가 오늘날
너를 낳았다 하셨고
6 또한 이와 같이 다른 데 말
씀하시되 네가 영원히 멜기
세덱의 반차를 좇는 제사장
이라 하셨으니
7 그는 육체에 계실 때에 자기
를 죽음에서 능히 구원하실
이에게 심한 통곡과 눈물로
간구와 소원을 올렸고 그의
경외하심을 인하여 들으심을
얻었느니라
8 그가 아들이시라도 받으신
고난으로 순종함을 배워서
9 온전하게 되었은즉 자기를
순종하는 모든 자에게 영원
한 구원의 근원이 되시고
10 하나님께 멜기세덱의 반차
를 좇은 대제사장이라 칭하
심을 받았느니라
11 멜기세덱에 관하여는 우리
가 할 말이 많으나 너희의
듣는 것이 둔하므로 해석하
기 어려우니라

배반에 대한 경고

12 때가 오래므로 너희가 마땅
히 선생이 될 터인데 너희가

다시 하나님의 말씀의 초보
가 무엇인지 누구에게 가르
침을 받아야 할 것이니 젖이
나 먹고 단단한 식물을 못
먹을 자가 되었도다
13 대저 젖을 먹는 자마다 어린
아이니 의의 말씀을 경험하
지 못한 자요
14 단단한 식물은 장성한 자의
것이니 저희는 지각을 사용
하므로 연단을 받아 선악을
분변하는 자들이니라
6 그러므로 우리가 그리스
도 도의 초보를 버리고
죽은 행실을 회개함과 하나
님께 대한 신앙과
2 세례들과 안수와 죽은 자
의 부활과 영원한 심판에
관한 교훈의 터를 다시 닦
지 말고 완전한 데 나아갈
지니라
3 하나님께서 허락하시면 우
리가 이것을 하리라
4 한 번 비췸을 얻고 하늘의
은사를 맛보고 성령에 참예
한 바 되고
5 하나님의 선한 말씀과 내세
의 능력을 맛보고
6 타락한 자들은 다시 새롭게
하여 회개케 할 수 없나니 이
는 자기가 하나님의 아들을
다시 십자가에 못 박아 현저
히 욕을 보임이라
7 땅이 그 위에 자주 내리는
비를 흡수하여 밭 가는 자
들의 쓰기에 합당한 채소
를 내면 하나님께 복을 받
고
8 만일 가시와 엉겅퀴를 내면
버림을 당하고 저주함에 가
까와 그 마지막은 불사름이
되리라
9 사랑하는 자들아 우리가 이
같이 말하나 너희에게는 이

6

보다 나은 것과 구원에 가까
운 것을 확신하노라
10 하나님이 불의치 아니하사
너희 행위와 그의 이름을 위
하여 나타낸 사랑으로 이미
성도를 섬긴 것과 이제도 섬
기는 것을 잊어버리지 아니
하시느니라
11 우리가 간절히 원하는 것은
너희 각 사람이 동일한 부지
런을 나타내어 끝까지 소망
의 풍성함에 이르러
12 게으르지 아니하고 믿음과
오래 참음으로 말미암아 약
속들을 기업으로 받는 자들
을 본받는 자 되게 하려는 것
이니라

하나님의 확실한 약속

13 하나님이 아브라함에게 약
속하실 때에 가리켜 맹세할
자가 자기보다 더 큰 이가 없
으므로 자기를 가리켜 맹세
하여
14 가라사대 내가 반드시 너를
복 주고 복 주며 너를 번성케
하고 번성케 하리라 하셨더니
15 저가 이같이 오래 참아 약속
을 받았느니라
16 사람들은 자기보다 더 큰 자
를 가리켜 맹세하나니 맹세
는 저희 모든 다투는 일에
최후 확정이니라
17 하나님은 약속을 기업으로
받는 자들에게 그 뜻이 변치
아니함을 충분히 나타내시
려고 그 일에 맹세로 보증하
셨나니
18 이는 하나님이 거짓말을 하
실 수 없는 이 두 가지 변치
못할 사실을 인하여 앞에 있
는 소망을 얻으려고 피하여
가는 우리로 큰 안위를 받게
하려 하심이라
19 우리가 이 소망이 있는 것은 영

혼의 닻 같아서 튼튼하고 견고
하여 휘장 안에 들어가나니
20 그리로 앞서 가신 예수께서
멜기세덱의 반차를 좇아 영
원히 대제사장이 되어 우리
를 위하여 들어가셨느니라

멜기세덱의 제사장직

7 이 멜기세덱은 살렘 왕이
요 지극히 높으신 하나님
의 제사장이라 여러 임금을
쳐서 죽이고 돌아오는 아브
라함을 만나 복을 빈 자라
2 아브라함이 일체 십분의 일
을 그에게 나눠 주니라 그 이
름을 번역한즉 첫째 의의 왕
이요 또 살렘 왕이니 곧 평강
의 왕이요
3 아비도 없고 어미도 없고 족
보도 없고 시작한 날도 없고
생명의 끝도 없어 하나님 아
들과 방불하여 항상 제사장
으로 있느니라
4 이 사람의 어떻게 높은 것을
생각하라 조상 아브라함이
노략물 중 좋은 것으로 십
분의 일을 저에게 주었느니
라
5 레위의 아들들 가운데 제
사장의 직분을 받는 자들
이 율법을 좇아 아브라함의
허리에서 난 자라도 자기
형제인 백성에게서 십분의
일을 취하라는 명령을 가졌
으나
6 레위 족보에 들지 아니한 멜기
세덱은 아브라함에게서 십분
의 일을 취하고 그 약속 얻은
자를 위하여 복을 빌었나니
7 폐일언하고 낮은 자가 높은
자에게 복 빎을 받느니라
8 또 여기는 죽을 자들이 십분
의 일을 받으나 저기는 산다
고 증거를 얻은 자가 받았느
니라

7

9 또한 십분의 일을 받는 레위
도 아브라함으로 말미암아
십분의 일을 바쳤다 할 수 있
나니
10 이는 멜기세덱이 아브라함을
만날 때에 레위는 아직 자기
조상의 허리에 있었음이니라
11 레위 계통의 제사 직분으로
말미암아 온전함을 얻을 수
있었으면 (백성이 그 아래서
율법을 받았으니) 어찌하여
아론의 반차를 좇지 않고 멜
기세덱의 반차를 좇는 별다
른 한 제사장을 세울 필요가
있느뇨
12 제사 직분이 변역한즉 율법
도 반드시 변역하리니
13 이것은 한 사람도 제단 일을
받들지 않는 다른 지파에 속
한 자를 가리켜 말한 것이라
14 우리 주께서 유다로 좇아 나
신 것이 분명하도다 이 지파
에는 모세가 제사장들에 관
하여 말한 것이 하나도 없고
15 멜기세덱과 같은 별다른 한
제사장이 일어난 것을 보니
더욱 분명하도다
16 그는 육체에 상관된 계명의
법을 좇지 아니하고 오직 무
궁한 생명의 능력을 좇아 된
것이니
17 증거하기를 네가 영원히 멜
기세덱의 반차를 좇는 제사
장이라 하였도다
18 전엣 계명이 연약하며 무익
하므로 폐하고
19 (율법은 아무것도 온전케 못
할지라) 이에 더 좋은 소망이
생기니 이것으로 우리가 하
나님께 가까이 가느니라
20 또 예수께서 제사장 된 것은
맹세 없이 된 것이 아니니
21 (저희는 맹세 없이 제사장이
되었으되 오직 예수는 자기

에게 말씀하신 자로 말미암
아 맹세로 되신 것이라 주께
서 맹세하시고 뉘우치지 아
니하시리니 네가 영원히 제
사장이라 하셨도다)
22 이와 같이 예수는 더 좋은
언약의 보증이 되셨느니라
23 저희 제사장 된 자의 수효가
많은 것은 죽음을 인하여 항
상 있지 못함이로되
24 예수는 영원히 계시므로 그
제사 직분도 갈리지 아니하
나니
25 그러므로 자기를 힘입어 하
나님께 나아가는 자들을
온전히 구원하실 수 있으니
이는 그가 항상 살아서 저
희를 위하여 간구하심이니
라
26 이러한 대제사장은 우리에
게 합당하니 거룩하고 악이
없고 더러움이 없고 죄인에
게서 떠나 계시고 하늘보다
높이 되신 자라
27 저가 저 대제사장들이 먼저
자기 죄를 위하고 다음에 백
성의 죄를 위하여 날마다 제
사 드리는 것과 같이 할 필요
가 없으니 이는 저가 단번에
자기를 드려 이루셨음이니라
28 율법은 약점을 가진 사람들
을 제사장으로 세웠거니와
율법 후에 하신 맹세의 말씀
은 영원히 온전케 되신 아들
을 세우셨느니라

새 언약의 대제사장

8 이제 하는 말의 중요한
것은 이러한 대제사장이
우리에게 있는 것이라 그가
하늘에서 위엄의 보좌 우편
에 앉으셨으니
2 성소와 참장막에 부리는 자라
이 장막은 주께서 베푸신 것이
요 사람이 한 것이 아니니라

8

3 대제사장마다 예물과 제사
드림을 위하여 세운 자니 이
러므로 저도 무슨 드릴 것이
있어야 할지니라
4 예수께서 만일 땅에 계셨더
면 제사장이 되지 아니하셨
을 것이니 이는 율법을 좇아
예물을 드리는 제사장이 있
음이라
5 저희가 섬기는 것은 하늘에
있는 것의 모형과 그림자라
모세가 장막을 지으려 할 때
에 지시하심을 얻음과 같으
니 가라사대 삼가 모든 것을
산에서 네게 보이던 본을 좇
아 지으라 하셨느니라
6 그러나 이제 그가 더 아름다
운 직분을 얻으셨으니 이는
더 좋은 약속으로 세우신 더
좋은 언약의 중보시라
7 저 첫 언약이 무흠하였더면
둘째 것을 요구할 일이 없었
으려니와
8 저희를 허물하여 일렀으되
주께서 가라사대 볼지어다
날이 이르리니 내가 이스라
엘 집과 유다 집으로 새 언
약을 세우리라
9 또 주께서 가라사대 내가 저
희 열조들의 손을 잡고 애굽
땅에서 인도하여 내던 날에
저희와 세운 언약과 같지 아
니하도다 저희는 내 언약 안
에 머물러 있지 아니하므로
내가 저희를 돌아보지 아니
하였노라
10 또 주께서 가라사대 그 날
후에 내가 이스라엘 집으로
세울 언약이 이것이니 내 법
을 저희 생각에 두고 저희
마음에 이것을 기록하리라
나는 저희에게 하나님이 되
고 저희는 내게 백성이 되리
라

11 또 각각 자기 나라 사람과
각각 자기 형제를 가르쳐 이
르기를 주를 알라 하지 아
니할 것은 저희가 작은 자로
부터 큰 자까지 다 나를 앎
이니라
12 내가 저희 불의를 긍휼히 여
기고 저희 죄를 다시 기억하
지 아니하리라 하셨느니라
13 새 언약이라 말씀하셨으매
첫것은 낡아지게 하신 것이
니 낡아지고 쇠하는 것은 없
어져 가는 것이니라

땅의 성소와 하늘의 성소

9 첫 언약에도 섬기는 예법
과 세상에 속한 성소가
있더라
2 예비한 첫 장막이 있고 그
안에 등대와 상과 진설병이
있으니 이는 성소라 일컫고
3 또 둘째 휘장 뒤에 있는 장막
을 지성소라 일컫나니
4 금향로와 사면을 금으로 싼
언약궤가 있고 그 안에 만나
를 담은 금항아리와 아론의
싹 난 지팡이와 언약의 비석
들이 있고
5 그 위에 속죄소를 덮는 영광
의 그룹들이 있으니 이것들
에 관하여는 이제 낱낱이 말
할 수 없노라
6 이 모든 것을 이같이 예비하
였으니 제사장들이 항상 첫
장막에 들어가 섬기는 예를
행하고
7 오직 둘째 장막은 대제사장
이 홀로 일 년 일차씩 들어
가되 피 없이는 아니하나니
이 피는 자기와 백성의 허물
을 위하여 드리는 것이라
8 성령이 이로써 보이신 것은
첫 장막이 서 있을 동안에
성소에 들어가는 길이 아직
나타나지 아니한 것이라

9

9 이 장막은 현재까지의 비유
니 이에 의지하여 드리는 예
물과 제사가 섬기는 자로 그
양심상으로 온전케 할 수 없
나니
10 이런 것은 먹고 마시는 것과
여러 가지 씻는 것과 함께 육
체의 예법만 되어 개혁할 때
까지 맡겨 둔 것이니라
11 그리스도께서 장래 좋은 일
의 대제사장으로 오사 손으
로 짓지 아니한 곧 이 창조에
속하지 아니한 더 크고 온전
한 장막으로 말미암아
12 염소와 송아지의 피로 아니
하고 오직 자기 피로 영원한
속죄를 이루사 단번에 성소
에 들어가셨느니라
13 염소와 황소의 피와 및 암송
아지의 재로 부정한 자에게
뿌려 그 육체를 정결케 하여
거룩케 하거든
14 하물며 영원하신 성령으로
말미암아 흠 없는 자기를 하
나님께 드린 그리스도의 피
가 어찌 너희 양심으로 죽은
행실에서 깨끗하게 하고 살
아 계신 하나님을 섬기게 못
하겠느뇨
15 이를 인하여 그는 새 언약의
중보니 이는 첫 언약 때에 범
한 죄를 속하려고 죽으사 부
르심을 입은 자로 하여금 영
원한 기업의 약속을 얻게 하
려 하심이니라
16 유언은 유언한 자가 죽어야
되나니
17 유언은 그 사람이 죽은 후에
야 견고한즉 유언한 자가 살
았을 때에는 언제든지 효력
이 없느니라
18 이러므로 첫 언약도 피 없이
세운 것이 아니니
19 모세가 율법대로 모든 계명

을 온 백성에게 말한 후에
송아지와 염소의 피와 및 물
과 붉은 양털과 우슬초를 취
하여 그 책과 온 백성에게
뿌려
20 이르되 이는 하나님이 너희에
게 명하신 언약의 피라 하고
21 또한 이와 같이 피로써 장막
과 섬기는 일에 쓰는 모든 그
릇에 뿌렸느니라
22 율법을 좇아 거의 모든 물건
이 피로써 정결케 되나니 피
흘림이 없은즉 사함이 없느
니라

그리스도의 희생을 통한 속죄

23 그러므로 하늘에 있는 것들
의 모형은 이런 것들로써 정
결케 할 필요가 있었으나 하
늘에 있는 그것들은 이런 것
들보다 더 좋은 제물로 할지
니라
24 그리스도께서는 참것의 그림
자인 손으로 만든 성소에 들
어가지 아니하시고 오직 참
하늘에 들어가사 이제 우리
를 위하여 하나님 앞에 나타
나시고
25 대제사장이 해마다 다른 것
의 피로써 성소에 들어가는
것같이 자주 자기를 드리려
고 아니하실지니
26 그리하면 그가 세상을 창조
할 때부터 자주 고난을 받았
어야 할 것이로되 이제 자기
를 단번에 제사로 드려 죄를
없게 하시려고 세상 끝에 나
타나셨느니라
27 한 번 죽는 것은 사람에게
정하신 것이요 그 후에는 심
판이 있으리니
28 이와 같이 그리스도도 많은
사람의 죄를 담당하시려고
단번에 드리신 바 되셨고 구
원에 이르게 하기 위하여 죄

와 상관 없이 자기를 바라는
자들에게 두번째 나타나시
리라

10 율법은 장차 오는 좋
은 일의 그림자요 참
형상이 아니므로 해마다 늘
드리는 바 같은 제사로는 나
아오는 자들을 언제든지 온
전케 할 수 없느니라
2 그렇지 아니하면 섬기는 자
들이 단번에 정결케 되어 다
시 죄를 깨닫는 일이 없으리
니 어찌 드리는 일을 그치지
아니하였으리요
3 그러나 이 제사들은 해마다
죄를 생각하게 하는 것이 있
나니
4 이는 황소와 염소의 피가 능
히 죄를 없이하지 못함이라
5 그러므로 세상에 임하실 때
에 가라사대 하나님이 제사
와 예물을 원치 아니하시고
오직 나를 위하여 한 몸을
예비하셨도다
6 전체로 번제함과 속죄제는
기뻐하지 아니하시나니
7 이에 내가 말하기를 하나님
이여 보시옵소서 두루마리
책에 나를 가리켜 기록한 것
과 같이 하나님의 뜻을 행하
러 왔나이다 하시니라
8 위에 말씀하시기를 제사와
예물과 전체로 번제함과 속
죄제는 원치도 아니하고 기
뻐하지도 아니하신다 하셨고
(이는 다 율법을 따라 드리는
것이라)
9 그 후에 말씀하시기를 보시
옵소서 내가 하나님의 뜻을
행하러 왔나이다 하셨으니
그 첫것을 폐하심은 둘째 것
을 세우려 하심이니라
10 이 뜻을 좇아 예수 그리스도
의 몸을 단번에 드리심으로

10

말미암아 우리가 거룩함을
얻었노라
11 제사장마다 매일 서서 섬기
며 자주 같은 제사를 드리되
이 제사는 언제든지 죄를 없
게 하지 못하거니와
12 오직 그리스도는 죄를 위하
여 한 영원한 제사를 드리시
고 하나님 우편에 앉으사
13 그 후에 자기 원수들로 자기
발등상이 되게 하실 때까지
기다리시나니
14 저가 한 제물로 거룩하게 된
자들을 영원히 온전케 하셨
느니라
15 또한 성령이 우리에게 증거
하시되
16 주께서 가라사대 그 날 후로
는 저희와 세울 언약이 이것
이라 하시고 내 법을 저희 마
음에 두고 저희 생각에 기록
하리라 하신 후에
17 또 저희 죄와 저희 불법을 내
가 다시 기억지 아니하리라
하셨으니
18 이것을 사하셨은즉 다시 죄
를 위하여 제사 드릴 것이 없
느니라

믿음을 굳세게

19 그러므로 형제들아 우리가
예수의 피를 힘입어 성소에
들어갈 담력을 얻었나니
20 그 길은 우리를 위하여 휘장
가운데로 열어 놓으신 새롭
고 산 길이요 휘장은 곧 저의
육체니라
21 또 하나님의 집 다스리는 큰
제사장이 계시매
22 우리가 마음에 뿌림을 받아
양심의 악을 깨닫고 몸을 맑
은 물로 씻었으니 참마음과
온전한 믿음으로 하나님께
나아가자
23 또 약속하신 이는 미쁘시니

우리가 믿는 도리의 소망을
움직이지 말고 굳게 잡아
24 서로 돌아보아 사랑과 선행
을 격려하며
25 모이기를 폐하는 어떤 사람
들의 습관과 같이 하지 말고
오직 권하여 그 날이 가까움
을 볼수록 더욱 그리하자
26 우리가 진리를 아는 지식을
받은 후 짐짓 죄를 범한즉
다시 속죄하는 제사가 없고
27 오직 무서운 마음으로 심판
을 기다리는 것과 대적하는
자를 소멸할 맹렬한 불만 있
으리라
28 모세의 법을 폐한 자도 두세
증인을 인하여 불쌍히 여김
을 받지 못하고 죽었거든
29 하물며 하나님 아들을 밟고
자기를 거룩하게 한 언약의 피
를 부정한 것으로 여기고 은혜
의 성령을 욕되게 하는 자의
당연히 받을 형벌이 얼마나 더
중하겠느냐 너희는 생각하라
30 원수 갚는 것이 내게 있으니
내가 갚으리라 하시고 또다
시 주께서 그의 백성을 심판
하리라 말씀하신 것을 우리
가 아노니
31 살아 계신 하나님의 손에 빠
져 들어가는 것이 무서울진
저
32 전날에 너희가 빛을 받은 후
에 고난의 큰 싸움에 참은
것을 생각하라
33 혹 비방과 환난으로써 사람
에게 구경거리가 되고 혹 이
런 형편에 있는 자들로 사귀
는 자 되었으니
34 너희가 갇힌 자를 동정하고
너희 산업을 빼앗기는 것도
기쁘게 당한 것은 더 낫고
영구한 산업이 있는 줄 앎이
라

35 그러므로 너희 담대함을 버
리지 말라 이것이 큰 상을 얻
느니라
36 너희에게 인내가 필요함은
너희가 하나님의 뜻을 행한
후에 약속을 받기 위함이라
37 잠시 잠깐 후면 오실 이가 오
시리니 지체하지 아니하시리
라
38 오직 나의 의인은 믿음으로
말미암아 살리라 또한 뒤로
물러가면 내 마음이 저를 기
뻐하지 아니하리라 하셨느니
라
39 우리는 뒤로 물러가 침륜에
빠질 자가 아니요 오직 영혼
을 구원함에 이르는 믿음을
가진 자니라

믿음은 바라는 것들의 실상

11 믿음은 바라는 것들
의 실상이요 보지 못
하는 것들의 증거니
2 선진들이 이로써 증거를 얻
었느니라
3 믿음으로 모든 세계가 하나
님의 말씀으로 지어진 줄을
우리가 아나니 보이는 것은
나타난 것으로 말미암아 된
것이 아니니라
4 믿음으로 아벨은 가인보다
더 나은 제사를 하나님께 드
림으로 의로운 자라 하시는
증거를 얻었으니 하나님이
그 예물에 대하여 증거하심
이라 저가 죽었으나 그 믿음
으로써 오히려 말하느니라
5 믿음으로 에녹은 죽음을 보
지 않고 옮기웠으니 하나님
이 저를 옮기심으로 다시 보
이지 아니하니라 저는 옮기
우기 전에 하나님을 기쁘시
게 하는 자라 하는 증거를
받았느니라
6 믿음이 없이는 기쁘시게 못

11

하나니 하나님께 나아가는
자는 반드시 그가 계신 것과
또한 그가 자기를 찾는 자들
에게 상 주시는 이심을 믿어
야 할지니라
7 믿음으로 노아는 아직 보지
못하는 일에 경고하심을 받
아 경외함으로 방주를 예비
하여 그 집을 구원하였으니
이로 말미암아 세상을 정죄
하고 믿음을 좇는 의의 후사
가 되었느니라
8 믿음으로 아브라함은 부르심
을 받았을 때에 순종하여 장래
기업으로 받을 땅에 나갈쌔 갈
바를 알지 못하고 나갔으며
9 믿음으로 저가 외방에 있는
것같이 약속하신 땅에 우거
하여 동일한 약속을 유업으로
함께 받은 이삭과 야곱으로
더불어 장막에 거하였으니
10 이는 하나님의 경영하시고
지으실 터가 있는 성을 바랐
음이니라
11 믿음으로 사라 자신도 나이
늙어 단산하였으나 잉태하
는 힘을 얻었으니 이는 약속
하신 이를 미쁘신 줄 앎이라
12 이러므로 죽은 자와 방불한
한 사람으로 말미암아 하늘
에 허다한 별과 또 해변의 무
수한 모래와 같이 많이 생육
하였느니라
13 이 사람들은 다 믿음을 따라
죽었으며 약속을 받지 못하
였으되 그것들을 멀리서 보
고 환영하며 또 땅에서는 외
국인과 나그네로라 증거하였
으니
14 이같이 말하는 자들은 본향
찾는 것을 나타냄이라
15 저희가 나온바 본향을 생각
하였더면 돌아갈 기회가 있
었으려니와

16 저희가 이제는 더 나은 본향
을 사모하니 곧 하늘에 있는
것이라 그러므로 하나님이
저희 하나님이라 일컬음 받
으심을 부끄러워 아니하시고
저희를 위하여 한 성을 예비
하셨느니라
17 아브라함은 시험을 받을 때
에 믿음으로 이삭을 드렸으
니 저는 약속을 받은 자로되
그 독생자를 드렸느니라
18 저에게 이미 말씀하시기를
네 자손이라 칭할 자는 이삭
으로 말미암으리라 하셨으니
19 저가 하나님이 능히 죽은 자
가운데서 다시 살리실 줄로
생각한지라 비유컨대 죽은 자
가운데서 도로 받은 것이니라
20 믿음으로 이삭은 장차 오는
일에 대하여 야곱과 에서에
게 축복하였으며
21 믿음으로 야곱은 죽을 때에
요셉의 각 아들에게 축복하
고 그 지팡이 머리에 의지하
여 경배하였으며
22 믿음으로 요셉은 임종시에
이스라엘 자손들의 떠날 것
을 말하고 또 자기 해골을
위하여 명하였으며
23 믿음으로 모세가 났을 때에
그 부모가 아름다운 아이임
을 보고 석 달 동안 숨겨 임
금의 명령을 무서워 아니하
였으며
24 믿음으로 모세는 장성하여
바로의 공주의 아들이라 칭
함을 거절하고
25 도리어 하나님의 백성과 함
께 고난받기를 잠시 죄악의
낙을 누리는 것보다 더 좋아
하고
26 그리스도를 위하여 받는 능
욕을 애굽의 모든 보화보다
더 큰 재물로 여겼으니 이는

상 주심을 바라봄이라
27 믿음으로 애굽을 떠나 임금
의 노함을 무서워 아니하고
곧 보이지 아니하는 자를 보
는 것같이 하여 참았으며
28 믿음으로 유월절과 피 뿌리
는 예를 정하였으니 이는 장
자를 멸하는 자로 저희를
건드리지 않게 하려 한 것이
며
29 믿음으로 저희가 홍해를 육
지같이 건넜으나 애굽 사람
들은 이것을 시험하다가 빠
져 죽었으며
30 믿음으로 칠 일 동안 여리고
를 두루 다니매 성이 무너졌
으며
31 믿음으로 기생 라합은 정탐
군을 평안히 영접하였으므
로 순종치 아니한 자와 함께
멸망치 아니하였도다
32 내가 무슨 말을 더 하리요
기드온, 바락, 삼손, 입다와
다윗과 사무엘과 및 선지자
들의 일을 말하려면 내게 시
간이 부족하리로다
33 저희가 믿음으로 나라들을
이기기도 하며 의를 행하기
도 하며 약속을 받기도 하
며 사자들의 입을 막기도
하며
34 불의 세력을 멸하기도 하며 칼
날을 피하기도 하며 연약한
가운데서 강하게 되기도 하며
전쟁에 용맹되어 이방 사람들
의 진을 물리치기도 하며
35 여자들은 자기의 죽은 자를
부활로 받기도 하며 또 어떤
이들은 더 좋은 부활을 얻고
자 하여 악형을 받되 구차히
면하지 아니하였으며
36 또 어떤 이들은 희롱과 채찍
질뿐 아니라 결박과 옥에 갇
히는 시험도 받았으며

37 돌로 치는 것과 톱으로 켜는
것과 시험과 칼에 죽는 것을
당하고 양과 염소의 가죽을
입고 유리하여 궁핍과 환난
과 학대를 받았으니
38 (이런 사람은 세상이 감당치
못하도다) 저희가 광야와 산
중과 암혈과 토굴에 유리하
였느니라
39 이 사람들이 다 믿음으로 말
미암아 증거를 받았으나 약
속을 받지 못하였으니
40 이는 하나님이 우리를 위하
여 더 좋은 것을 예비하셨은
즉 우리가 아니면 저희로 온
전함을 이루지 못하게 하려
하심이니라

하나님의 견책

12 이러므로 우리에게
구름같이 둘러싼 허
다한 증인들이 있으니 모든
무거운 것과 얽매이기 쉬운
죄를 벗어 버리고 인내로써
우리 앞에 당한 경주를 경주
하며
2 믿음의 주요 또 온전케 하시
는 이인 예수를 바라보자 저
는 그 앞에 있는 즐거움을 위
하여 십자가를 참으사 부끄
러움을 개의치 아니하시더니
하나님 보좌 우편에 앉으셨
느니라
3 너희가 피곤하여 낙심치 않
기 위하여 죄인들의 이같이
자기에게 거역한 일을 참으
신 자를 생각하라
4 너희가 죄와 싸우되 아직 피 흘
리기까지는 대항치 아니하고
5 또 아들들에게 권하는 것같
이 너희에게 권면하신 말씀
을 잊었도다 일렀으되 내 아
들아 주의 징계하심을 경히
여기지 말며 그에게 꾸지람
을 받을 때에 낙심하지 말라

12

6 주께서 그 사랑하시는 자를
징계하시고 그의 받으시는
아들마다 채찍질하심이니라
하였으니
7 너희가 참음은 징계를 받기
위함이라 하나님이 아들과
같이 너희를 대우하시나니
어찌 아비가 징계하지 않는
아들이 있으리요
8 징계는 다 받는 것이거늘 너
희에게 없으면 사생자요 참
아들이 아니니라
9 또 우리 육체의 아버지가 우
리를 징계하여도 공경하였거
든 하물며 모든 영의 아버지
께 더욱 복종하여 살려 하지
않겠느냐
10 저희는 잠시 자기의 뜻대로
우리를 징계하였거니와 오직
하나님은 우리의 유익을 위
하여 그의 거룩하심에 참예
케 하시느니라
11 무릇 징계가 당시에는 즐거
워 보이지 않고 슬퍼 보이나
후에 그로 말미암아 연달한
자에게는 의의 평강한 열매
를 맺나니
12 그러므로 피곤한 손과 연약
한 무릎을 일으켜 세우고
13 너희 발을 위하여 곧은 길을
만들어 저는 다리로 하여금
어그러지지 않고 고침을 받
게 하라

반역자에 대한 경고

14 모든 사람으로 더불어 화평
함과 거룩함을 좇으라 이것
이 없이는 아무도 주를 보지
못하리라
15 너희는 돌아보아 하나님 은
혜에 이르지 못하는 자가 있
는가 두려워하고 또 쓴 뿌리
가 나서 괴롭게 하고 많은 사
람이 이로 말미암아 더러움
을 입을까 두려워하고

16 음행하는 자와 혹 한 그릇
식물을 위하여 장자의 명분
을 판 에서와 같이 망령된 자
가 있을까 두려워하라
17 너희의 아는 바와 같이 저가
그 후에 축복을 기업으로 받
으려고 눈물을 흘리며 구하
되 버린 바가 되어 회개할 기
회를 얻지 못하였느니라
18 너희의 이른 곳은 만질 만한
불붙는 산과 흑운과 흑암과
폭풍과
19 나팔 소리와 말하는 소리가
아니라 그 소리를 듣는 자들
은 더 말씀하지 아니하시기
를 구하였으니
20 이는 짐승이라도 산에 이르
거든 돌로 침을 당하리라 하
신 명을 저희가 견디지 못함
이라
21 그 보이는 바가 이렇듯이 무
섭기로 모세도 이르되 내가
심히 두렵고 떨린다 하였으
나
22 그러나 너희가 이른 곳은 시
온산과 살아 계신 하나님의
도성인 하늘의 예루살렘과
천만 천사와
23 하늘에 기록한 장자들의 총
회와 교회와 만민의 심판자
이신 하나님과 및 온전케 된
의인의 영들과
24 새 언약의 중보이신 예수와
및 아벨의 피보다 더 낫게
말하는 뿌린 피니라
25 너희는 삼가 말하신 자를
거역하지 말라 땅에서 경
고하신 자를 거역한 저희
가 피하지 못하였거든 하
물며 하늘로 좇아 경고하
신 자를 배반하는 우리일
까 보냐
26 그 때에는 그 소리가 땅을
진동하였거니와 이제는 약

속하여 가라사대 내가 또 한
번 땅만 아니라 하늘도 진동
하리라 하셨느니라
27 이 또 한 번이라 하심은 진동
치 아니하는 것을 영존케 하
기 위하여 진동할 것들 곧
만든 것들의 변동될 것을 나
타내심이니라
28 그러므로 우리가 진동치 못
할 나라를 받았은즉 은혜를
받자 이로 말미암아 경건함
과 두려움으로 하나님을 기
쁘시게 섬길지니
29 우리 하나님은 소멸하는 불
이심이니라

하나님을 기쁘시게 하는 제사

13 형제 사랑하기를 계속
하고
2 손님 대접하기를 잊지 말라
이로써 부지중에 천사들을
대접한 이들이 있었느니라
3 자기도 함께 갇힌 것같이 갇
힌 자를 생각하고 자기도 몸
을 가졌은즉 학대받는 자를
생각하라
4 모든 사람은 혼인을 귀히 여기
고 침소를 더럽히지 않게 하라
음행하는 자들과 간음하는 자
들을 하나님이 심판하시리라
5 돈을 사랑치 말고 있는 바를
족한 줄로 알라 그가 친히
말씀하시기를 내가 과연 너
희를 버리지 아니하고 과연
너희를 떠나지 아니하리라
하셨느니라
6 그러므로 우리가 담대히 가
로되 주는 나를 돕는 자시니
내가 무서워 아니하겠노라 사
람이 내게 어찌하리요 하노라
7 하나님의 말씀을 너희에게
이르고 너희를 인도하던 자
들을 생각하며 저희 행실의
종말을 주의하여 보고 저희
믿음을 본받으라

13

8 예수 그리스도는 어제나 오
늘이나 영원토록 동일하시니
라
9 여러 가지 다른 교훈에 끌리
지 말라 마음은 은혜로써 굳
게 함이 아름답고 식물로써
할 것이 아니니 식물로 말미
암아 행한 자는 유익을 얻지
못하였느니라
10 우리에게 제단이 있는데 그
위에 있는 제물은 장막에서
섬기는 자들이 이 제단에서
먹을 권이 없나니
11 이는 죄를 위한 짐승의 피는
대제사장이 가지고 성소에
들어가고 그 육체는 영문 밖
에서 불사름이니라
12 그러므로 예수도 자기 피로
써 백성을 거룩케 하려고 성
문 밖에서 고난을 받으셨느
니라
13 그런즉 우리는 그 능욕을 지
고 영문 밖으로 그에게 나아
가자
14 우리가 여기는 영구한 도성
이 없고 오직 장차 올 것을
찾나니
15 이러므로 우리가 예수로 말
미암아 항상 찬미의 제사를
하나님께 드리자 이는 그 이
름을 증거하는 입술의 열매
니라
16 오직 선을 행함과 서로 나눠 주
기를 잊지 말라 이 같은 제사는
하나님이 기뻐하시느니라
17 너희를 인도하는 자들에게
순종하고 복종하라 저희는
너희 영혼을 위하여 경성하
기를 자기가 회계할 자인 것
같이 하느니라 저희로 하여
금 즐거움으로 이것을 하게
하고 근심으로 하게 말라 그
렇지 않으면 너희에게 유익
이 없느니라

18 우리를 위하여 기도하라 우
리가 모든 일에 선하게 행하
려 하므로 우리에게 선한
양심이 있는 줄을 확신하노
니
19 내가 더 속히 너희에게 돌아
가기를 위하여 너희 기도함
을 더욱 원하노라

축복과 작별 인사

20 양의 큰 목자이신 우리 주 예
수를 영원한 언약의 피로 죽
은 자 가운데서 이끌어 내신
평강의 하나님이
21 모든 선한 일에 너희를 온전
케 하사 자기 뜻을 행하게 하
시고 그 앞에 즐거운 것을 예
수 그리스도로 말미암아 우
리 속에 이루시기를 원하노
라 영광이 그에게 세세 무궁
토록 있을지어다 아멘
22 형제들아 내가 너희를 권하노
니 권면의 말을 용납하라 내
가 간단히 너희에게 썼느니라
23 우리 형제 디모데가 놓인 것
을 너희가 알라 그가 속히 오
면 내가 저와 함께 가서 너희
를 보리라
24 너희를 인도하는 자와 및 모
든 성도에게 문안하라 이달
리야에서 온 자들도 너희에
게 문안하느니라
25 은혜가 너희 모든 사람에게
있을지어다

야고보서

James

예수님의 육신의 동생인 야고보는 그리스도인들이 매일의 삶 가운데서 그들의 신앙을 드러내도록 격려하기 위해 이 서신을 쓴다. 야고보는 예수님께서 가르치신 말씀을 상기시키는데, 특히 '산상 수훈'의 말씀이다(마 5-7장). 이 서신을 읽으면서 당신은, 당신 스스로에게 질문해 보라. 당신이 믿고 있는 대로 행동하고 있으며, 또한 당신이 행동하는 것을 다른 사람들이 보고 당신이 예수님을 믿는 자인 것을 그들이 인정하고 있는지를 말이다.

1 하나님과 주 예수 그리스
도의 종 야고보는 흩어져
있는 열두 지파에게 문안하
노라

말씀을 실천하는 사람

2 내 형제들아 너희가 여러 가
지 시험을 만나거든 온전히
기쁘게 여기라
3 이는 너희 믿음의 시련이 인
내를 만들어 내는 줄 너희가
앎이라
4 인내를 온전히 이루라 이는
너희로 온전하고 구비하여
조금도 부족함이 없게 하려
함이라
5 너희 중에 누구든지 지혜가
부족하거든 모든 사람에게
후히 주시고 꾸짖지 아니하
시는 하나님께 구하라 그리
하면 주시리라
6 오직 믿음으로 구하고 조금
도 의심하지 말라 의심하는
자는 마치 바람에 밀려 요동
하는 바다 물결 같으니
7 이런 사람은 무엇이든지 주
께 얻기를 생각하지 말라
8 두 마음을 품어 모든 일에
정함이 없는 자로다
9 낮은 형제는 자기의 높음을
자랑하고
10 부한 형제는 자기의 낮아짐
을 자랑할지니 이는 풀의 꽃
과 같이 지나감이라
11 해가 돋고 뜨거운 바람이 불
어 풀을 말리우면 꽃이 떨어
져 그 모양의 아름다움이 없
어지나니 부한 자도 그 행하는
일에 이와 같이 쇠잔하리라
12 시험을 참는 자는 복이 있도
다 이것에 옳다 인정하심을
받은 후에 주께서 자기를 사
랑하는 자들에게 약속하신
생명의 면류관을 얻을 것임
이니라

1

13 사람이 시험을 받을 때에 내
가 하나님께 시험을 받는다
하지 말지니 하나님은 악에
게 시험을 받지도 아니하시
고 친히 아무도 시험하지 아
니하시느니라
14 오직 각 사람이 시험을 받는
것은 자기 욕심에 끌려 미혹
됨이니
15 욕심이 잉태한즉 죄를 낳고
죄가 장성한즉 사망을 낳느
니라
16 내 사랑하는 형제들아 속지
말라
17 각양 좋은 은사와 온전한 선
물이 다 위로부터 빛들의 아
버지께로서 내려오나니 그는
변함도 없으시고 회전하는
그림자도 없으시니라
18 그가 그 조물 중에 우리로
한 첫 열매가 되게 하시려고
자기의 뜻을 좇아 진리의 말
씀으로 우리를 낳으셨느니라
19 내 사랑하는 형제들아 너희
가 알거니와 사람마다 듣기
는 속히 하고 말하기는 더디
하며 성내기도 더디 하라
20 사람의 성내는 것이 하나님
의 의를 이루지 못함이니라
21 그러므로 모든 더러운 것과
넘치는 악을 내어 버리고 능
히 너희 영혼을 구원할바 마
음에 심긴 도를 온유함으로
받으라
22 너희는 도를 행하는 자가 되
고 듣기만 하여 자신을 속이
는 자가 되지 말라
23 누구든지 도를 듣고 행하지
아니하면 그는 거울로 자기
의 생긴 얼굴을 보는 사람과
같으니
24 제 자신을 보고 가서 그 모
양이 어떠한 것을 곧 잊어버
리거니와

25 자유하게 하는 온전한 율법
을 들여다보고 있는 자는 듣
고 잊어버리는 자가 아니요
실행하는 자니 이 사람이 그
행하는 일에 복을 받으리라
26 누구든지 스스로 경건하다 생
각하며 자기 혀를 재갈 먹이지
아니하고 자기 마음을 속이면
이 사람의 경건은 헛것이라
27 하나님 아버지 앞에서 정결
하고 더러움이 없는 경건은
곧 고아와 과부를 그 환난
중에 돌아보고 또 자기를 지
켜 세속에 물들지 아니하는
이것이니라

형제 차별에 대한 경고

2 내 형제들아 영광의 주
곧 우리 주 예수 그리스
도를 믿는 믿음을 너희가 받
았으니 사람을 외모로 취하
지 말라
2 만일 너희 회당에 금가락지
를 끼고 아름다운 옷을 입은
사람이 들어오고 또 더러운
옷을 입은 가난한 사람이 들
어올 때에
3 너희가 아름다운 옷을 입은
자를 돌아보아 가로되 여기
좋은 자리에 앉으소서 하고
또 가난한 자에게 이르되 너
는 거기 섰든지 내 발등상
아래 앉으라 하면
4 너희끼리 서로 구별하며 악
한 생각으로 판단하는 자가
되는 것이 아니냐
5 내 사랑하는 형제들아 들을
지어다 하나님이 세상에 대
하여는 가난한 자를 택하사
믿음에 부요하게 하시고 또
자기를 사랑하는 자들에게
약속하신 나라를 유업으로
받게 아니 하셨느냐
6 너희는 도리어 가난한 자를
괄시하였도다 부자는 너희를

2

압제하며 법정으로 끌고 가
지 아니하느냐
7 저희는 너희에게 대하여 일
컫는바 그 아름다운 이름을
훼방하지 아니하느냐
8 너희가 만일 경에 기록한 대
로 네 이웃 사랑하기를 네 몸
과 같이 하라 하신 최고한
법을 지키면 잘하는 것이거
니와
9 만일 너희가 외모로 사람을
취하면 죄를 짓는 것이니 율
법이 너희를 범죄자로 정하
리라
10 누구든지 온 율법을 지키다
가 그 하나에 거치면 모두 범
한 자가 되나니
11 간음하지 말라 하신 이가 또
한 살인하지 말라 하셨은즉
네가 비록 간음하지 아니하
여도 살인하면 율법을 범한
자가 되느니라
12 너희는 자유의 율법대로 심
판받을 자처럼 말도 하고 행
하기도 하라
13 긍휼을 행하지 아니하는 자
에게는 긍휼 없는 심판이 있
으리라 긍휼은 심판을 이기
고 자랑하느니라
14 내 형제들아 만일 사람이 믿
음이 있노라 하고 행함이 없
으면 무슨 이익이 있으리요
그 믿음이 능히 자기를 구원
하겠느냐
15 만일 형제나 자매가 헐벗고
일용할 양식이 없는데
16 너희 중에 누구든지 그에게
이르되 평안히 가라, 더웁
게 하라, 배부르게 하라 하
며 그 몸에 쓸 것을 주지 아
니하면 무슨 이익이 있으리
요
17 이와 같이 행함이 없는 믿음
은 그 자체가 죽은 것이라

18 혹이 가로되 너는 믿음이 있
고 나는 행함이 있으니 행함
이 없는 네 믿음을 내게 보이
라 나는 행함으로 내 믿음을
네게 보이리라
19 네가 하나님은 한 분이신 줄
을 믿느냐 잘하는도다 귀신
들도 믿고 떠느니라
20 아아 허탄한 사람아 행함이
없는 믿음이 헛것인 줄 알고
자 하느냐
21 우리 조상 아브라함이 그 아
들 이삭을 제단에 드릴 때에
행함으로 의롭다 하심을 받
은 것이 아니냐
22 네가 보거니와 믿음이 그의
행함과 함께 일하고 행함으
로 믿음이 온전케 되었느니
라
23 이에 경에 이른바 아브라함
이 하나님을 믿으니 이것을
의로 여기셨다는 말씀이 응
하였고 그는 하나님의 벗이
라 칭함을 받았나니
24 이로 보건대 사람이 행함으
로 의롭다 하심을 받고 믿음
으로만 아니니라
25 또 이와 같이 기생 라합이
사자를 접대하여 다른 길로
나가게 할 때에 행함으로 의
롭다 하심을 받은 것이 아니
냐
26 영혼 없는 몸이 죽은 것같이
행함이 없는 믿음은 죽은 것
이니라

혀는 악의 불씨

3 내 형제들아 너희는 선생
된 우리가 더 큰 심판 받
을 줄을 알고 많이 선생이 되
지 말라
2 우리가 다 실수가 많으니 만
일 말에 실수가 없는 자면 곧
온전한 사람이라 능히 온몸
도 굴레 씌우리라

3

3 우리가 말을 순종케 하려고
그 입에 재갈 먹여 온몸을
어거하며
4 또 배를 보라 그렇게 크고 광
풍에 밀려가는 것들을 지극
히 작은 키로 사공의 뜻대로
운전하나니
5 이와 같이 혀도 작은 지체로
되 큰 것을 자랑하도다 보라
어떻게 작은 불이 어떻게 많
은 나무를 태우는가
6 혀는 곧 불이요 불의의 세계
라 혀는 우리 지체 중에서
온몸을 더럽히고 생의 바퀴
를 불사르나니 그 사르는 것
이 지옥불에서 나느니라
7 여러 종류의 짐승과 새며 벌
레와 해물은 다 길들므로 사
람에게 길들었거니와
8 혀는 능히 길들일 사람이 없
나니 쉬지 아니하는 악이요
죽이는 독이 가득한 것이라
9 이것으로 우리가 주 아버지
를 찬송하고 또 이것으로 하
나님의 형상대로 지음을 받
은 사람을 저주하나니
10 한 입으로 찬송과 저주가 나
는도다 내 형제들아 이것이
마땅치 아니하니라
11 샘이 한 구멍으로 어찌 단물
과 쓴물을 내겠느뇨
12 내 형제들아 어찌 무화과나
무가 감람 열매를, 포도나무
가 무화과를 맺겠느뇨 이와
같이 짠물이 단물을 내지 못
하느니라
13 너희 중에 지혜와 총명이 있
는 자가 누구뇨 그는 선행으
로 말미암아 지혜의 온유함
으로 그 행함을 보일지니라
14 그러나 너희 마음 속에 독한
시기와 다툼이 있으면 자랑
하지 말라 진리를 거스려 거
짓하지 말라

15 이러한 지혜는 위로부터 내
려온 것이 아니요 세상적이
요 정욕적이요 마귀적이니
16 시기와 다툼이 있는 곳에는
요란과 모든 악한 일이 있음
이니라
17 오직 위로부터 난 지혜는 첫
째 성결하고 다음에 화평하
고 관용하고 양순하며 긍휼
과 선한 열매가 가득하고 편
벽과 거짓이 없나니
18 화평케 하는 자들은 화평으
로 심어 의의 열매를 거두느
니라

세상의 벗은 하나님의 원수

4 너희 중에 싸움이 어디
로, 다툼이 어디로 좇아
나느뇨 너희 지체 중에서 싸
우는 정욕으로 좇아 난 것이
아니냐
2 너희가 욕심을 내어도 얻지
못하고 살인하며 시기하여
도 능히 취하지 못하나니 너
희가 다투고 싸우는도다 너
희가 얻지 못함은 구하지 아
니함이요
3 구하여도 받지 못함은 정욕
으로 쓰려고 잘못 구함이니
라
4 간음하는 여자들이여 세상
과 벗된 것이 하나님의 원수
임을 알지 못하느뇨 그런즉
누구든지 세상과 벗이 되고
자 하는 자는 스스로 하나님
과 원수 되게 하는 것이니라
5 너희가 하나님이 우리 속에
거하게 하신 성령이 시기하
기까지 사모한다 하신 말씀
을 헛된 줄로 생각하느뇨
6 그러나 더욱 큰 은혜를 주시
나니 그러므로 일렀으되 하
나님이 교만한 자를 물리치
시고 겸손한 자에게 은혜를
주신다 하였느니라

4

7 그런즉 너희는 하나님께 순
복할지어다 마귀를 대적하라
그리하면 너희를 피하리라
8 하나님을 가까이하라 그리
하면 너희를 가까이하시리라
죄인들아 손을 깨끗이 하라
두 마음을 품은 자들아 마
음을 성결케 하라
9 슬퍼하며 애통하며 울지어다 너
희 웃음을 애통으로, 너희 즐거
움을 근심으로 바꿀지어다
10 주 앞에서 낮추라 그리하면
주께서 너희를 높이시리라
11 형제들아 피차에 비방하지
말라 형제를 비방하는 자나
형제를 판단하는 자는 곧 율
법을 비방하고 율법을 판단
하는 것이라 네가 만일 율법
을 판단하면 율법의 준행자
가 아니요 재판자로다
12 입법자와 재판자는 오직 하
나이시니 능히 구원하기도
하시며 멸하기도 하시느니라
너는 누구관대 이웃을 판단
하느냐
13 들으라 너희 중에 말하기를
오늘이나 내일이나 우리가
아무 도시에 가서 거기서 일
년을 유하며 장사하여 이를
보리라 하는 자들아
14 내일 일을 너희가 알지 못하
는도다 너희 생명이 무엇이
뇨 너희는 잠간 보이다가 없
어지는 안개니라
15 너희가 도리어 말하기를 주
의 뜻이면 우리가 살기도 하
고 이것 저것을 하리라 할 것
이거늘
16 이제 너희가 허탄한 자랑을
자랑하니 이러한 자랑은 다
악한 것이라
17 이러므로 사람이 선을 행할
줄 알고도 행치 아니하면 죄
니라

부자에 대한 경고

5 들으라 부한 자들아 너희
에게 임할 고생을 인하여
울고 통곡하라
2 너희 재물은 썩었고 너희 옷
은 좀먹었으며
3 너희 금과 은은 녹이 슬었으
니 이 녹이 너희에게 증거가
되며 불같이 너희 살을 먹으
리라 너희가 말세에 재물을
쌓았도다
4 보라 너희 밭에 추수한 품군
에게 주지 아니한 삯이 소리
지르며 추수한 자의 우는 소
리가 만군의 주의 귀에 들렸
느니라
5 너희가 땅에서 사치하고 연
락하여 도살의 날에 너희 마
음을 살지게 하였도다
6 너희가 옳은 자를 정죄하였도
다 또 죽였도다 그는 너희에게
대항하지 아니하였느니라
7 그러므로 형제들아 주의 강
림하시기까지 길이 참으라
보라 농부가 땅에서 나는 귀
한 열매를 바라고 길이 참아
이른비와 늦은비를 기다리
나니
8 너희도 길이 참고 마음을 굳
게 하라 주의 강림이 가까우
니라
9 형제들아 서로 원망하지 말
라 그리하여야 심판을 면하
리라 보라 심판자가 문 밖에
서 계시니라
10 형제들아 주의 이름으로 말
한 선지자들로 고난과 오래
참음의 본을 삼으라
11 보라 인내하는 자를 우리가
복되다 하나니 너희가 욥의
인내를 들었고 주께서 주신
결말을 보았거니와 주는 가
장 자비하시고 긍휼히 여기
는 자시니라

5

12 내 형제들아 무엇보다도 맹
세하지 말지니 하늘로나 땅
으로나 아무 다른 것으로도
맹세하지 말고 오직 너희의
그렇다 하는 것은 그렇다 하
고 아니라 하는 것은 아니라
하여 죄 정함을 면하라
13 너희 중에 고난당하는 자가
있느냐 저는 기도할 것이요
즐거워하는 자가 있느냐 저
는 찬송할지니라
14 너희 중에 병든 자가 있느냐
저는 교회의 장로들을 청할
것이요 그들은 주의 이름으
로 기름을 바르며 위하여 기
도할지니라
15 믿음의 기도는 병든 자를 구
원하리니 주께서 저를 일으
키시리라 혹시 죄를 범하였
을지라도 사하심을 얻으리라
16 이러므로 너희 죄를 서로 고
하며 병 낫기를 위하여 서로
기도하라 의인의 간구는 역
사하는 힘이 많으니라
17 엘리야는 우리와 성정이 같
은 사람이로되 저가 비 오지
않기를 간절히 기도한즉 삼
년 육 개월 동안 땅에 비가
아니 오고
18 다시 기도한즉 하늘이 비를
주고 땅이 열매를 내었느니
라
19 내 형제들아 너희 중에 미혹
하여 진리를 떠난 자를 누가
돌아서게 하면
20 너희가 알 것은 죄인을 미혹
한 길에서 돌아서게 하는 자
가 그 영혼을 사망에서 구원
하며 허다한 죄를 덮을 것이
니라

베드로전서

1 Peter

베드로는 이 서신을 기독교 신앙 때문에 박해받고 있는 그리스도인들에게 쓰고 있는데, 예수님께서 얼마만큼 고난 받으셨는지를 그들에게 상기시킴으로써 위로를 준다. 베드로는 장차 실현될 미래에 대한 소망으로 신자들에게 영감을 주고 있으며, 더불어 신앙 가운데서 그들이 어떻게 성장해야 할 것인지를 가르친다. 이 서신을 읽으면서 당신은, 소망 중에 예수 그리스도의 재림을 기다리며, 주님을 따르는 자들에게 주시겠다고 약속하신 하늘의 상급을 바라보라. 그리고 그런 소망과 믿음으로 거룩한 신자의 삶을 살기 위해 최선을 다할 것을 결심하라.

인 사

1 예수 그리스도의 사도 베
드로는 본도, 갈라디아,
갑바도기아, 아시아와 비두
니아에 흩어진 나그네
2 곧 하나님 아버지의 미리 아
심을 따라 성령의 거룩하게
하심으로 순종함과 예수 그
리스도의 피 뿌림을 얻기 위
하여 택하심을 입은 자들에
게 편지하노니 은혜와 평강
이 너희에게 더욱 많을지어
다

산 소망

3 찬송하리로다 우리 주 예수
그리스도의 아버지 하나님
이 그 많으신 긍휼대로 예수
그리스도의 죽은 자 가운데
서 부활하심으로 말미암아
우리를 거듭나게 하사 산 소
망이 있게 하시며
4 썩지 않고 더럽지 않고 쇠하
지 아니하는 기업을 잇게 하
시나니 곧 너희를 위하여 하
늘에 간직하신 것이라
5 너희가 말세에 나타내기로
예비하신 구원을 얻기 위하
여 믿음으로 말미암아 하나
님의 능력으로 보호하심을
입었나니
6 그러므로 너희가 이제 여러
가지 시험을 인하여 잠간 근
심하게 되지 않을 수 없었으
나 오히려 크게 기뻐하도다
7 너희 믿음의 시련이 불로 연
단하여도 없어질 금보다 더
귀하여 예수 그리스도의 나
타나실 때에 칭찬과 영광과
존귀를 얻게 하려 함이라
8 예수를 너희가 보지 못하였
으나 사랑하는도다 이제도
보지 못하나 믿고 말할 수
없는 영광스러운 즐거움으로
기뻐하니

1

9 믿음의 결국 곧 영혼의 구원
을 받음이라
10 이 구원에 대하여는 너희에게
임할 은혜를 예언하던 선지자
들이 연구하고 부지런히 살펴서
11 자기 속에 계신 그리스도의
영이 그 받으실 고난과 후에
얻으실 영광을 미리 증거하
여 어느 시, 어떠한 때를 지
시하시는지 상고하니라
12 이 섬긴 바가 자기를 위한 것
이 아니요 너희를 위한 것임
이 계시로 알게 되었으니 이
것은 하늘로부터 보내신 성
령을 힘입어 복음을 전하는
자들로 이제 너희에게 고한
것이요 천사들도 살펴보기
를 원하는 것이니라
13 그러므로 너희 마음의 허리
를 동이고 근신하여 예수 그
리스도의 나타나실 때에 너
희에게 가져올 은혜를 온전
히 바랄지어다
14 너희가 순종하는 자식처럼
이전 알지 못할 때에 좇던 너
희 사욕을 본 삼지 말고
15 오직 너희를 부르신 거룩한
자처럼 너희도 모든 행실에
거룩한 자가 되라
16 기록하였으되 내가 거룩하
니 너희도 거룩할지어다 하
셨느니라
17 외모로 보시지 않고 각 사람
의 행위대로 판단하시는 자
를 너희가 아버지라 부른즉
너희의 나그네로 있을 때를
두려움으로 지내라
18 너희가 알거니와 너희 조상의
유전한 망령된 행실에서 구
속된 것은 은이나 금같이 없
어질 것으로 한 것이 아니요
19 오직 흠 없고 점 없는 어린
양 같은 그리스도의 보배로
운 피로 한 것이니라

20 그는 창세 전부터 미리 알리
신 바 된 자나 이 말세에 너
희를 위하여 나타내신 바 되
었으니
21 너희는 저를 죽은 자 가운데
서 살리시고 영광을 주신 하
나님을 그리스도로 말미암
아 믿는 자니 너희 믿음과 소
망이 하나님께 있게 하셨느
니라
22 너희가 진리를 순종함으로
너희 영혼을 깨끗하게 하여
거짓이 없이 형제를 사랑하
기에 이르렀으니 마음으로
뜨겁게 피차 사랑하라
23 너희가 거듭난 것이 썩어질
씨로 된 것이 아니요 썩지 아
니할 씨로 된 것이니 하나님
의 살아 있고 항상 있는 말
씀으로 되었느니라
24 그러므로 모든 육체는 풀과
같고 그 모든 영광이 풀의 꽃
과 같으니 풀은 마르고 꽃은
떨어지되
25 오직 주의 말씀은 세세토록
있도다 하였으니 너희에게
전한 복음이 곧 이 말씀이니
라

산 돌과 거룩한 백성

2 그러므로 모든 악독과 모
든 궤휼과 외식과 시기와
모든 비방하는 말을 버리고
2 갓난아이들같이 순전하고 신
령한 젖을 사모하라 이는 이로
말미암아 너희로 구원에 이르
도록 자라게 하려 함이라
3 너희가 주의 인자하심을 맛
보았으면 그리하라
4 사람에게는 버린 바가 되었
으나 하나님께는 택하심을
입은 보배로운 산 돌이신 예
수에게 나아와
5 너희도 산 돌같이 신령한 집
으로 세워지고 예수 그리스

2

도로 말미암아 하나님이 기쁘
게 받으실 신령한 제사를 드릴
거룩한 제사장이 될지니라
6 경에 기록하였으되 보라 내
가 택한 보배롭고 요긴한 모
퉁이돌을 시온에 두노니 저
를 믿는 자는 부끄러움을 당
치 아니하리라 하였으니
7 그러므로 믿는 너희에게는 보
배이나 믿지 아니하는 자에
게는 건축자들의 버린 그 돌
이 모퉁이의 머릿돌이 되고
8 또한 부딪히는 돌과 거치는
반석이 되었다 하니라 저희
가 말씀을 순종치 아니하므
로 넘어지나니 이는 저희를
이렇게 정하신 것이라
9 오직 너희는 택하신 족속이
요 왕 같은 제사장들이요 거
룩한 나라요 그의 소유된 백
성이니 이는 너희를 어두운
데서 불러 내어 그의 기이한
빛에 들어가게 하신 자의 아
름다운 덕을 선전하게 하려
하심이라
10 너희가 전에는 백성이 아니
더니 이제는 하나님의 백성
이요 전에는 긍휼을 얻지 못
하였더니 이제는 긍휼을 얻
은 자니라

하나님의 종다운 삶

11 사랑하는 자들아 나그네와
행인 같은 너희를 권하노니
영혼을 거스려 싸우는 육체
의 정욕을 제어하라
12 너희가 이방인 중에서 행실
을 선하게 가져 너희를 악행
한다고 비방하는 자들로 하
여금 너희 선한 일을 보고 권
고하시는 날에 하나님께 영
광을 돌리게 하려 함이라
13 인간에 세운 모든 제도를 주
를 위하여 순복하되 혹은 위
에 있는 왕이나

14 혹은 악행하는 자를 징벌하고
선행하는 자를 포장하기 위하
여 그의 보낸 방백에게 하라
15 곧 선행으로 어리석은 사람
들의 무식한 말을 막으시는
것이라
16 자유하나 그 자유로 악을 가
리우는 데 쓰지 말고 오직
하나님의 종과 같이 하라
17 뭇사람을 공경하며 형제를
사랑하며 하나님을 두려워
하며 왕을 공경하라

그리스도의 고난

18 사환들아 범사에 두려워함
으로 주인들에게 순복하되
선하고 관용하는 자들에게
만 아니라 또한 까다로운 자
들에게도 그리하라
19 애매히 고난을 받아도 하나
님을 생각함으로 슬픔을 참
으면 이는 아름다우나
20 죄가 있어 매를 맞고 참으면
무슨 칭찬이 있으리요 오직
선을 행함으로 고난을 받고
참으면 이는 하나님 앞에 아
름다우니라
21 이를 위하여 너희가 부르심을
입었으니 그리스도도 너희를
위하여 고난을 받으사 너희
에게 본을 끼쳐 그 자취를 따
라오게 하려 하셨느니라
22 저는 죄를 범치 아니하시고
그 입에 궤사도 없으시며
23 욕을 받으시되 대신 욕하지
아니하시고 고난을 받으시
되 위협하지 아니하시고 오
직 공의로 심판하시는 자에
게 부탁하시며
24 친히 나무에 달려 그 몸으로
우리 죄를 담당하셨으니 이
는 우리로 죄에 대하여 죽고
의에 대하여 살게 하려 하심
이라 저가 채찍에 맞음으로
너희는 나음을 얻었나니

25 너희가 전에는 양과 같이 길
을 잃었더니 이제는 너희 영
혼의 목자와 감독 되신 이에
게 돌아왔느니라

아내와 남편

3 아내 된 자들아 이와 같
이 자기 남편에게 순복
하라 이는 혹 도를 순종치
않는 자라도 말로 말미암지
않고 그 아내의 행위로 말
미암아 구원을 얻게 하려
함이니
2 너희의 두려워하며 정결한
행위를 봄이라
3 너희 단장은 머리를 꾸미고
금을 차고 아름다운 옷을 입
는 외모로 하지 말고
4 오직 마음에 숨은 사람을
온유하고 안정한 심령의 썩
지 아니할 것으로 하라 이
는 하나님 앞에 값진 것이니
라
5 전에 하나님께 소망을 두었
던 거룩한 부녀들도 이와 같
이 자기 남편에게 순복함으
로 자기를 단장하였나니
6 사라가 아브라함을 주라 칭
하여 복종한 것같이 너희가
선을 행하고 아무 두려운 일
에도 놀라지 아니함으로 그
의 딸이 되었느니라
7 남편 된 자들아 이와 같이
지식을 따라 너희 아내와 동
거하고 저는 더 연약한 그릇
이요 또 생명의 은혜를 유업
으로 함께 받을 자로 알아
귀히 여기라 이는 너희 기도
가 막히지 아니하게 하려 함
이라

정의를 위한 수난

8 마지막으로 말하노니 너희가
다 마음을 같이 하여 체휼하
며 형제를 사랑하며 불쌍히
여기며 겸손하며

3

9 악을 악으로, 욕을 욕으로
갚지 말고 도리어 복을 빌라
이를 위하여 너희가 부르심
을 입었으니 이는 복을 유업
으로 받게 하려 하심이라
10 그러므로 생명을 사랑하고
좋은 날 보기를 원하는 자
는 혀를 금하여 악한 말을
그치며 그 입술로 궤휼을
말하지 말고
11 악에서 떠나 선을 행하고 화
평을 구하여 이를 좇으라
12 주의 눈은 의인을 향하시
고 그의 귀는 저의 간구에
기울이시되 주의 낯은 악
행하는 자들을 향하시느
니라 하였느니라
13 또 너희가 열심으로 선을 행
하면 누가 너희를 해하리요
14 그러나 의를 위하여 고난을
받으면 복 있는 자니 저희의
두려워함을 두려워 말며 소
동치 말고
15 너희 마음에 그리스도를 주
로 삼아 거룩하게 하고 너
희 속에 있는 소망에 관한
이유를 묻는 자에게는 대
답할 것을 항상 예비하되
온유와 두려움으로 하고
16 선한 양심을 가지라 이는 그
리스도 안에 있는 너희의 선
행을 욕하는 자들로 그 비방
하는 일에 부끄러움을 당하
게 하려 함이라
17 선을 행함으로 고난받는 것
이 하나님의 뜻일진대 악을
행함으로 고난받는 것보다
나으니라
18 그리스도께서도 한 번 죄를
위하여 죽으사 의인으로서
불의한 자를 대신하셨으니
이는 우리를 하나님 앞으로
인도하려 하심이라 육체로는
죽임을 당하시고 영으로는

살리심을 받으셨으니
19 저가 또한 영으로 옥에 있는
영들에게 전파하시니라
20 그들은 전에 노아의 날 방주
예비할 동안 하나님이 오래
참고 기다리실 때에 순종치
아니하던 자들이라 방주에
서 물로 말미암아 구원을 얻
은 자가 몇 명뿐이니 겨우 여
덟 명이라
21 물은 예수 그리스도의 부활
하심으로 말미암아 이제 너
희를 구원하는 표니 곧 세례
라 육체의 더러운 것을 제하
여 버림이 아니요 오직 선한
양심이 하나님을 향하여 찾
아가는 것이라
22 저는 하늘에 오르사 하나님
우편에 계시니 천사들과 권
세들과 능력들이 저에게 순
복하느니라

은혜의 선물을 잘 관리하는 자

4 그리스도께서 이미 육체
의 고난을 받으셨으니
너희도 같은 마음으로 갑옷
을 삼으라 이는 육체의 고난
을 받은 자가 죄를 그쳤음이
니
2 그 후로는 다시 사람의 정욕
을 좇지 않고 오직 하나님의
뜻을 좇아 육체의 남은 때를
살게 하려 함이라
3 너희가 음란과 정욕과 술취
함과 방탕과 연락과 무법한
우상 숭배를 하여 이방인의
뜻을 좇아 행한 것이 지나간
때가 족하도다
4 이러므로 너희가 저희와 함
께 그런 극한 방탕에 달음질
하지 아니하는 것을 저희가
이상히 여겨 비방하나
5 저희가 산 자와 죽은 자 심
판하기를 예비하신 자에게
직고하리라

4

6 이를 위하여 죽은 자들에게
도 복음이 전파되었으니 이
는 육체로는 사람처럼 심판
을 받으나 영으로는 하나님
처럼 살게 하려 함이니라
7 만물의 마지막이 가까웠으
니 그러므로 너희는 정신을
차리고 근신하여 기도하라
8 무엇보다도 열심으로 서로
사랑할지니 사랑은 허다한
죄를 덮느니라
9 서로 대접하기를 원망 없이
하고
10 각각 은사를 받은 대로 하나
님의 각양 은혜를 맡은 선한
청지기같이 서로 봉사하라
11 만일 누가 말하려면 하나님의
말씀을 하는 것같이 하고 누
가 봉사하려면 하나님의 공
급하시는 힘으로 하는 것같
이 하라 이는 범사에 예수
그리스도로 말미암아 하나
님이 영광을 받으시게 하려
함이니 그에게 영광과 권능
이 세세에 무궁토록 있느니
라 아멘

그리스도인이 받을 고난

12 사랑하는 자들아 너희를 시
련하려고 오는 불 시험을 이
상한 일 당하는 것같이 이상
히 여기지 말고
13 오직 너희가 그리스도의 고
난에 참예하는 것으로 즐거
워하라 이는 그의 영광을 나
타내실 때에 너희로 즐거워
하고 기뻐하게 하려 함이라
14 너희가 그리스도의 이름으
로 욕을 받으면 복 있는 자로
다 영광의 영 곧 하나님의 영
이 너희 위에 계심이라
15 너희 중에 누구든지 살인이
나 도적질이나 악행이나 남
의 일을 간섭하는 자로 고난
을 받지 말려니와

16 만일 그리스도인으로 고난
을 받은즉 부끄러워 말고 도
리어 그 이름으로 하나님께
영광을 돌리라
17 하나님 집에서 심판을 시작
할 때가 되었나니 만일 우리
에게 먼저 하면 하나님의 복
음을 순종치 아니하는 자들
의 그 마지막이 어떠하며
18 또 의인이 겨우 구원을 얻으
면 경건치 아니한 자와 죄인
이 어디 서리요
19 그러므로 하나님의 뜻대로
고난을 받는 자들은 또한 선
을 행하는 가운데 그 영혼을
미쁘신 조물주께 부탁할지
어다

하나님의 양 떼를 돌보라

5 너희 중 장로들에게 권하
노니 나는 함께 장로 된
자요 그리스도의 고난의 증
인이요 나타날 영광에 참예
할 자로라
2 너희 중에 있는 하나님의 양
무리를 치되 부득이함으로
하지 말고 오직 하나님의 뜻
을 좇아 자원함으로 하며 더
러운 이를 위하여 하지 말고
오직 즐거운 뜻으로 하며
3 맡기운 자들에게 주장하는
자세를 하지 말고 오직 양 무
리의 본이 되라
4 그리하면 목자장이 나타나
실 때에 시들지 아니하는 영
광의 면류관을 얻으리라
5 젊은 자들아 이와 같이 장로
들에게 순복하고 다 서로 겸
손으로 허리를 동이라 하나
님이 교만한 자를 대적하시
되 겸손한 자들에게는 은혜
를 주시느니라
6 그러므로 하나님의 능하신
손 아래서 겸손하라 때가 되
면 너희를 높이시리라

5

7 너희 염려를 다 주께 맡겨 버
리라 이는 저가 너희를 권고
하심이니라
8 근신하라 깨어라 너희 대적
마귀가 우는 사자같이 두루
다니며 삼킬 자를 찾나니
9 너희는 믿음을 굳게 하여 저
를 대적하라 이는 세상에 있
는 너희 형제들도 동일한 고
난을 당하는 줄을 앎이니라
10 모든 은혜의 하나님 곧 그리
스도 안에서 너희를 부르사
자기의 영원한 영광에 들어
가게 하신 이가 잠간 고난을
받은 너희를 친히 온전케 하
시며 굳게 하시며 강하게 하
시며 터를 견고케 하시리라
11 권력이 세세 무궁토록 그에
게 있을지어다 아멘

작별 인사

12 내가 신실한 형제로 아는 실
루아노로 말미암아 너희에
게 간단히 써서 권하고 이것
이 하나님의 참된 은혜임을
증거하노니 너희는 이 은혜
에 굳게 서라
13 함께 택하심을 받은 바벨론
에 있는 교회가 너희에게 문
안하고 내 아들 마가도 그리
하느니라
14 너희는 사랑의 입맞춤으로
피차 문안하라 그리스도 안
에 있는 너희 모든 이에게 평
강이 있을지어다

베드로후서

2 Peter

베드로가 이 두 번째 서신을 쓴 이유는, 당시 거짓 교사들이 교회를 혼란시키고 있기 때문이다. 곧 거짓 교사들의 이단적인 가르침과 부도덕함, 그리고 그들의 탐욕으로부터 성도들의 믿음을 순결하게 지키기 위해서이다. 이 편지에서 베드로는, 그리스도인들이 말씀의 진리에 대한 견고한 지식 가운데서 성장하기를 원한다. 이 서신을 읽으면서 당신은, 말씀의 진리는 결국 모든 거짓 사상과의 싸움에서 이길 것임을 확신하라. 그리고 주님께 약속하라. 당신이 성경 지식을 증가시키기 위해 성경 공부에 더욱 매진하겠다고 말이다.

인 사

1 예수 그리스도의 종과 사
도인 시몬 베드로는 우리
하나님과 구주 예수 그리스도
의 의를 힘입어 동일하게 보배
로운 믿음을 우리와 같이 받
은 자들에게 편지하노니
2 하나님과 우리 주 예수를 앎
으로 은혜와 평강이 너희에
게 더욱 많을지어다

하나님의 부르심

3 그의 신기한 능력으로 생명
과 경건에 속한 모든 것을 우
리에게 주셨으니 이는 자기
의 영광과 덕으로써 우리를
부르신 자를 앎으로 말미암
음이라
4 이로써 그 보배롭고 지극히
큰 약속을 우리에게 주사 이
약속으로 말미암아 너희로
정욕을 인하여 세상에서 썩
어질 것을 피하여 신의 성품
에 참예하는 자가 되게 하려
하셨으니
5 이러므로 너희가 더욱 힘써
너희 믿음에 덕을, 덕에 지식
을,
6 지식에 절제를, 절제에 인내
를, 인내에 경건을,
7 경건에 형제 우애를, 형제 우
애에 사랑을 공급하라
8 이런 것이 너희에게 있어 흡
족한즉 너희로 우리 주 예수
그리스도를 알기에 게으르
지 않고 열매 없는 자가 되지
않게 하려니와
9 이런 것이 없는 자는 소경이
라 원시치 못하고 그의 옛 죄
를 깨끗케 하심을 잊었느니
라
10 그러므로 형제들아 더욱 힘써
너희 부르심과 택하심을 굳게
하라 너희가 이것을 행한즉 언
제든지 실족지 아니하리라

1

11 이같이 하면 우리 주 곧 구
주 예수 그리스도의 영원한
나라에 들어감을 넉넉히 너
희에게 주시리라
12 이러므로 너희가 이것을 알
고 이미 있는 진리에 섰으나
내가 항상 너희로 생각하게
하려 하노라
13 내가 이 장막에 있을 동안에
너희를 일깨워 생각하게 함
이 옳은 줄로 여기노니
14 이는 우리 주 예수 그리스도
께서 내게 지시하신 것같이
나도 이 장막을 벗어날 것이
임박한 줄을 앎이라
15 내가 힘써 너희로 하여금 나
의 떠난 후에라도 필요할 때
는 이런 것을 생각나게 하려
하노라
16 우리 주 예수 그리스도의 능
력과 강림하심을 너희에게
알게 한 것이 공교히 만든 이
야기를 좇은 것이 아니요 우
리는 그의 크신 위엄을 친히
본 자라
17 지극히 큰 영광 중에서 이러
한 소리가 그에게 나기를 이
는 내 사랑하는 아들이요 내
기뻐하는 자라 하실 때에 저
가 하나님 아버지께 존귀와
영광을 받으셨느니라
18 이 소리는 우리가 저와 함께
거룩한 산에 있을 때에 하늘
로서 나옴을 들은 것이라
19 또 우리에게 더 확실한 예언
이 있어 어두운 데 비취는
등불과 같으니 날이 새어 샛
별이 너희 마음에 떠오르기
까지 너희가 이것을 주의하
는 것이 가하니라
20 먼저 알 것은 경의 모든 예언
은 사사로이 풀 것이 아니니
21 예언은 언제든지 사람의 뜻
으로 낸 것이 아니요 오직 성

령의 감동하심을 입은 사람
들이 하나님께 받아 말한 것
임이니라

거짓 선지자들과 거짓 선생들

2 그러나 민간에 또한 거짓
선지자들이 일어났었나
니 이와 같이 너희 중에도
거짓 선생들이 있으리라 저
희는 멸망케 할 이단을 가만
히 끌어들여 자기들을 사신
주를 부인하고 임박한 멸망
을 스스로 취하는 자들이라
2 여럿이 저희 호색하는 것을
좇으리니 이로 인하여 진리
의 도가 훼방을 받을 것이요
3 저희가 탐심을 인하여 지은
말을 가지고 너희로 이를 삼
으니 저희 심판은 옛적부터
지체하지 아니하며 저희 멸
망은 자지 아니하느니라
4 하나님이 범죄한 천사들을
용서치 아니하시고 지옥에
던져 어두운 구덩이에 두어
심판 때까지 지키게 하셨으
며
5 옛 세상을 용서치 아니하시
고 오직 의를 전파하는 노아
와 그 일곱 식구를 보존하시
고 경건치 아니한 자들의 세
상에 홍수를 내리셨으며
6 소돔과 고모라성을 멸망하
기로 정하여 재가 되게 하사
후세에 경건치 아니할 자들
에게 본을 삼으셨으며
7 무법한 자의 음란한 행실을
인하여 고통하는 의로운 롯
을 건지셨으니
8 (이 의인이 저희 중에 거하여
날마다 저 불법한 행실을 보
고 들음으로 그 의로운 심령
을 상하니라)
9 주께서 경건한 자는 시험에서
건지시고 불의한 자는 형벌 아
래 두어 심판날까지 지키시며

2

10 육체를 따라 더러운 정욕 가
운데서 행하며 주관하는 이
를 멸시하는 자들에게 특별
히 형벌하실 줄을 아시느니
라 이들은 담대하고 고집하
여 떨지 않고 영광 있는 자를
훼방하거니와
11 더 큰 힘과 능력을 가진 천
사들이라도 주 앞에서 저희
를 거스려 훼방하는 송사를
하지 아니하느니라
12 그러나 이 사람들은 본래 잡
혀 죽기 위하여 난 이성 없는
짐승 같아서 그 알지 못한 것
을 훼방하고 저희 멸망 가운
데서 멸망을 당하며
13 불의의 값으로 불의를 당하
며 낮에 연락을 기쁘게 여기
는 자들이니 점과 흠이라 너
희와 함께 연회할 때에 저희
간사한 가운데 연락하며
14 음심이 가득한 눈을 가지고
범죄하기를 쉬지 아니하고 굳
세지 못한 영혼들을 유혹하며
탐욕에 연단된 마음을 가진
자들이니 저주의 자식이라
15 저희가 바른 길을 떠나 미혹
하여 브올의 아들 발람의 길
을 좇는도다 그는 불의의 삯
을 사랑하다가
16 자기의 불법을 인하여 책망
을 받되 말 못 하는 나귀가
사람의 소리로 말하여 이 선
지자의 미친 것을 금지하였
느니라
17 이 사람들은 물 없는 샘이요
광풍에 밀려가는 안개니 저
희를 위하여 캄캄한 어두움
이 예비되어 있나니
18 저희가 허탄한 자랑의 말을
토하여 미혹한 데 행하는 사
람들에게서 겨우 피한 자들
을 음란으로써 육체의 정욕
중에서 유혹하여

19 저희에게 자유를 준다 하여
도 자기는 멸망의 종들이니
누구든지 진 자는 이긴 자의
종이 됨이니라
20 만일 저희가 우리 주 되신
구주 예수 그리스도를 앎으
로 세상의 더러움을 피한 후
에 다시 그 중에 얽매이고 지
면 그 나중 형편이 처음보다
더 심하리니
21 의의 도를 안 후에 받은 거룩
한 명령을 저버리는 것보다
알지 못하는 것이 도리어 저
희에게 나으니라
22 참속담에 이르기를 개가 그
토하였던 것에 돌아가고 돼
지가 씻었다가 더러운 구덩
이에 도로 누웠다 하는 말이
저희에게 응하였도다

재림의 약속

3 사랑하는 자들아 내가
이제 이 둘째 편지를 너
희에게 쓰노니 이 둘로 너희
진실한 마음을 일깨워 생각
하게 하여
2 곧 거룩한 선지자의 예언한
말씀과 주 되신 구주께서 너
희의 사도들로 말미암아 명
하신 것을 기억하게 하려 하
노라
3 먼저 이것을 알지니 말세에
기롱하는 자들이 와서 자기
의 정욕을 좇아 행하며 기롱
하여
4 가로되 주의 강림하신다는
약속이 어디 있느뇨 조상들
이 잔 후로부터 만물이 처음
창조할 때와 같이 그냥 있다
하니
5 이는 하늘이 옛적부터 있는
것과 땅이 물에서 나와 물로
성립한 것도 하나님의 말씀
으로 된 것을 저희가 부러 잊
으려 함이로다

3

6 이로 말미암아 그 때 세상은
물의 넘침으로 멸망하였으
되
7 이제 하늘과 땅은 그 동일한
말씀으로 불사르기 위하여
간수하신 바 되어 경건치 아
니한 사람들의 심판과 멸망
의 날까지 보존하여 두신 것
이니라
8 사랑하는 자들아 주께는 하
루가 천 년 같고 천 년이 하루
같은 이 한 가지를 잊지 말라
9 주의 약속은 어떤 이의 더디
다고 생각하는 것같이 더딘
것이 아니라 오직 너희를 대
하여 오래 참으사 아무도 멸
망치 않고 다 회개하기에 이
르기를 원하시느니라
10 그러나 주의 날이 도적같이
오리니 그 날에는 하늘이 큰
소리로 떠나가고 체질이 뜨
거운 불에 풀어지고 땅과 그
중에 있는 모든 일이 드러나
리로다
11 이 모든 것이 이렇게 풀어지
리니 너희가 어떠한 사람이
되어야 마땅하뇨 거룩한 행
실과 경건함으로
12 하나님의 날이 임하기를 바
라보고 간절히 사모하라 그
날에 하늘이 불에 타서 풀어
지고 체질이 뜨거운 불에 녹
아지려니와
13 우리는 그의 약속대로 의의
거하는바 새 하늘과 새 땅을
바라보도다
14 그러므로 사랑하는 자들아
너희가 이것을 바라보나니
주 앞에서 점도 없고 흠도 없
이 평강 가운데서 나타나기
를 힘쓰라
15 또 우리 주의 오래 참으심이 구
원이 될 줄로 여기라 우리 사랑
하는 형제 바울도 그 받은 지혜

대로 너희에게 이같이 썼고
16 또 그 모든 편지에도 이런 일
에 관하여 말하였으되 그 중
에 알기 어려운 것이 더러 있
으니 무식한 자들과 굳세지
못한 자들이 다른 성경과 같
이 그것도 억지로 풀다가 스
스로 멸망에 이르느니라
17 그러므로 사랑하는 자들아
너희가 이것을 미리 알았은
즉 무법한 자들의 미혹에 이
끌려 너희 굳센 데서 떨어질
까 삼가라
18 오직 우리 주 곧 구주 예수
그리스도의 은혜와 저를 아
는 지식에서 자라 가라 영광
이 이제와 영원한 날까지 저
에게 있을지어다

요한일서

1 John

사도 요한은 자신이 앞서 쓴 복음서(요한복음)에서처럼, 이 서신에서도 동일한 주제들의 일부를 다시금 강조한다(예컨대, "빛 가운데 행함", "진리를 앎", "서로 사랑함" 등). 요한이 이렇게 하는 것은, 당시 적그리스도들이 교회로 파고들어 하나님 아들에 관한 거짓된 견해를 퍼뜨리고 있었기 때문이다. 이 서신을 읽으면서 당신은, 하나님께서는 당신이 죄와 힘써 싸우고, 다른 이들을 사랑하며, 영생을 위해 진실로 예수님을 믿기를 얼마나 원하시는 지를 깨닫도록 하라.

생명의 말씀

1 태초부터 있는 생명의 말
씀에 관하여는 우리가 들
은 바요 눈으로 본 바요 주
목하고 우리 손으로 만진 바
라
2 이 생명이 나타내신 바 된지
라 이 영원한 생명을 우리가
보았고 증거하여 너희에게
전하노니 이는 아버지와 함
께 계시다가 우리에게 나타
내신 바 된 자니라
3 우리가 보고 들은 바를 너희
에게도 전함은 너희로 우리
와 사귐이 있게 하려 함이니
우리의 사귐은 아버지와 그
아들 예수 그리스도와 함께
함이라
4 우리가 이것을 씀은 우리의
기쁨이 충만케 하려 함이로
라

하나님은 빛이시다

5 우리가 저에게서 듣고 너희
에게 전하는 소식이 이것이
니 곧 하나님은 빛이시라 그
에게는 어두움이 조금도 없
으시니라
6 만일 우리가 하나님과 사귐
이 있다 하고 어두운 가운데
행하면 거짓말을 하고 진리
를 행치 아니함이거니와
7 저가 빛 가운데 계신 것같이
우리도 빛 가운데 행하면 우
리가 서로 사귐이 있고 그 아
들 예수의 피가 우리를 모든
죄에서 깨끗하게 하실 것이요
8 만일 우리가 죄 없다 하면
스스로 속이고 또 진리가 우
리 속에 있지 아니할 것이요
9 만일 우리가 우리 죄를 자백
하면 저는 미쁘시고 의로우
사 우리 죄를 사하시며 모든
불의에서 우리를 깨끗케 하
실 것이요

1

10 만일 우리가 범죄하지 아니
하였다 하면 하나님을 거짓
말하는 자로 만드는 것이니
또한 그의 말씀이 우리 속에
있지 아니하니라

중보자 그리스도

2 나의 자녀들아 내가 이것
을 너희에게 씀은 너희로
죄를 범치 않게 하려 함이라
만일 누가 죄를 범하면 아버
지 앞에서 우리에게 대언자
가 있으니 곧 의로우신 예수
그리스도시라
2 저는 우리 죄를 위한 화목 제
물이니 우리만 위할 뿐 아니요
온 세상의 죄를 위하심이라
3 우리가 그의 계명을 지키면
이로써 우리가 저를 아는 줄
로 알 것이요
4 저를 아노라 하고 그의 계명
을 지키지 아니하는 자는 거
짓말하는 자요 진리가 그 속
에 있지 아니하되
5 누구든지 그의 말씀을 지키
는 자는 하나님의 사랑이 참
으로 그 속에서 온전케 되었
나니 이로써 우리가 저 안에
있는 줄을 아노라
6 저 안에 거한다 하는 자는
그의 행하시는 대로 자기도
행할지니라

새로운 계명

7 사랑하는 자들아 내가 새 계
명을 너희에게 쓰는 것이 아
니라 너희가 처음부터 가진
옛 계명이니 이 옛 계명은 너
희의 들은바 말씀이거니와
8 다시 내가 너희에게 새 계명을
쓰노니 저에게와 너희에게도 참
된 것이라 이는 어두움이 지나
가고 참빛이 벌써 비췸이니라
9 빛 가운데 있다 하며 그 형
제를 미워하는 자는 지금까
지 어두운 가운데 있는 자요

2

10 그의 형제를 사랑하는 자는
빛 가운데 거하여 자기 속에
거리낌이 없으나
11 그의 형제를 미워하는 자는
어두운 가운데 있고 또 어두
운 가운데 행하며 갈 곳을
알지 못하나니 이는 어두움
이 그의 눈을 멀게 하였음이
니라
12 자녀들아 내가 너희에게 쓰
는 것은 너희 죄가 그의 이름
으로 말미암아 사함을 얻음
이요
13 아비들아 내가 너희에게 쓰는
것은 너희가 태초부터 계신 이
를 앎이요 청년들아 내가 너희
에게 쓰는 것은 너희가 악한
자를 이기었음이니라
14 아이들아 내가 너희에게 쓴
것은 너희가 아버지를 알았
음이요 아비들아 내가 너희
에게 쓴 것은 너희가 태초부
터 계신 이를 알았음이요 청
년들아 내가 너희에게 쓴 것
은 너희가 강하고 하나님의
말씀이 너희 속에 거하시고
너희가 흉악한 자를 이기었
음이라
15 이 세상이나 세상에 있는 것
들을 사랑치 말라 누구든지
세상을 사랑하면 아버지의 사
랑이 그 속에 있지 아니하니
16 이는 세상에 있는 모든 것이
육신의 정욕과 안목의 정욕
과 이 생의 자랑이니 다 아버
지께로 좇아 온 것이 아니요
세상으로 좇아 온 것이라
17 이 세상도, 그 정욕도 지나가
되 오직 하나님의 뜻을 행하
는 이는 영원히 거하느니라

적그리스도

18 아이들아 이것이 마지막 때
라 적그리스도가 이르겠다
함을 너희가 들은 것과 같이

지금도 많은 적그리스도가
일어났으니 이러므로 우리가
마지막 때인 줄 아노라
19 저희가 우리에게서 나갔으나
우리에게 속하지 아니하였나
니 만일 우리에게 속하였더
면 우리와 함께 거하였으려
니와 저희가 나간 것은 다 우
리에게 속하지 아니함을 나
타내려 함이니라
20 너희는 거룩하신 자에게서
기름부음을 받고 모든 것을
아느니라
21 내가 너희에게 쓴 것은 너희
가 진리를 알지 못함을 인함
이 아니라 너희가 앎을 인함
이요 또 모든 거짓은 진리에
서 나지 않음을 인함이니라
22 거짓말하는 자가 누구뇨 예
수께서 그리스도이심을 부
인하는 자가 아니뇨 아버지
와 아들을 부인하는 그가 적
그리스도니
23 아들을 부인하는 자에게는
또한 아버지가 없으되 아들
을 시인하는 자에게는 아버
지도 있느니라
24 너희는 처음부터 들은 것을
너희 안에 거하게 하라 처음
부터 들은 것이 너희 안에
거하면 너희가 아들의 안과
아버지의 안에 거하리라
25 그가 우리에게 약속하신 약
속이 이것이니 곧 영원한 생
명이니라
26 너희를 미혹케 하는 자들에
관하여 내가 이것을 너희에
게 썼노라
27 너희는 주께 받은바 기름 부
음이 너희 안에 거하나니 아
무도 너희를 가르칠 필요가
없고 오직 그의 기름 부음이
모든 것을 너희에게 가르치
며 또 참되고 거짓이 없으니

너희를 가르치신 그대로 주
안에 거하라

하나님의 자녀

28 자녀들아 이제 그 안에 거하
라 이는 주께서 나타내신 바
되면 그의 강림하실 때에 우
리로 담대함을 얻어 그 앞에
서 부끄럽지 않게 하려 함이라
29 너희가 그의 의로우신 줄을
알면 의를 행하는 자마다 그
에게서 난 줄을 알리라

3 보라 아버지께서 어떠한
사랑을 우리에게 주사 하
나님의 자녀라 일컬음을 얻
게 하셨는고, 우리가 그러하
도다 그러므로 세상이 우리
를 알지 못함은 그를 알지 못
함이니라
2 사랑하는 자들아 우리가 지
금은 하나님의 자녀라 장래
에 어떻게 될 것은 아직 나타
나지 아니하였으나 그가 나
타내심이 되면 우리가 그와
같을 줄을 아는 것은 그의 계
신 그대로 볼 것을 인함이니
3 주를 향하여 이 소망을 가진
자마다 그의 깨끗하심과 같
이 자기를 깨끗하게 하느니
라
4 죄를 짓는 자마다 불법을 행
하나니 죄는 불법이라
5 그가 우리 죄를 없이하려고
나타내신 바 된 것을 너희가
아나니 그에게는 죄가 없느
니라
6 그 안에 거하는 자마다 범죄
하지 아니하나니 범죄하는
자마다 그를 보지도 못하였
고 그를 알지도 못하였느니
라
7 자녀들아 아무도 너희를 미
혹하지 못하게 하라 의를 행
하는 자는 그의 의로우심과
같이 의롭고

3

8 죄를 짓는 자는 마귀에게 속
하나니 마귀는 처음부터 범
죄함이니라 하나님의 아들
이 나타나신 것은 마귀의 일
을 멸하려 하심이니라
9 하나님께로서 난 자마다 죄
를 짓지 아니하나니 이는 하
나님의 씨가 그의 속에 거함
이요 저도 범죄치 못하는 것
은 하나님께로서 났음이라
10 이러므로 하나님의 자녀들
과 마귀의 자녀들이 나타나
나니 무릇 의를 행치 아니하
는 자나 또는 그 형제를 사랑
치 아니하는 자는 하나님께
속하지 아니하니라

서로 사랑하라

11 우리가 서로 사랑할지니 이
는 너희가 처음부터 들은 소
식이라
12 가인같이 하지 말라 저는 악
한 자에게 속하여 그 아우를
죽였으니 어찐 연고로 죽였
느뇨 자기의 행위는 악하고
그 아우의 행위는 의로움이
니라
13 형제들아 세상이 너희를 미
워하거든 이상히 여기지 말
라
14 우리가 형제를 사랑함으로
사망에서 옮겨 생명으로 들
어간 줄을 알거니와 사랑치
아니하는 자는 사망에 거하
느니라
15 그 형제를 미워하는 자마다
살인하는 자니 살인하는 자
마다 영생이 그 속에 거하지
아니하는 것을 너희가 아는
바라
16 그가 우리를 위하여 목숨을
버리셨으니 우리가 이로써
사랑을 알고 우리도 형제들
을 위하여 목숨을 버리는 것
이 마땅하니라

17 누가 이 세상 재물을 가지고
형제의 궁핍함을 보고도 도
와 줄 마음을 막으면 하나님
의 사랑이 어찌 그 속에 거
할까 보냐
18 자녀들아 우리가 말과 혀로
만 사랑하지 말고 오직 행함
과 진실함으로 하자

하나님 앞에서의 확신

19 이로써 우리가 진리에 속한
줄을 알고 또 우리 마음을
주 앞에서 굳세게 하리로다
20 우리 마음이 혹 우리를 책망
할 일이 있거든 하물며 우리
마음보다 크시고 모든 것을
아시는 하나님일까 보냐
21 사랑하는 자들아 만일 우리
마음이 우리를 책망할 것이
없으면 하나님 앞에서 담대
함을 얻고
22 무엇이든지 구하는 바를 그
에게 받나니 이는 우리가 그
의 계명들을 지키고 그 앞에
서 기뻐하시는 것을 행함이라
23 그의 계명은 이것이니 곧 그
아들 예수 그리스도의 이름
을 믿고 그가 우리에게 주신
계명대로 서로 사랑할 것이
니라
24 그의 계명들을 지키는 자는
주 안에 거하고 주는 저 안
에 거하시나니 우리에게 주
신 성령으로 말미암아 그가
우리 안에 거하시는 줄을 우
리가 아느니라

성령과 악령

4 사랑하는 자들아 영을
다 믿지 말고 오직 영들
이 하나님께 속하였나 시험
하라 많은 거짓 선지자가 세
상에 나왔음이니라
2 하나님의 영은 이것으로 알
지니 곧 예수 그리스도께서
육체로 오신 것을 시인하는

4

영마다 하나님께 속한 것이
요
3 예수를 시인하지 아니하는
영마다 하나님께 속한 것이
아니니 이것이 곧 적그리스
도의 영이니라 오리라 한 말
을 너희가 들었거니와 이제
벌써 세상에 있느니라
4 자녀들아 너희는 하나님께
속하였고 또 저희를 이기었
나니 이는 너희 안에 계신 이
가 세상에 있는 이보다 크심
이라
5 저희는 세상에 속한고로 세
상에 속한 말을 하매 세상이
저희 말을 듣느니라
6 우리는 하나님께 속하였으니
하나님을 아는 자는 우리의
말을 듣고 하나님께 속하지
아니한 자는 우리의 말을 듣
지 아니하나니 진리의 영과
미혹의 영을 이로써 아느니라

하나님은 사랑이시다

7 사랑하는 자들아 우리가 서
로 사랑하자 사랑은 하나님
께 속한 것이니 사랑하는 자
마다 하나님께로 나서 하나
님을 알고
8 사랑하지 아니하는 자는 하
나님을 알지 못하나니 이는
하나님은 사랑이심이라
9 하나님의 사랑이 우리에게 이
렇게 나타난 바 되었으니 하
나님이 자기의 독생자를 세
상에 보내심은 저로 말미암
아 우리를 살리려 하심이니라
10 사랑은 여기 있으니 우리가
하나님을 사랑한 것이 아니
요 오직 하나님이 우리를 사
랑하사 우리 죄를 위하여 화
목제로 그 아들을 보내셨음
이니라
11 사랑하는 자들아 하나님이
이같이 우리를 사랑하셨은

즉 우리도 서로 사랑하는 것
이 마땅하도다
12 어느 때나 하나님을 본 사
람이 없으되 만일 우리가
서로 사랑하면 하나님이 우
리 안에 거하시고 그의 사
랑이 우리 안에 온전히 이
루느니라
13 그의 성령을 우리에게 주시
므로 우리가 그 안에 거하고
그가 우리 안에 거하시는 줄
을 아느니라
14 아버지가 아들을 세상의 구
주로 보내신 것을 우리가 보
았고 또 증거하노니
15 누구든지 예수를 하나님의
아들이라 시인하면 하나님이
저 안에 거하시고 저도 하나
님 안에 거하느니라
16 하나님이 우리를 사랑하시
는 사랑을 우리가 알고 믿었
노니 하나님은 사랑이시라
사랑 안에 거하는 자는 하나
님 안에 거하고 하나님도 그
안에 거하시느니라
17 이로써 사랑이 우리에게 온
전히 이룬 것은 우리로 심판
날에 담대함을 가지게 하려
함이니 주의 어떠하심과 같
이 우리도 세상에서 그러하
니라
18 사랑 안에 두려움이 없고 온
전한 사랑이 두려움을 내어
쫓나니 두려움에는 형벌이
있음이라 두려워하는 자는
사랑 안에서 온전히 이루지
못하였느니라
19 우리가 사랑함은 그가 먼저
우리를 사랑하셨음이라
20 누구든지 하나님을 사랑하노
라 하고 그 형제를 미워하면
이는 거짓말하는 자니 보는
바 그 형제를 사랑치 아니하
는 자가 보지 못하는바 하나

님을 사랑할 수가 없느니라
21 우리가 이 계명을 주께 받았
나니 하나님을 사랑하는 자
는 또한 그 형제를 사랑할지
니라

세상을 이기는 믿음

5 예수께서 그리스도이심
을 믿는 자마다 하나님께
로서 난 자니 또한 내신 이를
사랑하는 자마다 그에게서
난 자를 사랑하느니라
2 우리가 하나님을 사랑하고
그의 계명들을 지킬 때에 이
로써 우리가 하나님의 자녀
사랑하는 줄을 아느니라
3 하나님을 사랑하는 것은 이
것이니 우리가 그의 계명들
을 지키는 것이라 그의 계명
들은 무거운 것이 아니로다
4 대저 하나님께로서 난 자마
다 세상을 이기느니라 세상
을 이긴 이김은 이것이니 우
리의 믿음이니라
5 예수께서 하나님의 아들이
심을 믿는 자가 아니면 세상
을 이기는 자가 누구뇨

아들에 관한 증언

6 이는 물과 피로 임하신 자니
곧 예수 그리스도시라 물로
만 아니요 물과 피로 임하셨
고
7 증거하는 이는 성령이시니
성령은 진리니라
8 증거하는 이가 셋이니 성령
과 물과 피라 또한 이 셋이
합하여 하나이니라
9 만일 우리가 사람들의 증거
를 받을진대 하나님의 증거
는 더욱 크도다 하나님의 증
거는 이것이니 그 아들에 관
하여 증거하신 것이니라
10 하나님의 아들을 믿는 자는
자기 안에 증거가 있고 하나
님을 믿지 아니하는 자는 하

5

나님을 거짓말하는 자로 만
드나니 이는 하나님께서 그
아들에 관하여 증거하신 증
거를 믿지 아니하였음이라
11 또 증거는 이것이니 하나님
이 우리에게 영생을 주신 것
과 이 생명이 그의 아들 안
에 있는 그것이니라
12 아들이 있는 자에게는 생명
이 있고 하나님의 아들이 없
는 자에게는 생명이 없느니라

영원한 생명

13 내가 하나님의 아들의 이름
을 믿는 너희에게 이것을 쓴
것은 너희로 하여금 너희에
게 영생이 있음을 알게 하려
함이라
14 그를 향하여 우리의 가진 바
담대한 것이 이것이니 그의
뜻대로 무엇을 구하면 들으
심이라
15 우리가 무엇이든지 구하는
바를 들으시는 줄을 안즉 우
리가 그에게 구한 그것을 얻
은 줄을 또한 아느니라
16 누구든지 형제가 사망에 이
르지 아니한 죄 범하는 것을
보거든 구하라 그러면 사망
에 이르지 아니하는 범죄자
들을 위하여 저에게 생명을
주시리라 사망에 이르는 죄
가 있으니 이에 대하여 나는
구하라 하지 않노라
17 모든 불의가 죄로되 사망에
이르지 아니하는 죄도 있도
다
18 하나님께로서 난 자마다 범
죄치 아니하는 줄을 우리가
아노라 하나님께로서 나신 자
가 저를 지키시매 악한 자가
저를 만지지도 못하느니라
19 또 아는 것은 우리는 하나님
께 속하고 온 세상은 악한
자 안에 처한 것이며

20 또 아는 것은 하나님의 아들
이 이르러 우리에게 지각을
주사 우리로 참된 자를 알게
하신 것과 또한 우리가 참된
자 곧 그의 아들 예수 그리
스도 안에 있는 것이니 그는
참하나님이시요 영생이시라
21 자녀들아 너희 자신을 지켜
우상에서 멀리하라

요한이서

2 John

사도 요한이 이 두 번째 편지를 쓴 이유는, 교인들로 하여금 거짓 교사들의 가르침에 굳건히 맞서도록 그들을 격려하기 위함이고, 또 그들이 서로 사랑하도록 주의를 주기 위해서이다. 이 서신을 읽으면서 당신은, 거짓 교사들을 만날 때 기독교의 진리를 위해 어떻게 방어할 것인가를 배우도록 하라.

인 사

1 장로는 택하심을 입은 부
녀와 그의 자녀에게 편지
하노니 내가 참으로 사랑하는
자요 나뿐 아니라 진리를 아는
모든 자도 그리하는 것은
2 우리 안에 거하여 영원히 우
리와 함께 할 진리를 인함이
로다
3 은혜와 긍휼과 평강이 하나
님 아버지와 아버지의 아들
예수 그리스도께로부터 진
리와 사랑 가운데서 우리와
함께 있으리라

속이는 자와 그리스도의 적

4 너의 자녀 중에 우리가 아버
지께 받은 계명대로 진리에
행하는 자를 내가 보니 심히
기쁘도다
5 부녀여, 내가 이제 네게 구하
노니 서로 사랑하자 이는 새
계명같이 네게 쓰는 것이 아
니요 오직 처음부터 우리가
가진 것이라
6 또 사랑은 이것이니 우리가
그 계명을 좇아 행하는 것이
요 계명은 이것이니 너희가
처음부터 들은 바와 같이 그
가운데서 행하라 하심이라
7 미혹하는 자가 많이 세상에
나왔나니 이는 예수 그리스
도께서 육체로 임하심을 부
인하는 자라 이것이 미혹하
는 자요 적그리스도니
8 너희는 너희를 삼가 우리의
일한 것을 잃지 말고 오직 온
전한 상을 얻으라
9 지내쳐 그리스도 교훈 안에
거하지 아니하는 자마다 하
나님을 모시지 못하되 교훈
안에 거하는 이 사람이 아버
지와 아들을 모시느니라
10 누구든지 이 교훈을 가지지
않고 너희에게 나아가거든

1

그를 집에 들이지도 말고 인
사도 말라
11 그에게 인사하는 자는 그 악
한 일에 참예하는 자임이니
라

작별 인사

12 내가 너희에게 쓸 것이 많으
나 종이와 먹으로 쓰기를 원
치 아니하고 오히려 너희에
게 가서 면대하여 말하려 하
니 이는 너희 기쁨을 충만케
하려 함이라
13 택하심을 입은 네 자매의 자
녀가 네게 문안하느니라

요한삼서

3 John

사도 요한은 이 세 번째 서신을 쓴 이유는, 가르침에 순종하는 신실한 교회 지도자를 칭찬하는 한편, 그와 반대로 가르침에 불순종하는 비우호적이며 심지어 잔인하기까지 한 또다른 교회 지도자를 책망하기 위해서이다. 이 서신을 읽으면서 당신은, 다른 그리스도인들에 대해 믿음의 형제로서 어떻게 친절을 베풀 것인가를 생각하도록 하라.

인 사

1 장로는 사랑하는 가이오
곧 나의 참으로 사랑하는
자에게 편지하노라
2 사랑하는 자여 네 영혼이
잘 됨같이 네가 범사에 잘
되고 강건하기를 내가 간구
하노라
3 형제들이 와서 네게 있는 진
리를 증거하되 네가 진리 안
에서 행한다 하니 내가 심히
기뻐하노라
4 내가 내 자녀들이 진리 안에
서 행한다 함을 듣는 것보다
더 즐거움이 없도다

협력과 반대

5 사랑하는 자여 네가 무엇이
든지 형제 곧 나그네 된 자들
에게 행하는 것이 신실한 일
이니
6 저희가 교회 앞에서 너의 사
랑을 증거하였느니라 네가
하나님께 합당하게 저희를
전송하면 가하리로다
7 이는 저희가 주의 이름을 위
하여 나가서 이방인에게 아
무것도 받지 아니함이라
8 이러므로 우리가 이 같은 자
들을 영접하는 것이 마땅하
니 이는 우리로 진리를 위하
여 함께 수고하는 자가 되게
하려 함이니라
9 내가 두어 자를 교회에게 썼
으나 저희 중에 으뜸 되기를
좋아하는 디오드레베가 우
리를 접대하지 아니하니
10 이러므로 내가 가면 그 행
한 일을 잊지 아니하리라 저
가 악한 말로 우리를 망령되
이 폄론하고도 유위부족하
여 형제들을 접대치도 아니
하고 접대하고자 하는 자를
금하여 교회에서 내어 쫓는
도다

1

11 사랑하는 자여 악한 것을 본
받지 말고 선한 것을 본받으라
선을 행하는 자는 하나님께
속하고 악을 행하는 자는 하
나님을 뵈옵지 못하였느니라
12 데메드리오는 뭇사람에게도,
진리에게도 증거를 받았으매
우리도 증거하노니 너는 우
리의 증거가 참된 줄을 아느
니라

작별 인사

13 내가 네게 쓸 것이 많으나 먹
과 붓으로 쓰기를 원치 아니
하고
14 속히 보기를 바라노니 또한
우리가 면대하여 말하리라
15 평강이 네게 있을지어다 여
러 친구가 네게 문안하느니
라 너는 각 친구 명하에 문
안하라

유다서

Jude

예수님과 야고보의 동생인 유다는, 교회 내의 거짓 교사들에 대해 신자들에게 주의를 주기 위해, 그리고 신자들로 하여금 그들의 신앙과 사랑을 강화하도록 격려하기 위해 이 짧은 편지를 쓴다. 이 서신을 읽으면서 당신은, 타락한 자들의 거짓 가르침에 흔들리지 말고, 오직 그리스도를 의지하면서 신앙과 사랑 가운데서 성장하도록 하라.

인 사

1 예수 그리스도의 종이요
야고보의 형제인 유다는
부르심을 입은 자 곧 하나님
아버지 안에서 사랑을 얻고
예수 그리스도를 위하여 지
키심을 입은 자들에게 편지
하노라
2 긍휼과 평강과 사랑이 너희
에게 더욱 많을지어다

거짓 교사들이 받을 심판

3 사랑하는 자들아 내가 우리
의 일반으로 얻은 구원을 들
어 너희에게 편지하려는 뜻
이 간절하던 차에 성도에게
단번에 주신 믿음의 도를 위
하여 힘써 싸우라는 편지로
너희를 권하여야 할 필요를
느꼈노니
4 이는 가만히 들어온 사람 몇
이 있음이라 저희는 옛적부
터 이 판결을 받기로 미리 기
록된 자니 경건치 아니하여
우리 하나님의 은혜를 도리
어 색욕거리로 바꾸고 홀로
하나이신 주재 곧 우리 주
예수 그리스도를 부인하는
자니라
5 너희가 본래 범사를 알았으
나 내가 너희로 다시 생각나
게 하고자 하노라 주께서 백
성을 애굽에서 구원하여 내
시고 후에 믿지 아니하는 자
들을 멸하셨으며
6 또 자기 지위를 지키지 아니
하고 자기 처소를 떠난 천사
들을 큰 날의 심판까지 영원
한 결박으로 흑암에 가두셨
으며
7 소돔과 고모라와 그 이웃 도
시들도 저희와 같은 모양으로
간음을 행하며 다른 색을 따
라 가다가 영원한 불의 형벌을
받음으로 거울이 되었느니라

1

8 그러한데 꿈꾸는 이 사람들
도 그와 같이 육체를 더럽히
며 권위를 업신여기며 영광
을 훼방하는도다
9 천사장 미가엘이 모세의 시
체에 대하여 마귀와 다투어
변론할 때에 감히 훼방하는
판결을 쓰지 못하고 다만 말
하되 주께서 너를 꾸짖으시
기를 원하노라 하였거늘
10 이 사람들은 무엇이든지 그
알지 못하는 것을 훼방하는
도다 또 저희는 이성 없는 짐
승같이 본능으로 아는 그것
으로 멸망하느니라
11 화 있을진저 이 사람들이여,
가인의 길에 행하였으며 삯
을 위하여 발람의 어그러진
길로 몰려갔으며 고라의 패
역을 좇아 멸망을 받았도다
12 저희는 기탄 없이 너희와 함께
먹으니 너희 애찬의 암초요 자
기 몸만 기르는 목자요 바람에
불려 가는 물 없는 구름이요
죽고 또 죽어 뿌리까지 뽑힌
열매 없는 가을 나무요
13 자기의 수치의 거품을 뿜는
바다의 거친 물결이요 영원
히 예비된 캄캄한 흑암에 돌
아갈 유리하는 별들이라
14 아담의 칠세손 에녹이 사람
들에게 대하여도 예언하여
이르되 보라 주께서 그 수만
의 거룩한 자와 함께 임하셨
나니
15 이는 뭇사람을 심판하사 모
든 경건치 않은 자의 경건치
않게 행한 모든 경건치 않은
일과 또 경건치 않은 죄인의
주께 거스려 한 모든 강팍한
말을 인하여 저희를 정죄하
려 하심이라 하였느니라
16 이 사람들은 원망하는 자며
불만을 토하는 자며 그 정욕

대로 행하는 자라 그 입으로
자랑하는 말을 내며 이를 위
하여 아첨하느니라

훈계와 권면

17 사랑하는 자들아 너희는 우
리 주 예수 그리스도의 사도
들의 미리 한 말을 기억하라
18 그들이 너희에게 말하기를
마지막 때에 자기의 경건치
않은 정욕대로 행하며 기롱
하는 자들이 있으리라 하였
나니
19 이 사람들은 당을 짓는 자며
육에 속한 자며 성령은 없는
자니라
20 사랑하는 자들아 너희는 너
희의 지극히 거룩한 믿음 위
에 자기를 건축하며 성령으
로 기도하며
21 하나님의 사랑 안에서 자기
를 지키며 영생에 이르도록
우리 주 예수 그리스도의 긍
휼을 기다리라
22 어떤 의심하는 자들을 긍휼
히 여기라
23 또 어떤 자를 불에서 끌어
내어 구원하라 또 어떤 자를
그 육체로 더럽힌 옷이라도
싫어하여 두려움으로 긍휼
히 여기라

찬양 기도

24 능히 너희를 보호하사 거침
이 없게 하시고 너희로 그 영
광 앞에 흠이 없이 즐거움으
로 서게 하실 자
25 곧 우리 구주 홀로 하나이신
하나님께 우리 주 예수 그리
스도로 말미암아 영광과 위
엄과 권력과 권세가 만고 전
부터 이제와 세세에 있을지
어다 아멘

요한계시록

Revelation

당시 밧모 섬에 유배된 상태에 있는 사도 요한은, 신앙 때문에 고난을 당하고 있는 그리스도인들을 위로하기 위해, 그리스도께서 그에게 계시해 주신 놀라운 종말의 일들을 써서 보낸다. 과거와 현재와 미래의 역사까지 모두 주관하고 계시는 하나님께서 보여주신 하늘의 환상을 통해, 사도 요한은 신자들에게 소망을 주고 있다. 그리고 마지막 날에는 그리스도께서 사탄에 대해 위대한 승리를 거두고, 사탄과 그의 추종자들을 영벌에 처할 것임을 확증해 준다. 이 서신을 읽으면서 당신은, 그리스도의 크고 놀라운 권세를 기뻐하고 찬양하라. 그리고 지금이나 또는 미래에 발생하는 일이 무엇인가에 상관없이, 그 무엇도 당신을 그분의 사랑과 구원으로부터 분리시킬 수 있는 것은 아무것도 없다는 것을 기억하고 위로를 받으라.

머리말

1 예수 그리스도의 계시라
이는 하나님이 그에게 주
사 반드시 속히 될 일을 그
종들에게 보이시려고 그 천
사를 그 종 요한에게 보내어
지시하신 것이라
2 요한은 하나님의 말씀과 예
수 그리스도의 증거 곧 자기
의 본 것을 다 증거하였느니
라
3 이 예언의 말씀을 읽는 자와
듣는 자들과 그 가운데 기록
한 것을 지키는 자들이 복이
있나니 때가 가까움이라

인 사

4 요한은 아시아에 있는 일곱
교회에 편지하노니 이제도
계시고 전에도 계시고 장차
오실 이와 그 보좌 앞에 일곱
영과
5 또 충성된 증인으로 죽은 자
들 가운데서 먼저 나시고 땅
의 임금들의 머리가 되신 예
수 그리스도로 말미암아 은
혜와 평강이 너희에게 있기
를 원하노라 우리를 사랑하
사 그의 피로 우리 죄에서
우리를 해방하시고
6 그 아버지 하나님을 위하여
우리를 나라와 제사장으로
삼으신 그에게 영광과 능력
이 세세토록 있기를 원하노
라 아멘
7 볼지어다 구름을 타고 오시
리라 각인의 눈이 그를 보겠
고 그를 찌른 자들도 볼 터이
요 땅에 있는 모든 족속이
그를 인하여 애곡하리니 그
러하리라 아멘
8 주 하나님이 가라사대 나는
알파와 오메가라 이제도 있
고 전에도 있었고 장차 올 자
요 전능한 자라 하시더라

1

그리스도의 명령

9 나 요한은 너희 형제요 예
수의 환난과 나라와 참음
에 동참하는 자라 하나님
의 말씀과 예수의 증거를
인하여 밧모라 하는 섬에
있었더니
10 주의 날에 내가 성령에 감동
하여 내 뒤에서 나는 나팔
소리 같은 큰 음성을 들으니
11 가로되 너 보는 것을 책에 써
서 에베소, 서머나, 버가모,
두아디라, 사데, 빌라델비아,
라오디게아 일곱 교회에 보
내라 하시기로
12 몸을 돌이켜 나더러 말한 음
성을 알아보려고 하여 돌이
킬 때에 일곱 금촛대를 보았
는데
13 촛대 사이에 인자 같은 이가
발에 끌리는 옷을 입고 가슴
에 금띠를 띠고
14 그 머리와 털의 희기가 흰 양
털 같고 눈 같으며 그의 눈은
불꽃 같고
15 그의 발은 풀무에 단련한 빛
난 주석 같고 그의 음성은
많은 물 소리와 같으며
16 그 오른손에 일곱 별이 있고
그 입에서 좌우에 날선 검이
나오고 그 얼굴은 해가 힘있
게 비취는 것 같더라
17 내가 볼 때에 그 발 앞에 엎
드러져 죽은 자같이 되매 그
가 오른손을 내게 얹고 가라
사대 두려워 말라 나는 처음
이요 나중이니
18 곧 산 자라 내가 전에 죽었었
노라 볼지어다 이제 세세토
록 살아 있어 사망과 음부의
열쇠를 가졌노니
19 그러므로 네 본 것과 이제 있
는 일과 장차 될 일을 기록하
라

20 네 본 것은 내 오른손에 일
곱 별의 비밀과 일곱 금촛대
라 일곱 별은 일곱 교회의 사
자요 일곱 촛대는 일곱 교회
니라

에베소 교회에 보내는 말씀

2 에베소 교회의 사자에게
편지하기를 오른손에 일
곱 별을 붙잡고 일곱 금촛대
사이에 다니시는 이가 가라
사대
2 내가 네 행위와 수고와 네 인
내를 알고 또 악한 자들을
용납지 아니한 것과 자칭 사
도라 하되 아닌 자들을 시험
하여 그 거짓된 것을 네가 드
러낸 것과
3 또 네가 참고 내 이름을 위
하여 견디고 게으르지 아니
한 것을 아노라
4 그러나 너를 책망할 것이 있
나니 너의 처음 사랑을 버렸
느니라
5 그러므로 어디서 떨어진 것
을 생각하고 회개하여 처음
행위를 가지라 만일 그리하
지 아니하고 회개치 아니하
면 내가 네게 임하여 네 촛
대를 그 자리에서 옮기리라
6 오직 네게 이것이 있으니 네
가 니골라당의 행위를 미워
하는도다 나도 이것을 미워
하노라
7 귀 있는 자는 성령이 교회들
에게 하시는 말씀을 들을지
어다 이기는 그에게는 내가
하나님의 낙원에 있는 생명
나무의 과실을 주어 먹게 하
리라

서머나 교회에 보내는 말씀

8 서머나 교회의 사자에게 편
지하기를 처음이요 나중이
요 죽었다가 살아나신 이가
가라사대

2

9 내가 네 환난과 궁핍을 아노
니 실상은 네가 부요한 자니
라 자칭 유대인이라 하는 자
들의 훼방도 아노니 실상은
유대인이 아니요 사단의 회
라
10 네가 장차 받을 고난을 두려
워 말라 볼지어다 마귀가 장
차 너희 가운데서 몇 사람을
옥에 던져 시험을 받게 하리
니 너희가 십 일 동안 환난
을 받으리라 네가 죽도록 충
성하라 그리하면 내가 생명
의 면류관을 네게 주리라
11 귀 있는 자는 성령이 교회들
에게 하시는 말씀을 들을지
어다 이기는 자는 둘째 사망
의 해를 받지 아니하리라

버가모 교회에 보내는 말씀

12 버가모 교회의 사자에게 편
지하기를 좌우에 날선 검을
가진 이가 가라사대
13 네가 어디 사는 것을 내가
아노니 거기는 사단의 위가
있는 데라 네가 내 이름을
굳게 잡아서 내 충성된 증인
안디바가 너희 가운데 곧 사
단의 거하는 곳에서 죽임을
당할 때에도 나를 믿는 믿음
을 저버리지 아니하였도다
14 그러나 네게 두어 가지 책망
할 것이 있나니 거기 네게 발
람의 교훈을 지키는 자들이
있도다 발람이 발락을 가르
쳐 이스라엘 앞에 올무를 놓
아 우상의 제물을 먹게 하였
고 또 행음하게 하였느니라
15 이와 같이 네게도 니골라당
의 교훈을 지키는 자들이 있
도다
16 그러므로 회개하라 그리하
지 아니하면 내가 네게 속히
임하여 내 입의 검으로 그들
과 싸우리라

17 귀 있는 자는 성령이 교회들
에게 하시는 말씀을 들을지
어다 이기는 그에게는 내가
감추었던 만나를 주고 또 흰
돌을 줄 터인데 그 돌 위에
새 이름을 기록한 것이 있나
니 받는 자밖에는 그 이름을
알 사람이 없느니라

두아디라 교회에 보내는 말씀

18 두아디라 교회의 사자에게
편지하기를 그 눈이 불꽃 같
고 그 발이 빛난 주석과 같
은 하나님의 아들이 가라사
대
19 내가 네 사업과 사랑과 믿음
과 섬김과 인내를 아노니 네
나중 행위가 처음 것보다 많
도다
20 그러나 네게 책망할 일이
있노라 자칭 선지자라 하
는 여자 이세벨을 네가 용
납함이니 그가 내 종들을
가르쳐 꾀어 행음하게 하
고 우상의 제물을 먹게 하
는도다
21 또 내가 그에게 회개할 기회
를 주었으되 그 음행을 회개
하고자 아니하는도다
22 볼지어다 내가 그를 침상에
던질 터이요 또 그로 더불어
간음하는 자들도 만일 그의
행위를 회개치 아니하면 큰
환난 가운데 던지고
23 또 내가 사망으로 그의 자녀를
죽이리니 모든 교회가 나는 사
람의 뜻과 마음을 살피는 자인
줄 알지라 내가 너희 각 사람의
행위대로 갚아 주리라
24 두아디라에 남아 있어 이 교
훈을 받지 아니하고 소위 사
단의 깊은 것을 알지 못하는
너희에게 말하노니 다른 짐
으로 너희에게 지울 것이 없
노라

25 다만 너희에게 있는 것을 내
가 올 때까지 굳게 잡으라
26 이기는 자와 끝까지 내 일을
지키는 그에게 만국을 다스
리는 권세를 주리니
27 그가 철장을 가지고 저희를
다스려 질그릇 깨뜨리는 것
과 같이 하리라 나도 내 아
버지께 받은 것이 그러하니
라
28 내가 또 그에게 새벽별을 주
리라
29 귀 있는 자는 성령이 교회들
에게 하시는 말씀을 들을지
어다

사데 교회에 보내는 말씀

3 사데 교회의 사자에게 편
지하기를 하나님의 일곱
영과 일곱 별을 가진 이가 가
라사대 내가 네 행위를 아노
니 네가 살았다 하는 이름은
가졌으나 죽은 자로다
2 너는 일깨워 그 남은바 죽게
된 것을 굳게 하라 내 하나님
앞에 네 행위의 온전한 것을
찾지 못하였노니
3 그러므로 네가 어떻게 받았
으며 어떻게 들었는지 생각
하고 지키어 회개하라 만일
일깨지 아니하면 내가 도적
같이 이르리니 어느 시에 네
게 임할는지 네가 알지 못하
리라
4 그러나 사데에 그 옷을 더럽
히지 아니한 자 몇 명이 네게
있어 흰 옷을 입고 나와 함
께 다니리니 그들은 합당한
자인 연고라
5 이기는 자는 이와 같이 흰
옷을 입을 것이요 내가 그
이름을 생명책에서 반드시
흐리지 아니하고 그 이름을
내 아버지 앞과 그 천사들
앞에서 시인하리라

3

6 귀 있는 자는 성령이 교회들
에게 하시는 말씀을 들을지
어다

빌라델비아 교회에 보내는 말씀

7 빌라델비아 교회의 사자에게
편지하기를 거룩하고 진실하
사 다윗의 열쇠를 가지신 이
곧 열면 닫을 사람이 없고
닫으면 열 사람이 없는 그이
가 가라사대
8 볼지어다 내가 네 앞에 열린
문을 두었으되 능히 닫을 사
람이 없으리라 내가 네 행위
를 아노니 네가 적은 능력을
가지고도 내 말을 지키며 내
이름을 배반치 아니하였도다
9 보라 사단의 회 곧 자칭 유대
인이라 하나 그렇지 않고 거
짓말하는 자들 중에서 몇을
네게 주어 저희로 와서 네 발
앞에 절하게 하고 내가 너를
사랑하는 줄을 알게 하리라
10 네가 나의 인내의 말씀을 지
켰은즉 내가 또한 너를 지키
어 시험의 때를 면하게 하리
니 이는 장차 온 세상에 임
하여 땅에 거하는 자들을 시
험할 때라
11 내가 속히 임하리니 네가 가
진 것을 굳게 잡아 아무나
네 면류관을 빼앗지 못하게
하라
12 이기는 자는 내 하나님 성전
에 기둥이 되게 하리니 그가
결코 다시 나가지 아니하리라
내가 하나님의 이름과 하나님
의 성 곧 하늘에서 내 하나님
께로부터 내려오는 새 예루
살렘의 이름과 나의 새 이름
을 그이 위에 기록하리라
13 귀 있는 자는 성령이 교회들
에게 하시는 말씀을 들을지
어다

라오디게아 교회에 보내는 말씀

14 라오디게아 교회의 사자에게
편지하기를 아멘이시요 충성
되고 참된 증인이시요 하나
님의 창조의 근본이신 이가
가라사대
15 내가 네 행위를 아노니 네가
차지도 아니하고 더웁지도
아니하도다 네가 차든지 더
웁든지 하기를 원하노라
16 네가 이같이 미지근하여 더
웁지도 아니하고 차지도 아
니하니 내 입에서 너를 토하
여 내치리라
17 네가 말하기를 나는 부자라
부요하여 부족한 것이 없다
하나 네 곤고한 것과 가련한
것과 가난한 것과 눈먼 것과
벌거벗은 것을 알지 못하도다
18 내가 너를 권하노니 내게서
불로 연단한 금을 사서 부요
하게 하고 흰 옷을 사서 입어
벌거벗은 수치를 보이지 않
게 하고 안약을 사서 눈에
발라 보게 하라
19 무릇 내가 사랑하는 자를 책
망하여 징계하노니 그러므
로 네가 열심을 내라 회개하
라
20 볼지어다 내가 문 밖에 서서
두드리노니 누구든지 내 음
성을 듣고 문을 열면 내가 그
에게로 들어가 그로 더불어
먹고 그는 나로 더불어 먹으
리라
21 이기는 그에게는 내가 내 보
좌에 함께 앉게 하여 주기를
내가 이기고 아버지 보좌에
함께 앉은 것과 같이 하리라
22 귀 있는 자는 성령이 교회들
에게 하시는 말씀을 들을지
어다

하늘 나라의 예배

4 이 일 후에 내가 보니 하
늘에 열린 문이 있는데

4

내가 들은바 처음에 내게 말
하던 나팔 소리 같은 그 음성
이 가로되 이리로 올라오라
이후에 마땅히 될 일을 내가
네게 보이리라 하시더라
2 내가 곧 성령에 감동하였더
니 보라 하늘에 보좌를 베풀
었고 그 보좌 위에 앉으신 이
가 있는데
3 앉으신 이의 모양이 벽옥과
홍보석 같고 또 무지개가 있
어 보좌에 둘렸는데 그 모양
이 녹보석 같더라
4 또 보좌에 둘려 이십사 보좌
들이 있고 그 보좌들 위에
이십사 장로들이 흰 옷을 입
고 머리에 금면류관을 쓰고
앉았더라
5 보좌로부터 번개와 음성과
뇌성이 나고 보좌 앞에 일곱
등불 켠 것이 있으니 이는 하
나님의 일곱 영이라
6 보좌 앞에 수정과 같은 유리
바다가 있고 보좌 가운데와
보좌 주위에 네 생물이 있는
데 앞뒤에 눈이 가득하더라
7 그 첫째 생물은 사자 같고 그
둘째 생물은 송아지 같고 그
세째 생물은 얼굴이 사람 같
고 그 네째 생물은 날아가는
독수리 같은데
8 네 생물이 각각 여섯 날개가
있고 그 안과 주위에 눈이
가득하더라 그들이 밤낮 쉬
지 않고 이르기를 거룩하다
거룩하다 거룩하다 주 하나
님 곧 전능하신 이여 전에도
계셨고 이제도 계시고 장차
오실 자라 하고
9 그 생물들이 영광과 존귀와
감사를 보좌에 앉으사 세세토
록 사시는 이에게 돌릴 때에
10 이십사 장로들이 보좌에 앉
으신 이 앞에 엎드려 세세토

록 사시는 이에게 경배하고
자기의 면류관을 보좌 앞에
던지며 가로되
11 우리 주 하나님이여 영광과
존귀와 능력을 받으시는 것
이 합당하오니 주께서 만물
을 지으신지라 만물이 주의
뜻대로 있었고 또 지으심을
받았나이다 하더라

두루마리와 어린 양

5 내가 보매 보좌에 앉으신
이의 오른손에 책이 있으
니 안팎으로 썼고 일곱 인으
로 봉하였더라
2 또 보매 힘있는 천사가 큰 음
성으로 외치기를 누가 책을
펴며 그 인을 떼기에 합당하
냐 하니
3 하늘 위에나 땅 위에나 땅
아래에 능히 책을 펴거나 보
거나 할 이가 없더라
4 이 책을 펴거나 보거나 하기
에 합당한 자가 보이지 않기
로 내가 크게 울었더니
5 장로 중에 하나가 내게 말하
되 울지 말라 유대 지파의 사
자 다윗의 뿌리가 이기었으
니 이 책과 그 일곱 인을 떼
시리라 하더라
6 내가 또 보니 보좌와 네 생물과
장로들 사이에 어린 양이 섰는
데 일찍 죽임을 당한 것 같더라
일곱 뿔과 일곱 눈이 있으니 이
눈은 온 땅에 보내심을 입은 하
나님의 일곱 영이더라
7 어린 양이 나아와서 보좌에
앉으신 이의 오른손에서 책
을 취하시니라
8 책을 취하시매 네 생물과 이
십사 장로들이 어린 양 앞
에 엎드려 각각 거문고와
향이 가득한 금대접을 가졌
으니 이 향은 성도의 기도
들이라

5

9 새 노래를 노래하여 가로되
책을 가지시고 그 인봉을 떼
기에 합당하시도다 일찍 죽
임을 당하사 각 족속과 방언
과 백성과 나라 가운데서 사
람들을 피로 사서 하나님께
드리시고
10 저희로 우리 하나님 앞에서
나라와 제사장을 삼으셨으
니 저희가 땅에서 왕노릇 하
리로다 하더라
11 내가 또 보고 들으매 보좌
와 생물들과 장로들을 둘
러선 많은 천사의 음성이
있으니 그 수가 만만이요
천천이라
12 큰 음성으로 가로되 죽임을
당하신 어린 양이 능력과 부
와 지혜와 힘과 존귀와 영광
과 찬송을 받으시기에 합당
하도다 하더라
13 내가 또 들으니 하늘 위에와
땅 위에와 땅 아래와 바다 위
에와 또 그 가운데 모든 만
물이 가로되 보좌에 앉으신
이와 어린 양에게 찬송과 존
귀와 영광과 능력을 세세토
록 돌릴지어다 하니
14 네 생물이 가로되 아멘 하고
장로들은 엎드려 경배하더라

일곱 봉인

6 내가 보매 어린 양이 일
곱 인 중에 하나를 떼
시는 그 때에 내가 들으니
네 생물 중에 하나가 우뢰
소리같이 말하되 오라 하
기로
2 내가 이에 보니 흰 말이 있는
데 그 탄 자가 활을 가졌고
면류관을 받고 나가서 이기
고 또 이기려고 하더라
3 둘째 인을 떼실 때에 내가 들
으니 둘째 생물이 말하되 오
라 하더니

6

4 이에 붉은 다른 말이 나오더
라 그 탄 자가 허락을 받아
땅에서 화평을 제하여 버리
며 서로 죽이게 하고 또 큰
칼을 받았더라
5 세째 인을 떼실 때에 내가 들
으니 세째 생물이 말하되 오
라 하기로 내가 보니 검은 말
이 나오는데 그 탄 자가 손에
저울을 가졌더라
6 내가 네 생물 사이로서 나는
듯하는 음성을 들으니 가로
되 한 데나리온에 밀 한 되
요 한 데나리온에 보리 석
되로다 또 감람유와 포도주
는 해치 말라 하더라
7 네째 인을 떼실 때에 내가 네
째 생물의 음성을 들으니 가
로되 오라 하기로
8 내가 보매 청황색 말이 나오
는데 그 탄 자의 이름은 사망
이니 음부가 그 뒤를 따르더
라 저희가 땅 사분 일의 권세
를 얻어 검과 흉년과 사망과
땅의 짐승으로써 죽이더라
9 다섯째 인을 떼실 때에 내가
보니 하나님의 말씀과 저희의
가진 증거를 인하여 죽임을
당한 영혼들이 제단 아래 있
어
10 큰 소리로 불러 가로되 거룩
하고 참되신 대주재여 땅에
거하는 자들을 심판하여 우
리 피를 신원하여 주지 아니
하시기를 어느 때까지 하시
려나이까 하니
11 각각 저희에게 흰 두루마기
를 주시며 가라사대 아직 잠
시 동안 쉬되 저희 동무 종
들과 형제들도 자기처럼 죽
임을 받아 그 수가 차기까지
하라 하시더라
12 내가 보니 여섯째 인을 떼실
때에 큰 지진이 나며 해가 총

담같이 검어지고 온 달이 피
같이 되며
13 하늘의 별들이 무화과나무
가 대풍에 흔들려 선 과실이
떨어지는 것같이 땅에 떨어
지며
14 하늘은 종이 축이 말리는 것
같이 떠나가고 각 산과 섬이
제자리에서 옮기우매
15 땅의 임금들과 왕족들과 장
군들과 부자들과 강한 자들
과 각 종과 자주자가 굴과
산 바위 틈에 숨어
16 산과 바위에게 이르되 우리
위에 떨어져 보좌에 앉으신
이의 낯에서와 어린 양의 진
노에서 우리를 가리우라
17 그들의 진노의 큰 날이 이르
렀으니 누가 능히 서리요 하
더라

가려 뽑힌 십사만 사천 명

7 이 일 후에 내가 네 천사
가 땅 네 모퉁이에 선 것
을 보니 땅의 사방의 바람을
붙잡아 바람으로 하여금 땅
에나 바다에나 각종 나무에
불지 못하게 하더라
2 또 보매 다른 천사가 살아
계신 하나님의 인을 가지고
해 돋는 데로부터 올라와서
땅과 바다를 해롭게 할 권세
를 얻은 네 천사를 향하여
큰 소리로 외쳐
3 가로되 우리가 우리 하나님
의 종들의 이마에 인치기까
지 땅이나 바다나 나무나 해
하지 말라 하더라
4 내가 인 맞은 자의 수를 들으
니 이스라엘 자손의 각 지파
중에서 인 맞은 자들이 십사
만 사천이니
5 유다 지파 중에 인 맞은 자가
일만 이천이요 르우벤 지파
중에 일만 이천이요 갓 지파

7

중에 일만 이천이요
6 아셀 지파 중에 일만 이천이
요 납달리 지파 중에 일만 이
천이요 므낫세 지파 중에 일
만 이천이요
7 시므온 지파 중에 일만 이천
이요 레위 지파 중에 일만 이
천이요 잇사갈 지파 중에 일
만 이천이요
8 스불론 지파 중에 일만 이
천이요 요셉 지파 중에 일
만 이천이요 베냐민 지파
중에 인 맞은 자가 일만 이
천이라

모든 나라에서 온 군중

9 이 일 후에 내가 보니 각 나
라와 족속과 백성과 방언에
서 아무라도 능히 셀 수 없
는 큰 무리가 흰 옷을 입고
손에 종려 가지를 들고 보좌
앞과 어린 양 앞에 서서
10 큰 소리로 외쳐 가로되 구원
하심이 보좌에 앉으신 우리
하나님과 어린 양에게 있도
다 하니
11 모든 천사가 보좌와 장로들
과 네 생물의 주위에 섰다가
보좌 앞에 엎드려 얼굴을 대
고 하나님께 경배하여
12 가로되 아멘 찬송과 영광과
지혜와 감사와 존귀와 능력
과 힘이 우리 하나님께 세세
토록 있을지로다 아멘 하더
라
13 장로 중에 하나가 응답하여
내게 이르되 이 흰 옷 입은
자들이 누구며 또 어디서 왔
느뇨
14 내가 가로되 내 주여 당신이
알리이다 하니 그가 나더러
이르되 이는 큰 환난에서 나
오는 자들인데 어린 양의 피
에 그 옷을 씻어 희게 하였느
니라

15 그러므로 그들이 하나님의
보좌 앞에 있고 또 그의 성전
에서 밤낮 하나님을 섬기매
보좌에 앉으신 이가 그들 위
에 장막을 치시리니
16 저희가 다시 주리지도 아니
하며 목마르지도 아니하고
해나 아무 뜨거운 기운에 상
하지 아니할지니
17 이는 보좌 가운데 계신 어린
양이 저희의 목자가 되사 생
명수 샘으로 인도하시고 하
나님께서 저희 눈에서 모든
눈물을 씻어 주실 것임이러
라

일곱째 인과 향로

8 일곱째 인을 떼실 때에
하늘이 반 시 동안쯤 고
요하더니
2 내가 보매 하나님 앞에 시위
한 일곱 천사가 있어 일곱 나
팔을 받았더라
3 또 다른 천사가 와서 제단 곁
에 서서 금향로를 가지고 많
은 향을 받았으니 이는 모든
성도의 기도들과 합하여 보
좌 앞 금단에 드리고자 함이
라
4 향연이 성도의 기도와 함께
천사의 손으로부터 하나님
앞으로 올라가는지라
5 천사가 향로를 가지고 단 위
의 불을 담아다가 땅에 쏟으
매 뇌성과 음성과 번개와 지
진이 나더라

일곱 나팔

6 일곱 나팔 가진 일곱 천사가
나팔 불기를 예비하더라
7 첫째 천사가 나팔을 부니 피
섞인 우박과 불이 나서 땅에
쏟아지매 땅의 삼분의 일이
타서 사위고 수목의 삼분의
일도 타서 사위고 각종 푸른
풀도 타서 사위더라

8

8 둘째 천사가 나팔을 부니 불
붙는 큰 산과 같은 것이 바
다에 던지우매 바다의 삼분
의 일이 피가 되고
9 바다 가운데 생명 가진 피조
물들의 삼분의 일이 죽고 배
들의 삼분의 일이 깨어지더
라
10 세째 천사가 나팔을 부니 횃
불같이 타는 큰 별이 하늘에
서 떨어져 강들의 삼분의 일
과 여러 물샘에 떨어지니
11 이 별 이름은 쑥이라 물들의
삼분의 일이 쑥이 되매 그
물들이 쓰게 됨을 인하여 많
은 사람이 죽더라
12 네째 천사가 나팔을 부니 해
삼분의 일과 달 삼분의 일과
별들의 삼분의 일이 침을 받
아 그 삼분의 일이 어두워지
니 낮 삼분의 일은 비췸이 없
고 밤도 그러하더라
13 내가 또 보고 들으니 공중에
날아가는 독수리가 큰 소리
로 이르되 땅에 거하는 자들
에게 화, 화, 화가 있으리로다
이외에도 세 천사의 불 나팔
소리를 인함이로다 하더라

9 다섯째 천사가 나팔을 불
매 내가 보니 하늘에서
땅에 떨어진 별 하나가 있는
데 저가 무저갱의 열쇠를 받
았더라
2 저가 무저갱을 여니 그 구멍
에서 큰 풀무의 연기 같은
연기가 올라오매 해와 공기
가 그 구멍의 연기로 인하여
어두워지며
3 또 황충이 연기 가운데로부
터 땅 위에 나오매 저희가 땅
에 있는 전갈의 권세와 같은
권세를 받았더라
4 저희에게 이르시되 땅의 풀
이나 푸른 것이나 각종 수목

9

은 해하지 말고 오직 이마에
하나님의 인 맞지 아니한 사
람들만 해하라 하시더라
5 그러나 그들을 죽이지는 못
하게 하시고 다섯 달 동안 괴
롭게만 하게 하시는데 그 괴
롭게 함은 전갈이 사람을 쏠
때에 괴롭게 함과 같더라
6 그 날에는 사람들이 죽기를
구하여도 얻지 못하고 죽고
싶으나 죽음이 저희를 피하
리로다
7 황충들의 모양은 전쟁을 위
하여 예비한 말들 같고 그 머
리에 금 같은 면류관 비슷한
것을 썼으며 그 얼굴은 사람
의 얼굴 같고
8 또 여자의 머리털 같은 머리
털이 있고 그 이는 사자의 이
같으며
9 또 철흉갑 같은 흉갑이 있고
그 날개들의 소리는 병거와
많은 말들이 전장으로 달려
들어가는 소리 같으며
10 또 전갈과 같은 꼬리와 쏘는
살이 있어 그 꼬리에는 다섯
달 동안 사람들을 해하는 권
세가 있더라
11 저희에게 임금이 있으니 무저
갱의 사자라 히브리 음으로 이
름은 아바돈이요 헬라음으로
이름은 아볼루온이더라
12 첫째 화는 지나갔으나 보라
아직도 이후에 화 둘이 이르
리로다
13 여섯째 천사가 나팔을 불매
내가 들으니 하나님 앞 금단
네 뿔에서 한 음성이 나서
14 나팔 가진 여섯째 천사에게
말하기를 큰 강 유브라데에
결박한 네 천사를 놓아 주라
하매
15 네 천사가 놓였으니 그들은
그 년 월 일 시에 이르러 사

람 삼분의 일을 죽이기로 예
비한 자들이더라
16 마병대의 수는 이만 만이니
내가 그들의 수를 들었노라
17 이같이 이상한 가운데 그
말들과 그 탄 자들을 보니
불빛과 자주빛과 유황빛 흉
갑이 있고 또 말들의 머리는
사자 머리 같고 그 입에서는
불과 연기와 유황이 나오더
라
18 이 세 재앙 곧 저희 입에서
나오는 불과 연기와 유황을
인하여 사람 삼분의 일이 죽
임을 당하니라
19 이 말들의 힘은 그 입과 그
꼬리에 있으니 그 꼬리는 뱀
같고 또 꼬리에 머리가 있어
이것으로 해하더라
20 이 재앙에 죽지 않고 남은 사
람들은 그 손으로 행하는 일
을 회개치 아니하고 오히려
여러 귀신과 또는 보거나 듣
거나 다니거나 하지 못하는
금, 은, 동과 목석의 우상에
게 절하고
21 또 그 살인과 복술과 음행과
도적질을 회개치 아니하더라

천사와 작은 책

10 내가 또 보니 힘센 다
른 천사가 구름을 입
고 하늘에서 내려오는데 그
머리 위에 무지개가 있고 그
얼굴은 해 같고 그 발은 불
기둥 같으며
2 그 손에 펴 놓인 작은 책을
들고 그 오른발은 바다를 밟
고 왼발은 땅을 밟고
3 사자의 부르짖는 것같이 큰 소
리로 외치니 외칠 때에 일곱
우뢰가 그 소리를 발하더라
4 일곱 우뢰가 발할 때에 내가
기록하려고 하다가 곧 들으
니 하늘에서 소리나서 말하

10

기를 일곱 우뢰가 발한 것을
인봉하고 기록하지 말라 하
더라
5 내가 본바 바다와 땅을 밟고
섰는 천사가 하늘을 향하여
오른손을 들고
6 세세토록 살아 계신 자 곧
하늘과 그 가운데 있는 물건
이며 땅과 그 가운데 있는 물
건이며 바다와 그 가운데 있
는 물건을 창조하신 이를 가
리켜 맹세하여 가로되 지체
하지 아니하리니
7 일곱째 천사가 소리내는 날 그
나팔을 불게 될 때에 하나님의
비밀이 그 종 선지자들에게 전
하신 복음과 같이 이루리라
8 하늘에서 나서 내게 들리던
음성이 또 내게 말하여 가로
되 네가 가서 바다와 땅을
밟고 섰는 천사의 손에 펴
놓인 책을 가지라 하기로
9 내가 천사에게 나아가 작은
책을 달라 한즉 천사가 가로
되 갖다 먹어 버리라 네 배에
는 쓰나 네 입에는 꿀같이 달
리라 하거늘
10 내가 천사의 손에서 작은 책
을 갖다 먹어 버리니 내 입에
는 꿀같이 다나 먹은 후에
내 배에서는 쓰게 되더라
11 저가 내게 말하기를 네가 많
은 백성과 나라와 방언과 임
금에게 다시 예언하여야 하
리라 하더라

두 증인

11 또 내게 지팡이 같은
갈대를 주며 말하기를
일어나서 하나님의 성전과
제단과 그 안에서 경배하는
자들을 척량하되
2 성전 밖 마당은 척량하지 말
고 그냥 두라 이것을 이방인
에게 주었은즉 저희가 거룩

11

한 성을 마흔두 달 동안 짓
밟으리라
3 내가 나의 두 증인에게 권세
를 주리니 저희가 굵은 베옷
을 입고 일천이백육십 일을
예언하리라
4 이는 이 땅의 주 앞에 섰는
두 감람나무와 두 촛대니
5 만일 누구든지 저희를 해하고
자 한즉 저희 입에서 불이 나
서 그 원수를 소멸할지니 누
구든지 해하려 하면 반드시
이와 같이 죽임을 당하리라
6 저희가 권세를 가지고 하늘
을 닫아 그 예언을 하는 날
동안 비 오지 못하게 하고 또
권세를 가지고 물을 변하여
피 되게 하고 아무 때든지 원
하는 대로 여러 가지 재앙으
로 땅을 치리로다
7 저희가 그 증거를 마칠 때에
무저갱으로부터 올라오는
짐승이 저희로 더불어 전쟁
을 일으켜 저희를 이기고 저
희를 죽일 터인즉
8 저희 시체가 큰 성 길에 있으
리니 그 성은 영적으로 하면
소돔이라고도 하고 애굽이라
고도 하니 곧 저희 주께서 십
자가에 못박히신 곳이니라
9 백성들과 족속과 방언과 나
라 중에서 사람들이 그 시체
를 사흘 반 동안을 목도하며
무덤에 장사하지 못하게 하
리로다
10 이 두 선지자가 땅에 거하는
자들을 괴롭게 한고로 땅에
거하는 자들이 저희의 죽음
을 즐거워하고 기뻐하여 서
로 예물을 보내리라 하더라
11 삼 일 반 후에 하나님께로부터
생기가 저희 속에 들어가매
저희가 발로 일어서니 구경하
는 자들이 크게 두려워하더라

12 하늘로부터 큰 음성이 있어
이리로 올라오라 함을 저희
가 듣고 구름을 타고 하늘로
올라가니 저희 원수들도 구
경하더라
13 그 시에 큰 지진이 나서 성
십분의 일이 무너지고 지진
에 죽은 사람이 칠천이라 그
남은 자들이 두려워하여 영
광을 하늘의 하나님께 돌리
더라
14 둘째 화는 지나갔으나 보라
셋째 화가 속히 이르는도다

일곱번째 나팔

15 일곱째 천사가 나팔을 불매
하늘에 큰 음성들이 나서 가
로되 세상 나라가 우리 주와
그 그리스도의 나라가 되어
그가 세세토록 왕노릇 하시
리로다 하니
16 하나님 앞에 자기 보좌에 앉
은 이십사 장로들이 엎드려 얼
굴을 대고 하나님께 경배하여
17 가로되 감사하옵나니 옛적
에도 계셨고 시방도 계신 주
하나님 곧 전능하신 이여 친
히 큰 권능을 잡으시고 왕노
릇 하시도다
18 이방들이 분노하매 주의 진노
가 임하여 죽은 자를 심판하
시며 종 선지자들과 성도들과
또 무론대소하고 주의 이름을
경외하는 자들에게 상 주시며
또 땅을 망하게 하는 자들을
멸망시키실 때로소이다 하더
라
19 이에 하늘에 있는 하나님의
성전이 열리니 성전 안에 하
나님의 언약궤가 보이며 또
번개와 음성들과 뇌성과 지
진과 큰 우박이 있더라

여자와 붉은 용

12 하늘에 큰 이적이 보
이니 해를 입은 한 여

12

자가 있는데 그 발 아래는
달이 있고 그 머리에는 열두
별의 면류관을 썼더라
2 이 여자가 아이를 배어 해산
하게 되매 아파서 애써 부르
짖더라
3 하늘에 또 다른 이적이 보이
니 보라 한 큰 붉은 용이 있
어 머리가 일곱이요 뿔이 열
이라 그 여러 머리에 일곱 면
류관이 있는데
4 그 꼬리가 하늘 별 삼분의
일을 끌어다가 땅에 던지더
라 용이 해산하려는 여자 앞
에서 그가 해산하면 그 아이
를 삼키고자 하더니
5 여자가 아들을 낳으니 이는
장차 철장으로 만국을 다스
릴 남자라 그 아이를 하나님
앞과 그 보좌 앞으로 올려가
더라
6 그 여자가 광야로 도망하매
거기서 일천이백육십 일 동
안 저를 양육하기 위하여 하
나님의 예비하신 곳이 있더
라
7 하늘에 전쟁이 있으니 미가
엘과 그의 사자들이 용으로
더불어 싸울쌔 용과 그의 사
자들도 싸우나
8 이기지 못하여 다시 하늘에
서 저희의 있을 곳을 얻지 못
한지라
9 큰 용이 내어 쫓기니 옛 뱀
곧 마귀라고도 하고 사단이
라고도 하는 온 천하를 꾀는
자라 땅으로 내어 쫓기니 그
의 사자들도 저와 함께 내어
쫓기니라
10 내가 또 들으니 하늘에 큰
음성이 있어 가로되 이제 우
리 하나님의 구원과 능력과
나라와 또 그의 그리스도의
권세가 이루었으니 우리 형

제들을 참소하던 자 곧 우리
하나님 앞에서 밤낮 참소하
던 자가 쫓겨났고
11 또 여러 형제가 어린 양의 피
와 자기의 증거하는 말을 인
하여 저를 이기었으니 그들
은 죽기까지 자기 생명을 아
끼지 아니하였도다
12 그러므로 하늘과 그 가운데
거하는 자들은 즐거워하라
그러나 땅과 바다는 화 있을
진저 이는 마귀가 자기의 때
가 얼마 못 된 줄을 알므로
크게 분내어 너희에게 내려
갔음이라 하더라
13 용이 자기가 땅으로 내어 쫓
긴 것을 보고 남자를 낳은
여자를 핍박하는지라
14 그 여자가 큰 독수리의 두
날개를 받아 광야 자기 곳으
로 날아가 거기서 그 뱀의
낯을 피하여 한 때와 두 때
와 반 때를 양육 받으매
15 여자의 뒤에서 뱀이 그 입으
로 물을 강같이 토하여 여자
를 물에 떠내려가게 하려 하되
16 땅이 여자를 도와 그 입을
벌려 용의 입에서 토한 강물
을 삼키니
17 용이 여자에게 분노하여 돌
아가서 그 여자의 남은 자손
곧 하나님의 계명을 지키며
예수의 증거를 가진 자들로
더불어 싸우려고 바다 모래
위에 섰더라

두 짐승

13 내가 보니 바다에서
한 짐승이 나오는데
뿔이 열이요 머리가 일곱이
라 그 뿔에는 열 면류관이
있고 그 머리들에는 참람된
이름들이 있더라
2 내가 본 짐승은 표범과 비슷
하고 그 발은 곰의 발 같고

13

그 입은 사자의 입 같은데
용이 자기의 능력과 보좌와
큰 권세를 그에게 주었더라
3 그의 머리 하나가 상하여 죽
게 된 것 같더니 그 죽게 되
었던 상처가 나으매 온 땅이
이상히 여겨 짐승을 따르고
4 용이 짐승에게 권세를 주므
로 용에게 경배하며 짐승에
게 경배하여 가로되 누가 이
짐승과 같으뇨 누가 능히 이
로 더불어 싸우리요 하더라
5 또 짐승이 큰 말과 참람된
말 하는 입을 받고 또 마흔
두 달 일할 권세를 받으니라
6 짐승이 입을 벌려 하나님을
향하여 훼방하되 그의 이름
과 그의 장막 곧 하늘에 거
하는 자들을 훼방하더라
7 또 권세를 받아 성도들과 싸
워 이기게 되고 각 족속과 백
성과 방언과 나라를 다스리
는 권세를 받으니
8 죽임을 당한 어린 양의 생명
책에 창세 이후로 녹명되지
못하고 이 땅에 사는 자들은
다 짐승에게 경배하리라
9 누구든지 귀가 있거든 들을
지어다
10 사로잡는 자는 사로잡힐 것
이요 칼로 죽이는 자는 자기
도 마땅히 칼에 죽으리니 성
도들의 인내와 믿음이 여기
있느니라
11 내가 보매 또 다른 짐승이
땅에서 올라오니 새끼양같
이 두 뿔이 있고 용처럼 말
하더라
12 저가 먼저 나온 짐승의 모든
권세를 그 앞에서 행하고 땅
과 땅에 거하는 자들로 처음
짐승에게 경배하게 하니 곧
죽게 되었던 상처가 나은 자
니라

13 큰 이적을 행하되 심지어 사
람들 앞에서 불이 하늘로부
터 땅에 내려오게 하고
14 짐승 앞에서 받은바 이적을
행함으로 땅에 거하는 자들
을 미혹하며 땅에 거하는 자
들에게 이르기를 칼에 상하
였다가 살아난 짐승을 위하
여 우상을 만들라 하더라
15 저가 권세를 받아 그 짐승의
우상에게 생기를 주어 그 짐
승의 우상으로 말하게 하고
또 짐승의 우상에게 경배하
지 아니하는 자는 몇이든지
다 죽이게 하더라
16 저가 모든 자 곧 작은 자나
큰 자나 부자나 빈궁한 자나
자유한 자나 종들로 그 오른
손에나 이마에 표를 받게 하
고
17 누구든지 이 표를 가진 자
외에는 매매를 못하게 하니
이 표는 곧 짐승의 이름이나
그 이름의 수라
18 지혜가 여기 있으니 총명 있
는 자는 그 짐승의 수를 세
어 보라 그 수는 사람의 수
니 육백육십륙이니라

십사만 사천 명이 부른 노래

14 또 내가 보니 보라 어
린 양이 시온산에 섰
고 그와 함께 십사만 사천이
섰는데 그 이마에 어린 양의
이름과 그 아버지의 이름을
쓴 것이 있도다
2 내가 하늘에서 나는 소리를
들으니 많은 물 소리도 같고
큰 뇌성도 같은데 내게 들리
는 소리는 거문고 타는 자
들의 그 거문고 타는 것 같
더라
3 저희가 보좌와 네 생물과 장
로들 앞에서 새 노래를 부르
니 땅에서 구속함을 얻은 십

14

사만 사천 인밖에는 능히 이
노래를 배울 자가 없더라
4 이 사람들은 여자로 더불어
더럽히지 아니하고 정절이
있는 자라 어린 양이 어디로
인도하든지 따라가는 자며
사람 가운데서 구속을 받아
처음 익은 열매로 하나님과
어린 양에게 속한 자들이니

세 천사들의 전갈

5 그 입에 거짓말이 없고 흠이
없는 자들이더라
6 또 보니 다른 천사가 공중에
날아가는데 땅에 거하는 자
들 곧 여러 나라와 족속과
방언과 백성에게 전할 영원
한 복음을 가졌더라
7 그가 큰 음성으로 가로되 하나
님을 두려워하며 그에게 영광
을 돌리라 이는 그의 심판하실
시간이 이르렀음이니 하늘과
땅과 바다와 물들의 근원을 만
드신 이를 경배하라 하더라
8 또 다른 천사 곧 둘째가 그
뒤를 따라 말하되 무너졌도
다 무너졌도다 큰 성 바벨론
이여 모든 나라를 그 음행으
로 인하여 진노의 포도주로
먹이던 자로다 하더라
9 또 다른 천사 곧 세째가 그
뒤를 따라 큰 음성으로 가로
되 만일 누구든지 짐승과 그
의 우상에게 경배하고 이마
에나 손에 표를 받으면
10 그도 하나님의 진노의 포도
주를 마시리니 그 진노의 잔
에 섞인 것이 없이 부은 포도
주라 거룩한 천사들 앞과 어
린 양 앞에서 불과 유황으로
고난을 받으리니
11 그 고난의 연기가 세세토록
올라가리로다 짐승과 그의
우상에게 경배하고 그 이름
의 표를 받는 자는 누구든지

밤낮 쉼을 얻지 못하리라 하
더라
12 성도들의 인내가 여기 있나
니 저희는 하나님의 계명과
예수 믿음을 지키는 자니라
13 또 내가 들으니 하늘에서 음
성이 나서 가로되 기록하라
자금 이후로 주 안에서 죽는
자들은 복이 있도다 하시매
성령이 가라사대 그러하다
저희 수고를 그치고 쉬리니
이는 저희의 행한 일이 따름
이라 하시더라

마지막 추수

14 또 내가 보니 흰 구름이 있
고 구름 위에 사람의 아들과
같은 이가 앉았는데 그 머리
에는 금면류관이 있고 그 손
에는 이한 낫을 가졌더라
15 또 다른 천사가 성전으로부
터 나와 구름 위에 앉은 이를
향하여 큰 음성으로 외쳐 가
로되 네 낫을 휘둘러 거두라
거둘 때가 이르러 땅에 곡식
이 다 익었음이로다 하니
16 구름 위에 앉으신 이가 낫을
땅에 휘두르매 곡식이 거두
어지니라
17 또 다른 천사가 하늘에 있는
성전에서 나오는데 또한 이
한 낫을 가졌더라
18 또 불을 다스리는 다른 천사
가 제단으로부터 나와 이한
낫 가진 자를 향하여 큰 음
성으로 불러 가로되 네 이한
낫을 휘둘러 땅의 포도송이
를 거두라 그 포도가 익었느
니라 하더라
19 천사가 낫을 땅에 휘둘러 땅의
포도를 거두어 하나님의 진노
의 큰 포도주 틀에 던지매
20 성 밖에서 그 틀이 밟히니
틀에서 피가 나서 말굴레까
지 닿았고 일천육백 스다디

온에 퍼졌더라

15 또 하늘에 크고 이상
한 다른 이적을 보매
일곱 천사가 일곱 재앙을 가
졌으니 곧 마지막 재앙이라
하나님의 진노가 이것으로
마치리로다
2 또 내가 보니 불이 섞인 유리
바다 같은 것이 있고 짐승과
그의 우상과 그의 이름의 수
를 이기고 벗어난 자들이 유
리 바다가에 서서 하나님의
거문고를 가지고
3 하나님의 종 모세의 노래, 어
린 양의 노래를 불러 가로되
주 하나님 곧 전능하신 이시
여 하시는 일이 크고 기이하
시도다 만국의 왕이시여 주
의 길이 의롭고 참되시도다
4 주여 누가 주의 이름을 두려워
하지 아니하며 영화롭게 하지
아니하오리이까 오직 주만 거
룩하시니이다 주의 의로우신
일이 나타났으매 만국이 와서
주께 경배하리이다 하더라
5 또 이 일 후에 내가 보니 하
늘에 증거 장막의 성전이 열
리며
6 일곱 재앙을 가진 일곱 천사
가 성전으로부터 나와 맑고
빛난 세마포 옷을 입고 가슴
에 금띠를 띠고
7 네 생물 중에 하나가 세세에
계신 하나님의 진노를 가득
히 담은 금대접 일곱을 그
일곱 천사에게 주니
8 하나님의 영광과 능력을 인
하여 성전에 연기가 차게 되
매 일곱 천사의 일곱 재앙이
마치기까지는 성전에 능히
들어갈 자가 없더라

진노가 담긴 대접

16 또 내가 들으니 성전
에서 큰 음성이 나서

15

16

일곱 천사에게 말하되 너희
는 가서 하나님의 진노의 일
곱 대접을 땅에 쏟으라 하더
라
2 첫째가 가서 그 대접을 땅에
쏟으매 악하고 독한 헌데가
짐승의 표를 받은 사람들과
그 우상에게 경배하는 자들
에게 나더라
3 둘째가 그 대접을 바다에 쏟
으매 바다가 곧 죽은 자의 피
같이 되니 바다 가운데 모든
생물이 죽더라
4 세째가 그 대접을 강과 물
근원에 쏟으매 피가 되더라
5 내가 들으니 물을 차지한 천
사가 가로되 전에도 계셨고
시방도 계신 거룩하신 이여
이렇게 심판하시니 의로우시
도다
6 저희가 성도들과 선지자들의
피를 흘렸으므로 저희로 피
를 마시게 하신 것이 합당하
니이다 하더라
7 또 내가 들으니 제단이 말하
기를 그러하다 주 하나님 곧
전능하신 이시여 심판하시는
것이 참되시고 의로우시도다
하더라
8 네째가 그 대접을 해에 쏟으
매 해가 권세를 받아 불로 사
람들을 태우니
9 사람들이 크게 태움에 태워
진지라 이 재앙들을 행하는
권세를 가지신 하나님의 이
름을 훼방하며 또 회개하여
영광을 주께 돌리지 아니하
더라
10 또 다섯째가 그 대접을 짐승
의 보좌에 쏟으니 그 나라가
곧 어두워지며 사람들이 아
파서 자기 혀를 깨물고
11 아픈 것과 종기로 인하여 하
늘의 하나님을 훼방하고 저

희 행위를 회개치 아니하더
라
12 또 여섯째가 그 대접을 큰 강
유브라데에 쏟으매 강물이
말라서 동방에서 오는 왕들
의 길이 예비되더라
13 또 내가 보매 개구리 같은
세 더러운 영이 용의 입과 짐
승의 입과 거짓 선지자의 입
에서 나오니
14 저희는 귀신의 영이라 이적
을 행하여 온 천하 임금들에
게 가서 하나님 곧 전능하신
이의 큰 날에 전쟁을 위하여
그들을 모으더라
15 보라 내가 도적같이 오리니
누구든지 깨어 자기 옷을 지
켜 벌거벗고 다니지 아니하
며 자기의 부끄러움을 보이
지 아니하는 자가 복이 있도
다
16 세 영이 히브리 음으로 아마
겟돈이라 하는 곳으로 왕들
을 모으더라
17 일곱째가 그 대접을 공기 가
운데 쏟으매 큰 음성이 성전
에서 보좌로부터 나서 가로
되 되었다 하니
18 번개와 음성들과 뇌성이 있고
또 큰 지진이 있어 어찌 큰지
사람이 땅에 있어 옴으로 이
같이 큰 지진이 없었더라
19 큰 성이 세 갈래로 갈라지고
만국의 성들도 무너지니 큰
성 바벨론이 하나님 앞에 기
억하신 바 되어 그의 맹렬한
진노의 포도주 잔을 받으매
20 각 섬도 없어지고 산악도 간
데없더라
21 또 중수가 한 달란트나 되는
큰 우박이 하늘로부터 사람들
에게 내리매 사람들이 그 박
재로 인하여 하나님을 훼방하
니 그 재앙이 심히 큼이러라

큰 음녀에게 내릴 심판

17 또 일곱 대접을 가진
일곱 천사 중 하나가
와서 내게 말하여 가로되 이
리 오라 많은 물 위에 앉은
큰 음녀의 받을 심판을 네게
보이리라
2 땅의 임금들도 그로 더불어
음행하였고 땅에 거하는 자
들도 그 음행의 포도주에 취
하였다 하고
3 곧 성령으로 나를 데리고 광
야로 가니라 내가 보니 여자
가 붉은빛 짐승을 탔는데 그
짐승의 몸에 참람된 이름들
이 가득하고 일곱 머리와 열
뿔이 있으며
4 그 여자는 자주빛과 붉은빛
옷을 입고 금과 보석과 진주로
꾸미고 손에 금잔을 가졌는데
가증한 물건과 그의 음행의 더
러운 것들이 가득하더라
5 그 이마에 이름이 기록되었
으니 비밀이라, 큰 바벨론이
라, 땅의 음녀들과 가증한 것
들의 어미라 하였더라
6 또 내가 보매 이 여자가 성도
들의 피와 예수의 증인들의
피에 취한지라 내가 그 여자
를 보고 기이히 여기고 크게
기이히 여기니
7 천사가 가로되 왜 기이히 여
기느냐 내가 여자와 그의 탄
바 일곱 머리와 열 뿔 가진 짐
승의 비밀을 네게 이르리라
8 네가 본 짐승은 전에 있었다
가 시방 없으나 장차 무저갱
으로부터 올라와 멸망으로
들어갈 자니 땅에 거하는 자
들로서 창세 이후로 생명책
에 녹명되지 못한 자들이 이
전에 있었다가 시방 없으나
장차 나올 짐승을 보고 기이
히 여기리라

17

9 지혜 있는 뜻이 여기 있으니
그 일곱 머리는 여자가 앉은
일곱 산이요
10 또 일곱 왕이라 다섯은 망하
였고 하나는 있고 다른 이는
아직 이르지 아니하였으나
이르면 반드시 잠간 동안 계
속하리라
11 전에 있었다가 시방 없어진
짐승은 여덟째 왕이니 일곱
중에 속한 자라 저가 멸망으
로 들어가리라
12 네가 보던 열 뿔은 열 왕이
니 아직 나라를 얻지 못하였
으나 다만 짐승으로 더불어
임금처럼 권세를 일시 동안
받으리라
13 저희가 한 뜻을 가지고 자기
의 능력과 권세를 짐승에게
주더라
14 저희가 어린 양으로 더불어
싸우려니와 어린 양은 만주
의 주시요 만왕의 왕이시므
로 저희를 이기실 터이요 또
그와 함께 있는 자들 곧 부
르심을 입고 빼내심을 얻고
진실한 자들은 이기리로다
15 또 천사가 내게 말하되 네가
본바 음녀의 앉은 물은 백성
과 무리와 열국과 방언들이
니라
16 네가 본바 이 열 뿔과 짐승
이 음녀를 미워하여 망하게
하고 벌거벗게 하고 그 살을
먹고 불로 아주 사르리라
17 하나님이 자기 뜻대로 할 마
음을 저희에게 주사 한 뜻을
이루게 하시고 저희 나라를
그 짐승에게 주게 하시되 하
나님 말씀이 응하기까지 하
심이니라
18 또 네가 본바 여자는 땅의
임금들을 다스리는 큰 성이
라 하더라

바벨론의 패망

18 이 일 후에 다른 천사
가 하늘에서 내려오
는 것을 보니 큰 권세를 가졌
는데 그의 영광으로 땅이 환
하여지더라
2 힘센 음성으로 외쳐 가로되
무너졌도다 무너졌도다 큰
성 바벨론이여 귀신의 처소
와 각종 더러운 영의 모이
는 곳과 각종 더럽고 가증
한 새의 모이는 곳이 되었
도다
3 그 음행의 진노의 포도주를
인하여 만국이 무너졌으며
또 땅의 왕들이 그로 더불어
음행하였으며 땅의 상고들도
그 사치의 세력을 인하여 치
부하였도다 하더라
4 또 내가 들으니 하늘로서 다
른 음성이 나서 가로되 내 백
성아, 거기서 나와 그의 죄에
참예하지 말고 그의 받을 재
앙들을 받지 말라
5 그 죄는 하늘에 사무쳤으며
하나님은 그의 불의한 일을
기억하신지라
6 그가 준 그대로 그에게 주고
그의 행위대로 갑절을 갚아
주고 그의 섞은 잔에도 갑절
이나 섞어 그에게 주라
7 그가 어떻게 자기를 영화롭
게 하였으며 사치하였든지
그만큼 고난과 애통으로 갚
아 주라 그가 마음에 말하
기를 나는 여황으로 앉은 자
요 과부가 아니라 결단코 애
통을 당하지 아니하리라 하
니
8 그러므로 하루 동안에 그 재앙
들이 이르리니 곧 사망과 애통
과 흉년이라 그가 또한 불에 살
라지리니 그를 심판하신 주 하
나님은 강하신 자이심이니라

18

9 그와 함께 음행하고 사치하
던 땅의 왕들이 그 불붙는
연기를 보고 위하여 울고 가
슴을 치며
10 그 고난을 무서워하여 멀리
서서 가로되 화 있도다 화 있
도다 큰 성, 견고한 성 바벨
론이여 일시간에 네 심판이
이르렀다 하리로다
11 땅의 상고들이 그를 위하여
울고 애통하는 것은 다시 그
상품을 사는 자가 없음이라
12 그 상품은 금과 은과 보석과
진주와 세마포와 자주 옷감과
비단과 붉은 옷감이요 각종
향목과 각종 상아 기명이요
값진 나무와 진유와 철과 옥
석으로 만든 각종 기명이요
13 계피와 향료와 향과 향유와
유향과 포도주와 감람유와
고운 밀가루와 밀과 소와 양
과 말과 수레와 종들과 사람
의 영혼들이라
14 바벨론아 네 영혼의 탐하던
과실이 네게서 떠났으며 맛
있는 것들과 빛난 것들이 다
없어졌으니 사람들이 결코
이것들을 다시 보지 못하리
로다
15 바벨론을 인하여 치부한 이
상품의 상고들이 그 고난을
무서워하여 멀리 서서 울고
애통하여
16 가로되 화 있도다 화 있도다
큰 성이여 세마포와 자주와
붉은 옷을 입고 금과 보석과
진주로 꾸민 것인데
17 그러한 부가 일시간에 망하였
도다 각 선장과 각처를 다니는
선객들과 선인들과 바다에서
일하는 자들이 멀리 서서
18 그 불붙는 연기를 보고 외쳐
가로되 이 큰 성과 같은 성이
어디 있느뇨 하며

19 티끌을 자기 머리에 뿌리고
울고 애통하여 외쳐 가로되
화 있도다 화 있도다 이 큰
성이여 바다에서 배 부리는
모든 자들이 너의 보배로운
상품을 인하여 치부하였더
니 일시간에 망하였도다
20 하늘과 성도들과 사도들과
선지자들아 그를 인하여 즐
거워하라 하나님이 너희를
신원하시는 심판을 그에게
하셨음이라 하더라
21 이에 한 힘센 천사가 큰 맷돌
같은 돌을 들어 바다에 던져
가로되 큰 성 바벨론이 이같
이 몹시 떨어져 결코 다시 보
이지 아니하리로다
22 또 거문고 타는 자와 풍류하
는 자와 퉁소 부는 자와 나
팔 부는 자들의 소리가 결코
다시 네 가운데서 들리지 아
니하고 물론 어떠한 세공업
자든지 결코 다시 네 가운데
서 보이지 아니하고 또 맷돌
소리가 결코 다시 네 가운데
서 들리지 아니하고
23 등불 빛이 결코 다시 네 가
운데서 비취지 아니하고 신
랑과 신부의 음성이 결코 다
시 네 가운데서 들리지 아니
하리로다 너의 상고들은 땅
의 왕족들이라 네 복술을 인
하여 만국이 미혹되었도다
24 선지자들과 성도들과 및 땅
위에서 죽임을 당한 모든 자
의 피가 이 성중에서 보였느
니라 하더라

어린 양의 혼인 잔치

19 이 일 후에 내가 들으
니 하늘에 허다한 무
리의 큰 음성 같은 것이 있어
가로되 할렐루야 구원과 영
광과 능력이 우리 하나님께
있도다

19

2 그의 심판은 참되고 의로운
지라 음행으로 땅을 더럽게
한 큰 음녀를 심판하사 자기
종들의 피를 그의 손에 갚으
셨도다 하고
3 두번째 가로되 할렐루야 하
더니 그 연기가 세세토록 올
라가더라
4 또 이십사 장로와 네 생물이
엎드려 보좌에 앉으신 하나
님께 경배하여 가로되 아멘
할렐루야 하니
5 보좌에서 음성이 나서 가로
되 하나님의 종들 곧 그를 경
외하는 너희들아 무론대소하
고 다 우리 하나님께 찬송하
라 하더라
6 또 내가 들으니 허다한 무리의
음성도 같고 많은 물소리도 같
고 큰 뇌성도 같아서 가로되
할렐루야 주 우리 하나님 곧
전능하신 이가 통치하시도다
7 우리가 즐거워하고 크게 기
뻐하여 그에게 영광을 돌리
세 어린 양의 혼인 기약이 이
르렀고 그 아내가 예비하였
으니
8 그에게 허락하사 빛나고 깨
끗한 세마포를 입게 하셨은
즉 이 세마포는 성도들의 옳
은 행실이로다 하더라
9 천사가 내게 말하기를 기록
하라 어린 양의 혼인 잔치에
청함을 입은 자들이 복이 있
도다 하고 또 내게 말하되 이
것은 하나님의 참되신 말씀
이라 하기로
10 내가 그 발 앞에 엎드려 경배
하려 하니 그가 나더러 말하
기를 나는 너와 및 예수의
증거를 받은 네 형제들과 같
이 된 종이니 삼가 그리하지
말고 오직 하나님께 경배하
라 예수의 증거는 대언의 영

이라 하더라

백마를 타신 분

11 또 내가 하늘이 열린 것을 보
니 보라 백마와 탄 자가 있으
니 그 이름은 충신과 진실이
라 그가 공의로 심판하며 싸
우더라
12 그 눈이 불꽃 같고 그 머리에
많은 면류관이 있고 또 이름
쓴 것이 하나가 있으니 자기
밖에 아는 자가 없고
13 또 그가 피 뿌린 옷을 입었
는데 그 이름은 하나님의 말
씀이라 칭하더라
14 하늘에 있는 군대들이 희고
깨끗한 세마포를 입고 백마
를 타고 그를 따르더라
15 그의 입에서 이한 검이 나오
니 그것으로 만국을 치겠고
친히 저희를 철장으로 다스
리며 또 친히 하나님 곧 전능
하신 이의 맹렬한 진노의 포
도주 틀을 밟겠고
16 그 옷과 그 다리에 이름 쓴
것이 있으니 만왕의 왕이요
만주의 주라 하였더라
17 또 내가 보니 한 천사가 해에
서서 공중에 나는 모든 새를
향하여 큰 음성으로 외쳐 가
로되 와서 하나님의 큰 잔치
에 모여
18 왕들의 고기와 장군들의 고
기와 장사들의 고기와 말들
과 그 탄 자들의 고기와 자
유한 자들이나 종들이나 무
론대소하고 모든 자의 고기
를 먹으라 하더라
19 또 내가 보매 그 짐승과 땅
의 임금들과 그 군대들이 모
여 그 말 탄 자와 그의 군대
로 더불어 전쟁을 일으키다
가
20 짐승이 잡히고 그 앞에서 이
적을 행하던 거짓 선지자도

함께 잡혔으니 이는 짐승의
표를 받고 그의 우상에게 경
배하던 자들을 이적으로 미
혹하던 자라 이 둘이 산 채
로 유황불 붙는 못에 던지우
고
21 그 나머지는 말 탄 자의 입
으로 나오는 검에 죽으매 모
든 새가 그 고기로 배불리우
더라

천 년 왕국

20 또 내가 보매 천사가
무저갱(열쇠와 큰 쇠
사슬을 그 손에 가지고 하늘
로서 내려와서
2 용을 잡으니 곧 옛 뱀이요 마
귀요 사단이라 잡아 일천 년
동안 결박하여
3 무저갱에 던져 잠그고 그 위
에 인봉하여 천 년이 차도록
다시는 만국을 미혹하지 못
하게 하였다가 그 후에는 반
드시 잠간 놓이리라
4 또 내가 보좌들을 보니 거기
앉은 자들이 있어 심판하는
권세를 받았더라 또 내가 보
니 예수의 증거와 하나님의
말씀을 인하여 목 베임을 받
은 자의 영혼들과 또 짐승과
그의 우상에게 경배하지도
아니하고 이마와 손에 그의
표를 받지도 아니한 자들이
살아서 그리스도로 더불어
천 년 동안 왕노릇 하니
5 (그 나머지 죽은 자들은 그
천 년이 차기까지 살지 못하
더라) 이는 첫째 부활이라
6 이 첫째 부활에 참예하는 자
들은 복이 있고 거룩하도다
둘째 사망이 그들을 다스리는
권세가 없고 도리어 그들이 하
나님과 그리스도의 제사장이
되어 천 년 동안 그리스도로
더불어 왕노릇 하리라

20

사단의 패망

7 천 년이 차매 사단이 그 옥
에서 놓여
8 나와서 땅의 사방 백성 곧 곡
과 마곡을 미혹하고 모아 싸
움을 붙이리니 그 수가 바다
모래 같으리라
9 저희가 지면에 널리 퍼져 성
도들의 진과 사랑하시는 성
을 두르매 하늘에서 불이 내
려와 저희를 소멸하고
10 또 저희를 미혹하는 마귀가
불과 유황 못에 던지우니 거
기는 그 짐승과 거짓 선지자
도 있어 세세토록 밤낮 괴로
움을 받으리라

크고 흰 보좌의 심판

11 또 내가 크고 흰 보좌와 그
위에 앉으신 자를 보니 땅과
하늘이 그 앞에서 피하여 간
데없더라
12 또 내가 보니 죽은 자들이
무론대소하고 그 보좌 앞에
섰는데 책들이 펴 있고 또
다른 책이 펴졌으니 곧 생명
책이라 죽은 자들이 자기 행
위를 따라 책들에 기록된 대
로 심판을 받으니
13 바다가 그 가운데서 죽은 자
들을 내어 주고 또 사망과
음부도 그 가운데서 죽은 자
들을 내어 주매 각 사람이
자기의 행위대로 심판을 받
고
14 사망과 음부도 불못에 던지
우니 이것은 둘째 사망 곧 불
못이라
15 누구든지 생명책에 기록되
지 못한 자는 불못에 던지우
더라

새 하늘과 새 땅

21 또 내가 새 하늘과 새
땅을 보니 처음 하늘
과 처음 땅이 없어졌고 바다

21

도 다시 있지 않더라
2 또 내가 보매 거룩한 성 새
예루살렘이 하나님께로부터
하늘에서 내려오니 그 예비
한 것이 신부가 남편을 위하
여 단장한 것 같더라
3 내가 들으니 보좌에서 큰 음
성이 나서 가로되 보라 하나
님의 장막이 사람들과 함께
있으매 하나님이 저희와 함
께 거하시리니 저희는 하나
님의 백성이 되고 하나님은
친히 저희와 함께 계셔서
4 모든 눈물을 그 눈에서 씻기시
매 다시 사망이 없고 애통하는
것이나 곡하는 것이나 아픈 것
이 다시 있지 아니하리니 처음
것들이 다 지나갔음이러라
5 보좌에 앉으신 이가 가라사
대 보라 내가 만물을 새롭게
하노라 하시고 또 가라사대
이 말은 신실하고 참되니 기
록하라 하시고
6 또 내게 말씀하시되 이루었
도다 나는 알파와 오메가요
처음과 나중이라 내가 생명
수 샘물로 목마른 자에게 값
없이 주리니
7 이기는 자는 이것들을 유업
으로 얻으리라 나는 저의 하
나님이 되고 그는 내 아들이
되리라
8 그러나 두려워하는 자들과
믿지 아니하는 자들과 흉악
한 자들과 살인자들과 행음
자들과 술객들과 우상 숭배
자들과 모든 거짓말하는 자
들은 불과 유황으로 타는 못
에 참예하리니 이것이 둘째
사망이라

새 예루살렘

9 일곱 대접을 가지고 마지막
일곱 재앙을 담은 일곱 천사
중 하나가 나아와서 내게 말

하여 가로되 이리 오라 내가
신부 곧 어린 양의 아내를 네
게 보이리라 하고
10 성령으로 나를 데리고 크고
높은 산으로 올라가 하나님
께로부터 하늘에서 내려오
는 거룩한 성 예루살렘을 보
이니
11 하나님의 영광이 있으매 그 성
의 빛이 지극히 귀한 보석 같
고 벽옥과 수정같이 맑더라
12 크고 높은 성곽이 있고 열두
문이 있는데 문에 열두 천사
가 있고 그 문들 위에 이름
을 썼으니 이스라엘 자손 열
두 지파의 이름들이라
13 동편에 세 문, 북편에 세 문,
남편에 세 문, 서편에 세 문
이니
14 그 성에 성곽은 열두 기초석
이 있고 그 위에 어린 양의
십이 사도의 열두 이름이 있
더라
15 내게 말하는 자가 그 성과
그 문들과 성곽을 척량하려
고 금갈대를 가졌더라
16 그 성은 네모가 반듯하여 장광
이 같은지라 그 갈대로 그 성을
척량하니 일만 이천 스다디온
이요 장과 광과 고가 같더라
17 그 성곽을 척량하매 일백사
십사 규빗이니 사람의 척량
곧 천사의 척량이라
18 그 성곽은 벽옥으로 쌓였고
그 성은 정금인데 맑은 유리
같더라
19 그 성의 성곽의 기초석은 각
색 보석으로 꾸몄는데 첫째
기초석은 벽옥이요 둘째는
남보석이요 세째는 옥수요
네째는 녹보석이요
20 다섯째는 홍마노요 여섯째
는 홍보석이요 일곱째는 황
옥이요 여덟째는 녹옥이요

아홉째는 담황옥이요 열째
는 비취옥이요 열한째는 청
옥이요 열둘째는 자정이라
21 그 열두 문은 열두 진주니
문마다 한 진주요 성의 길은
맑은 유리 같은 정금이더라
22 성 안에 성전을 내가 보지
못하였으니 이는 주 하나님
곧 전능하신 이와 및 어린 양
이 그 성전이심이라
23 그 성은 해나 달의 비침이 쓸
데없으니 이는 하나님의 영
광이 비취고 어린 양이 그
등이 되심이라
24 만국이 그 빛 가운데로 다니
고 땅의 왕들이 자기 영광을
가지고 그리로 들어오리라
25 성문들을 낮에 도무지 닫지
아니하리니 거기는 밤이 없
음이라
26 사람들이 만국의 영광과 존
귀를 가지고 그리로 들어오
겠고
27 무엇이든지 속된 것이나
가증한 일 또는 거짓말하
는 자는 결코 그리로 들어
오지 못하되 오직 어린 양
의 생명책에 기록된 자들
뿐이라

22 또 저가 수정같이
맑은 생명수의 강을
내게 보이니 하나님과 및
어린 양의 보좌로부터 나
서
2 길 가운데로 흐르더라 강 좌
우에 생명나무가 있어 열두
가지 실과를 맺히되 달마다
그 실과를 맺히고 그 나무
잎사귀들은 만국을 소성하
기 위하여 있더라
3 다시 저주가 없으며 하나님
과 그 어린 양의 보좌가 그
가운데 있으리니 그의 종들
이 그를 섬기며

22

4 그의 얼굴을 볼 터이요 그의
이름도 저희 이마에 있으리
라
5 다시 밤이 없겠고 등불과 햇
빛이 쓸데없으니 이는 주 하
나님이 저희에게 비취심이라
저희가 세세토록 왕노릇 하
리로다

오소서 주 예수여

6 또 그가 내게 말하기를 이
말은 신실하고 참된지라 주
곧 선지자들의 영의 하나님
이 그의 종들에게 결코 속히
될 일을 보이시려고 그의 천
사를 보내셨도다
7 보라 내가 속히 오리니 이 책
의 예언의 말씀을 지키는 자
가 복이 있으리라 하더라
8 이것들을 보고 들은 자는 나
요한이니 내가 듣고 볼 때에
이 일을 내게 보이던 천사의
발 앞에 경배하려고 엎드렸
더니
9 저가 내게 말하기를 나는 너와
네 형제 선지자들과 또 이 책의
말을 지키는 자들과 함께 된
종이니 그리하지 말고 오직 하
나님께 경배하라 하더라
10 또 내게 말하되 이 책의 예언
의 말씀을 인봉하지 말라 때
가 가까우니라
11 불의를 하는 자는 그대로 불
의를 하고 더러운 자는 그대
로 더럽고 의로운 자는 그대
로 의를 행하고 거룩한 자는
그대로 거룩되게 하라
12 보라 내가 속히 오리니 내가
줄 상이 내게 있어 각 사람에
게 그의 일한 대로 갚아 주
리라
13 나는 알파와 오메가요 처음
과 나중이요 시작과 끝이라
14 그 두루마기를 빠는 자들은
복이 있으니 이는 저희가 생

명나무에 나아가며 문들을
통하여 성에 들어갈 권세를
얻으려 함이로다
15 개들과 술객들과 행음자들
과 살인자들과 우상 숭배자
들과 및 거짓말을 좋아하며
지어 내는 자마다 성 밖에
있으리라
16 나 예수는 교회들을 위하여
내 사자를 보내어 이것들을
너희에게 증거하게 하였노라
나는 다윗의 뿌리요 자손이
니 곧 광명한 새벽별이라 하
시더라
17 성령과 신부가 말씀하시기를
오라 하시는도다 듣는 자도
오라 할 것이요 목마른 자도
올 것이요 또 원하는 자는
값없이 생명수를 받으라 하
시더라
18 내가 이 책의 예언의 말씀을
듣는 각인에게 증거하노니
만일 누구든지 이것들 외에
더하면 하나님이 이 책에 기
록된 재앙들을 그에게 더하
실 터이요
19 만일 누구든지 이 책의 예언
의 말씀에서 제하여 버리면
하나님이 이 책에 기록된 생
명나무와 및 거룩한 성에 참
예함을 제하여 버리시리라
20 이것들을 증거하신 이가 가
라사대 내가 진실로 속히 오
리라 하시거늘 아멘 주 예수
여 오시옵소서
21 주 예수의 은혜가 모든 자들
에게 있을지어다 아멘

Memo

Memo

Memo

Memo

십계명

하나님이 이 모든 말씀으로 일러 가라사대
나는 너를 애굽 땅, 종 되었던 집에서 인도하여 낸
너의 하나님 여호와로라

제일은, 너는 나 외에는 다른 신들을 네게 있게 말지니라

제이는, 너를 위하여 새긴 우상을 만들지 말고,
또 위로 하늘에 있는 것이나, 아래로 땅에 있는 것이나,
땅 아래 물 속에 있는 것의 아무 형상이든지 만들지 말며,
그것들에게 절하지 말며, 그것들을 섬기지 말라

나 여호와 너의 하나님은 질투하는 하나님인즉
나를 미워하는 자의 죄를 갚되, 아비로부터 아들에게로
삼사 대까지 이르게 하거니와, 나를 사랑하고
내 계명을 지키는 자에게는 천 대까지 은혜를 베푸느니라

제삼은, 너는 너의 하나님 여호와의 이름을
망령되이 일컫지 말라

나 여호와는 나의 이름을 망령되이 일컫는 자를
죄 없다 하지 아니하리라

제사는, 안식일을 기억하여 거룩히 지키라

엿새 동안은 힘써 네 모든 일을 행할 것이나, 제칠일은
너의 하나님 여호와의 안식일인즉 너나 네 아들이나,
네 딸이나, 네 남종이나, 네 여종이나, 네 육축이나, 네 문
안에 유하는 객이라도 아무 일도 하지 말라